作者的祖父母、雙親、本人與家人

作者之祖父母趙界先生與趙鄭稅女士合影於其祖父滿九十歲的慶生壽宴舉辦之日（1981 年 2 月）；作者祖父以後享年 92 歲，祖母則享壽 96 歲，均具長壽基因

作者之父母趙維祥先生和趙黃斟女士合攝於他們的 80 雙壽及鑽石婚之慶的宴會之日（2000 年 3 月）

2020 年作者虛歲 80 歲時出版兩本新書《21 世紀台灣的問題與對策》及《世界童軍運動的理論、實際與體驗》，作者夫婦於新書發表會當天攝於發表會看板前（2020 年 11 月 20 日）

作者滿 80 歲的三週前之攝影（2021 年 2 月）

作者父母（右 1 及右 2）接待至鹿港鎮草港祝賀作者祖父（左 1）滿九十歲壽誕之謝東閔副總統（左 3）（1981 年 1 月）

連戰副總統（左 2）到鹿港鎮草港鄉下探視作者（右 1）之父母（1998 年 2 月）

2000 年 2 月行政院蕭萬長院長（左 2）至鹿港鎮草港探視作者（左 1）之父母時合影

作者母親當選模範母親接受林洋港省主席表揚（1981 年 5 月）

邱創煥先生夫婦（左 6 及 7）與總統府前副祕書長張祖貽先生夫婦（右 4 及 5），總統府前祕書長丁懋時先生（右 3），蘇振平前監察院審計長（右 2）及考試院許水德前院長夫婦（左 4 及 5）等應邀到作者（右 1）鹿港鄉下老家訪問時攝，左 1 為作者次子世琦，左 3 為作者女兒婉寧（2010 年 7 月）

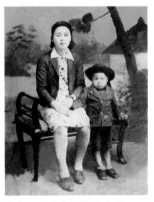

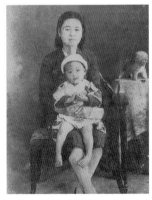

永遠很有精神的作者的母親

作者三歲多與母親的合影

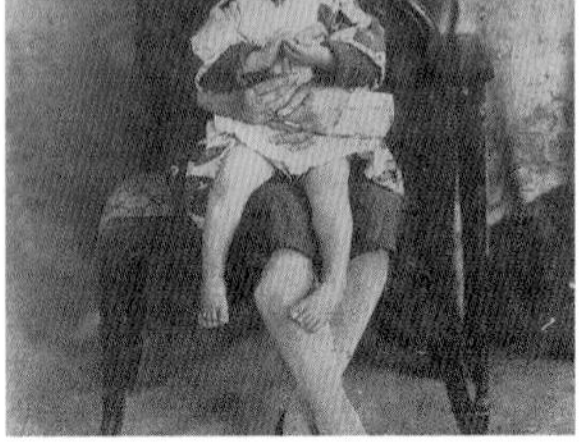

作者一歲多與母親的合影

1997 年 1 月作者在鹿港鎮草港老家新居落成宴客時 作者夫婦（左 3 及左 2）與作者之二妹桂麗（右 3），二弟守正（右 5），三弟守典（右 1），四弟宏利（左 1）及么妹美琳（右 2）陪同父母感謝來賓

作者與其父母親合攝於鹿港鎮草港鄉下老家舊神明廳前（1996 年 7 月）

2016 年 4 月作者（左 6）獲馬英九總統頒授景星二等勳章後與其家人和馬總統合影，作者並特邀請可稱之為其政治導師和童軍引路人的謝又華先生（左 5）參加觀禮，右 1 為總統府祕書長曾永權

蔣經國總統致送作者祖父滿九十歲壽誕的祝賀壽字（1981 年 2 月）

作者與蔣經國

蔣經國總統於總統府召見作者（1979 年 9 月）

作者於大學時期參加第一屆全國青年代表會議時與救國團蔣經國主任合影（1961 年 12 月）

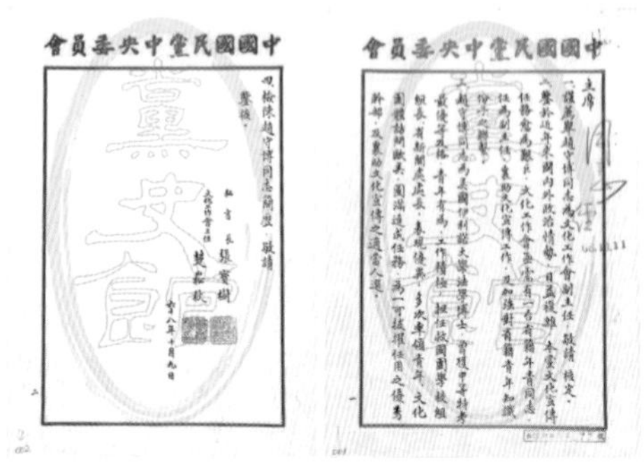

蔣經國主席於 1979 年 10 月於國民黨中央祕書長擬由作者出任中央文化工作會副主任之簽呈上所親寫之「同意」批示

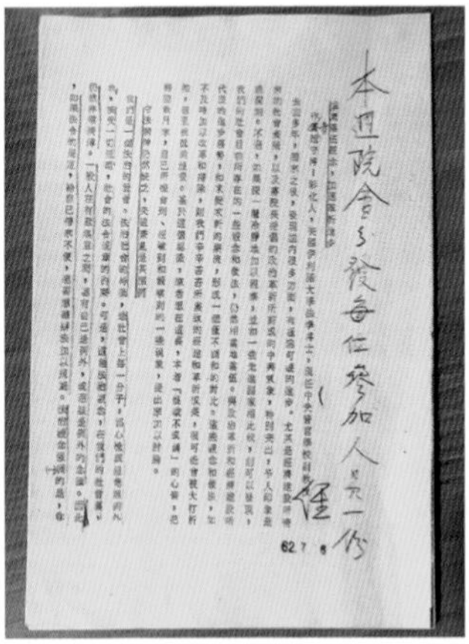

1973 年 7 月行政院蔣經國院長批示將作者有關革新之專文分發參加行政院院會之部會首長參閱

國民黨蔣經國主席與革命實踐研究班第一期學員聚餐，左 1 為蔣彥士祕書長，左 2 為作者，右 1 為吳俊才副主任（1980 年 12 月）

作者的國小老師們

1953 年 6 月作者（第 3 排右 3）小學畢業的團體照，前排為作者小學時期的老師們

作者（右 1）於台灣省主席任內應邀回小學母校鹿港鎮草港國小參加建校 70 週年慶祝活動，並特邀請在其國小時期對其影響最大之黃慶明，洪寬志，陳清庭及施寶梅（自左至右）等老師亦返校同慶並合影留念（1999 年 5 月）

作者在台中一中的老師

作者（後排右6）於台灣省主席任內邀請當年就讀台中一中時的部分老師訪問中興新村省政府時合影，前排齊邦媛（左2），李德馨（左3），陳鞏（右1），廖英鳴（右4），後排陳國成（右3）段紀堂（右4），林照熙（左2）及一中校長蔡瑞榮（右7）（2000年4月）

作者（左2）應邀參加關於其台中一中時期之英文老師齊邦媛（左4）的自傳《巨流河》一書的回應專輯《洄瀾——相逢巨流河》一書的新書發表會，與齊老師，郝柏村院長（左3），白先勇（左5），陳文茜（右4）等合影（2014年2月）

作者（第3排右4）就讀台中一中於高三時全班合影留念，王伯英（前排右7）與白尚勤（前排左7）兩老師受邀合照（1959年春）

作者就讀警官學校及美國伊利諾大學時的師長

作者離台赴美留學，梅可望校長親至台北松山機場送行（1966 年 12 月）

作者與在警官學校就學時之英文會話老師漢倖登夫人（Mrs. E. H. Hamilton）合影（1963 年 5 月）

1984 年 2 月作者重返美國母校伊利諾大學至法律學院探視其當年之博士論文指導教授黑彼得（ Peter Hay）並合影

作者於 1972 年獲美國伊利諾大學法學博士（JSD）學位後著博士服攝影

1995 年 4 月作者回美國伊利諾大學法律學院接受該院院長孟格勒（Tom M. Mengler） 頒授傑出校友獎

作者的兩位政治引路人謝東閔與李煥

作者（右）與謝東閔先生在台北外雙溪謝宅（2000 年 5 月）

作者（左）於就任台灣省政府新聞處處長後陪同謝東閔省主席（左 3）在行政院新聞局舉行記者會，右 2 為新聞局長丁懋時（1976 年 7 月）

作者（左 2）於台灣省政府新聞處長任內陪同謝東閔省主席（左 1）會見省政記者說明其左手被炸及醫療之經過（1976 年 11 月）

作者（左）於省新聞處長任內陪同謝東閔省主席接待來訪之美國參議員高華德（Barry Goldwater）（1977 年秋）；高華德曾為 1964 年美國共和黨總統候選人，長期支持中華民國

作者夫婦（左 2 及左 3）與連戰（左 6），蕭萬長夫婦（右 4 及右 5），錢復（左 4），許水德（右 3），吳伯雄（右 2），何景賢（右 1）等參加謝東閔先生 110 歲誕辰紀念會後和謝東閔先生哲嗣謝孟雄（左 5）合影（2018 年 1 月）

作者夫婦與謝東閔前副總統合影於台北台灣省主席宿舍（1999 年）

謝前副總統東閔先生（前排右 4）與在實踐家專參加社區媽媽教室學術研討會的全體與會人員合影，作者（前排右 3）時為省社會處長亦應邀參加活動，前排左 2 及左 3 為實踐家專董事長謝孟雄和林澄枝校長夫婦（1984 年 12 月）

救國團李煥主任（左 9）及作者（左 3，時為救國團總團部學校青年組組長）與參加台灣史蹟研究會之部分學員合影（1976 年年初）

作者（右 2）於國民黨中央社工會主任任內陪同黨祕書長李煥（右 3）歡宴全國好人好事代表（1987 年）

作者（左 6）於勞委會主委任內，李煥行政院長巡視勞委會聽取簡報，左 4 為行政院施啟揚副院長，左 2 為行政院研考會馬英九主委（1989 年 8 月）

作者（前排左 3）於勞委會主委任內陪同行政院李煥院長（前排左 5）訪問桃園新光紡織廠向勞工祝賀 51 勞動節，新光集團負責人吳東進董事長（前排左 2）及吳東亮董事長（前排右 2）親來歡迎（1990 年 4 月）

作者（右）於勞委會主委任內迎接蒞臨第二次全國勞工行政會議之行政院李煥院長（1989 年 11 月）

作者與李登輝和林洋港

作者（左 1）於台灣省社會處長任內陪同李登輝省主席探視育幼院兒童（1982 年 1 月）

作者（左）於勞委會主委任內陪同李登輝總統訪視高雄港碼頭工人並聽取簡報，李總統當場宣布要為勞工興建六萬元一坪的住宅（1994 年 6 月 17 日）

李登輝總統（前排左 6）主持總統府國家統一委員會會議後與全體參加委員合影，李總統為該會主任委員，連戰副總統（前排左 5）為副主任委員，作者（2 排右 2）於台灣省主席任內受聘為該會委員（1999 年 4 月）

1989 年 2 月 27 日作者在總統府宣誓就任行政院勞委會主委，李登輝總統監誓，司法院林洋港院長（前排左 3）亦在場觀禮，此為作者與李、林同時出現的唯一的一張照片

作者於國民黨中央組發會主委任內至李登輝在大溪鴻禧山莊之寓所，為其辦理國民黨黨員總登記，李登輝因此成為國民黨終身黨員（2000 年 9 月）

李登輝總統聽取 921 地震災後重建會簡報，作者（左 1）為省主席兼該會副執行長，連戰副總統（左 3）負責督導重建工作，行政院蕭萬長院長（右 2）為重建會兼主委，行政院劉兆玄副院長（右 1）為重建會執行長（1999 年 10 月）

作者（坐者右 1）於台灣省新聞處長任內主持省主席林洋港（中間講話者）就職後之第一次記者會（1978 年 6 月）

1979 年 9 月作者（左 2）於省府委員任內陪同台灣省主席林洋港（左 1）會見來訪之美國阿肯色州州長柯林頓（Bill Clinton，後為美國總統）

作者（右）至林府拜訪林洋港先生，此為兩人之最後一張合照（2009 年 9 月 24 日）

作者與連戰

作者於就任行政院祕書長後在行政院院會發言（1994 年 12 月）

作者（右 1）於行政院祕書長任內陪同連戰院長舉行記者會，左 1 為新聞局長蘇起，左 2 為副院長徐立德（1996 年）

作者（立者右 5）於行政院祕書長任內負責安排來台訪問之達賴喇嘛（坐者右 3）與連戰院長（坐者左 3）之會見事宜，作者邀請台大校長陳維昭（立者右 4），天主教台北總主教狄剛（坐者右 1），世盟趙自齊理事長（坐者右 2），國際奧會委員徐亨（坐者左 1）等文教宗教界領袖陪同連院長會見並一起餐敘（1997 年 3 月）

作者（右）拜訪連戰主席並贈送連主席作者之兩本新著《21 世紀台灣的問題與對策》及《世界童軍運動之理論、實際與體驗》（2020 年 11 月）

作者與邱創煥和郝柏村

作者（左 3）於台灣省社會處長任內陪同邱創煥省主席（右 2）至台南縣巡視啟智教養院（1984 年 8 月）

作者（右 2）於省社會處長任內陪同邱創煥省主席（左 2）會見華盛頓郵報發行人葛拉翰夫人（Mrs. Katharine Graham， 左 1）（1986 年 10 月）

邱創煥先生應邀於作者滿 70 歲回憶錄《任憑風浪急》新書發表會上講話（2011 年 4 月）

作者（右 1）於週二高爾夫球隊慶生會與邱創煥（左 1）和郝柏村（左 2）兩先生和前電視主持人白嘉莉女士（右 2）及前行政院工程會主委陳豫先生（右 3）等合影（2008 年 3 月）

作者（右）與週二高爾夫球隊人瑞隊友郝柏村院長（100 歲）和張祖詒先生（101 歲，左）打球並合影留念（2018 年 5 月 1 日）

作者與郝柏村院長之最後一次的單獨合影，攝於其私人辦公室（2017 年 9 月）

行政院郝柏村院長與勞工代表座談，右 2 為作者，左 1 為經建會主委郭婉容，左 2 為行政院副院長施啟揚，右 3 為行政院祕書長王昭明，右 1 為衛生署長張博雅（1991 年 9 月 7 日）

2016 年 3 月郝柏村院長參加作者女兒婉寧之結婚喜宴

作者與蔣彥士

教育部蔣彥士部長（左 1）陪同中華青年訪美友好團東西兩團全體團員至行政院會見行政院蔣經國院長（前排左 5）後合影，作者（前排左 4）為東團的領隊（1974 年 5 月）

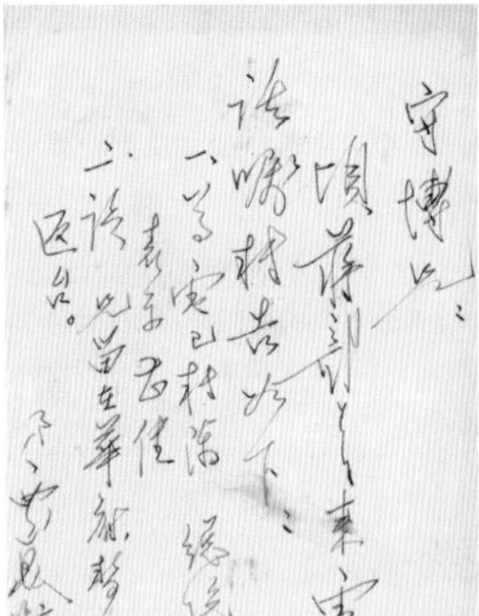

1979 年初作者奉派赴美參與台美斷交後新關係之談判，2 月中旬作者曾報告外交部蔣彥士部長擬於談判告一段落後即回台，蔣部長隨即電告談判首席代表楊西崑次長轉達蔣經國總統要作者續留美國參與談判之指示，此為楊次長於深夜在華府作者下榻之雙橡園留給作者的轉達蔣經國指示之便條（1979 年 2 月）

作者（左）率我國童軍代表團赴挪威參加第 14 次世界童軍大露營，行前由教育部蔣彥士部長授旗（1975 年 7 月）

作者（左 2）與國民黨蔣彥士祕書長一起聆聽蔣經國主席的講話（1980 年 12 月）

蔣彥士祕書長（前排左 4）應邀參加歡迎作者（立者右 9）美國母校伊利諾大學校長艾肯貝里（Stanley O. Ikenberry）夫婦訪台之餐會，前排右 2 為中研院錢思亮院長（他係伊大校友），前排右 3 為台北市議會林挺生議長，前排左 2 為伊大台灣校友會長張建邦（他同時為淡江大學校長及北市副議長）（1980 年）

作者與宋時選和謝又華

1979 年 9 月作者當選為十大傑出青年，宋時選先生（左）為頒獎人

作者（右）與謝又華先生同遊美國黃石公園時攝（1977 年 7 月）

2001 年 2 月作者（左 3）為宋時選（右 3）和謝又華（右 2）兩先生舉辦 80 華誕慶祝宴會，應邀參加者有許水德（右 1，考試院長），楊朝祥（左 1，童軍總會理事長，前教育部長）及許文富（左 2，前省農林廳長）等人

作者（右二）獲頒世界童軍運動最高榮譽之獎「銅狼獎」後與觀禮之謝又華（右三）、高銘輝（左一）等以前「銅狼獎」得獎人合影（2004 年 7 月）

謝又華先生（右）到鹿港鎮草港參加作者（中）父母 80 雙壽及鑽石婚之慶，與亦菈臨祝賀之中台禪寺惟覺老和尚交談（2000 年 3 月）

典範與激勵

趙守博八十感恩親師尊長錄

趙守博談他的雙親、老師暨
他與蔣經國、李登輝、謝東閔、連戰、李煥、
林洋港、郝柏村、邱創煥、蔣彥士、宋時選和謝又華

趙守博——著

目錄

自序　八十之感恩我的雙親、老師和長官們 4

第一章　懷念蔣經國先生
——談我與蔣經國的互動及對蔣經國的評價 7

第二章　我從照片開始認識的「多桑」
——追懷我的父親 65

第三章　永遠挺起腰桿做人的母親 79

第四章　回憶我追隨李前總統登輝和與他互動的一些往事 94

第五章　談李登輝與林洋港、李煥和連戰的互動關係的演變 120

第六章　懷抱建設文化大國理想的謝東閔先生 144

第七章　高瞻遠矚、寬容存厚、心懷鄉土
——追念謝東閔（求公）先生的風範 154

第八章　謝東閔先生「小康計畫」的創意思維 161

第九章　求公的德澤與風範永遠令人懷念 170

第十章　回顧我擔任連內閣祕書長的歲月並談連戰先生 173

第十一章　我三度追隨和落實執行本土化政策的李煥先生 221

第十二章　極具領袖魅力與草根性又以乾杯聞名海內外的林洋港先生 243

第十三章　永遠的阿港伯 261

第十四章　師恩難忘
——談我這一生教導過我的老師們 268

第十五章　我與郝柏村院長和週二高爾夫球隊 323

第十六章　苦學成功・作風嚴謹的邱創煥先生 351

第十七章　感謝蔣彥士先生的提攜 364

第十八章　談將「救國團作風」帶入民間的宋時選先生 387

第十九章　向台灣童軍運動的主要開拓者和我的政治導師謝又華先生致敬 405

自序

八十之感恩我的雙親、老師和長官們

今年我滿八十歲，很幸運地是，我還耳聰目明、身心健康，並且還沒有一般老人所可能患的像血壓高、血糖高、血脂高的「三高」的毛病，和攝護腺肥大及白內障的問題。同時，我還能長途自行開車，也依然在教書、寫書，也還是在關心國家社會問題，並且熱心參與各種相關社團活動。對於人生，我充滿感激。

我以感恩之心邁進了我的八十人生。我感謝我的父祖輩給了我健康的基因；我感激雙親對我的養育；我謝謝我一生中的所有老師對我的啟發、指導和教育；我感恩所有在我從政生涯中栽培我、提攜我和愛護我的長官們。因此，我決定在我人生進入八十歲之時，出一本專書來表達我對父母、老師們以及我直接追隨過並且對我很有影響的長官們的思念、感激之情。此為這一本書的由來。

本書的各篇談的、寫的是我對雙親的懷念，對我所有老師的感謝，以及我與蔣經國、李登輝、謝東閔、連戰、李煥、林洋港、郝柏村、邱創煥、蔣彥士、宋時選等長官和與我屬於亦師亦友關係的謝又華先生等之間的互動，及他們對對我的影響、提攜暨我對他們的感激、看法和評價。

我的雙親和老師們對我的教導，以及上述的長官們的許多言行，特別是他們獻身國家社會的精神與作為，都是我學習的典範。而他們一路以來對我的愛護和提攜，更給我人生很多的激勵。我之所以成為今日的我，我的親師尊長，都有栽培、促成與形塑之功。因此，我把這本書命名為《典範與激勵》，並加上兩個副標題：「趙守博八十感恩親師尊長錄」及「趙守博談他的雙親、老師暨他與蔣經國、李登輝、謝東閔、連戰、李煥、林洋港、郝柏村、邱創煥、蔣彥士、宋時選和謝又華」。

本書所蒐集的文章，有屬於近年在媒體發表者，有係為本書之出版而新撰者，有原在筆者已發表之著作中刊載但重新增修者，可以說大多涵蓋了相關的最新資料，以供大家對於我的長官們、老師們和雙親可以有與時俱進的認識與瞭解。

我在本書所談論的所有長官，於整個 1970 年代至 2000 年，可以說是台灣政壇的主宰者，我能有機會直接追隨、接觸他們，實感榮幸。我以近距離觀察的心得及追隨的體會對他們評論與描述，一方面固在於感謝他們對我個人的提攜與愛護，另一方面則希望藉此對他們對國家社會的貢獻表示敬意，更期望我的談論與敘述，能有助於對那個時期台灣的政情及政治領袖的真正了解與認識。其實，我的這些長官們為台灣、為中華民國奉獻的精神及諸多表現，應該也是後來者可以效法的典範，而我的親師們對我的教誨，以及我的長官們在人生及事業的奮鬥歷程，年輕的一輩，如深入探討，應會獲得不小的激勵。所以，我誠懇希望，這本書對於在為人生奮鬥的青年，尤其是那些有志從事公職為國家社會奉獻服務的青年朋友，亦能有所幫助。

茲此本書付梓問世之際，特綴數語以作為序言。

趙守博

2021 年 3 月於台北

第一章

懷念蔣經國先生
——談我與蔣經國的互動及對蔣經國的評價

蔣故總統經國先生雖然已經去世超過三十年，但在國人的心目中，他始終是從 1949 年（民國 38 年）以來所有中華民國的總統中，最受肯定、最受尊敬的一位。2018 年他逝世滿 30 週年，旺旺中時集團委託專業民調公司所做的民調中，蔣經國在歷任總統中「誰最愛台灣」和「誰對台灣最有貢獻」的兩個調查項目，都居第一位；同一年，親綠的（即偏向民進黨者）美麗島電子報所做歷任總統中誰最能代表「台灣價值」的民調中，蔣經國高居首位。2019 年 10 月，遠見雜誌做了一個歷任總統誰對台灣最有貢獻的民調，結果蔣經國遙遙領先。台灣民意基金會於李登輝前總統逝世之後，在 2020 年 8 月做了一個歷任總統的人氣調查民調，蔣經國還是屬於最受人民肯定的總統。

蔣經國之所以能長期得到人民的肯定和敬佩，主要是他生前於行政院院長和總統任內領導中華民國長達 16 年多的時間之內，他在國家面對退出聯合國及與美國斷交以及全球石油危機的衝擊下，能夠領導國家安定民心、團結全民共同奮鬥，推動十大建設將台灣的經濟脫胎換骨，使台灣的經濟迅速工業化、國際化，並且設置工業技術研究院和新竹科學園區為我們今日蓬勃發展的重要核心產業即電子通訊產業奠下堅固的基礎，因而帶動台灣經濟的繁榮和人民生活的走入均富；另一方面他也解除戒嚴、開放黨禁和報禁，促使我們的民主政治穩健發展。

就我個人而言，我於民國 61 年自美學成回國服務之後，曾本著「恨鐵不成鋼」的心情，在民國 62 年春，為響應經國先生所提倡的政治與社會的革新，曾撰了一篇探討我們社會改革的文章，就如何促使社會的革新進步提出一些看法。這篇文章受到經國先生的重視和肯定，曾印發給參加行政院院會的全體部會首長參閱並指示轉發全國公務員研讀，使我甚有知遇之感。而從我以三十歲出頭的年齡在他同意之下出任台灣省政府新聞處處長以迄被他任命為國民黨中央社會工作主任，直接追隨他直到他去世為止的從政生涯中，經國先生對我頗有栽培提拔之恩。民國 99 年（2010）國史館為出版《蔣經國與台灣——相關人員訪談錄》，也對我進行訪談，由我談我所認識的蔣經國並回憶我與經國先生的互動。這篇訪談紀錄就蒐集在國史館上述訪談錄的第一輯；茲將此一訪談做了些增刪修正，收錄於本書並做為第一篇，以表達我對經國先生的感恩與懷念。並希望所有負有領導國家責任的人多多學習他為國家人民奉獻的精神，特別是他那種體認「時代在變，環境在變，潮流也在變」而不斷改革創新的領導風格，及「永遠和人民在一起」的施政思維和作為。

回憶與蔣經國先生的初相見

民國 42 年至 48 年（1953-1959），我在台中一中的初中部與高中部讀書的時候，蔣經國先生的大名已經常常在報章雜誌出現，對我這個中學生而言，可說已如雷貫耳。我是於大學時代第一次見到他並和他談話。民國 50 年（1961）12 月底中國青年反共救國團（現改稱為中國青年救國團，以下簡稱青年救國團或救國團）在陽明山革命實踐研究院召開了第一屆全國青年代表會議（以後並未再舉辦，所以這一屆便成了唯一的一屆），以響應那時蔣中正總統「革新、動員、戰鬥」的號召，共有來自全國各大專院校及各軍警學校的代表和優秀青年暨社會青年代表 249 人參加，我以中央

作者（左 2）參加第一屆全國青年代表會議獲蔣經國接見對話（1961 年 12 月）

作者參加第一屆全國青年代表會議時與蔣經國合影（1961 年 12 月）

作者參加第一屆全國青年代表會議攝於會場之會議主旨標語前（1961 年 12 月）

警官學校（即現在之中央警察大學）優秀青年代表的身分受邀列席，當時我是大三學生。蔣經國那時為青年救國團主任（1952-1973 年在任），也就是這一次全國青年代表會議的實際策劃人和總負責人，會議期間他天天都到會場，與所有與會的青年代表打成一片。我就在會議期間和他合照並被他召見談話。

此為我生平首次和他合照並坐下來和他面對面的談話。那個時候的蔣經國已被塑造成「青年的導師」，一般社會上也私下認為他正被他的父親蔣中正總統培養為接班人，在民間特別是在青年中已享有相當高的聲望。因此第一次與他合照並受他召見談話，我頗感興奮和光榮。我對他的印象是他身材不很高而微胖；非常有親和力、兩眼炯炯有神，講話不多，但很專注地聽人講話。我記得，那時現在的陽明山中山樓還沒有蓋，會議開幕當天蔣中正總統也蒞臨致辭。當時和我一起參加此一會議的的人包括有曾擔任台南市市長的張麗堂先生，當時他是代表台北法商學院；另外一位代表是後來擔任中山大學校長的林基源先生，那時候他是以高考狀元的身分參加的；還有一位是紀政女士，當時她還是中學生，但已經在全國運動會嶄露頭角，是國內優秀體育青年代表；名作家席慕蓉女士，也是會議的代表，那時她是台灣師範大學的學生，好像並代表蒙古族，因會議期間她都穿著蒙古族的傳統衣服。

這一次的青年代表大會一共開了三、四天，氣氛非常熱烈。蔣經國曾在會中發表演講，他以略帶沙啞的聲音沒有帶稿侃侃而談，語氣堅定、表情自然、態度從容；記得他在講話中曾特別談他不久之前到泰北訪問滯留於當地的國軍游擊隊的經過，以及這些國軍將士在異域孤軍從事反共鬥爭的堅苦卓絕情景，講得極為感人，聽得我們這些青年代表個個熱血沸騰。而讓我印象十分深刻的是，他在講話中又說中共政權是蘇聯的傀儡，而我們中華民國雖是美國的盟邦，卻是獨立自主，為了證明他的論點，他以帶著挑戰的口吻說，如果美國欺侮我們、不尊重我們，我就敢在這裡公開喊打倒美國帝國主義，中共那裡絕對沒有人敢公開大叫打倒蘇聯帝國主義。他的這一段話又引來我們這些年輕人如雷的掌聲。那時候，經國先生似乎已成為青年們的偶像了。

這次青年代表會議也是我第一次近距離看到和接觸經國先生，更難得的是還單獨跟他合照，也蒙他特別召見。

1962 年的青年節慶祝大會籌備期間及相關慶祝活動中，我再次見到經國先生並聆聽他的講話。當時青年節的慶祝活動都是由救國團負責指導籌備，並成立一個全國慶祝青年節籌備會，籌備會是由各文武大專學校的代表所組成，而籌備會的負責人即總幹事和副總幹事則由各校代表投票產生。那一年是由政大代表林登飛當選為全國慶祝青年節籌備會總幹事，我當選為副總幹事。籌備會是在救國團總部辦公，因為當時經國先生是救國團主任，所以我又有很多機會見到他，聽他訓示，在青年節慶祝那天，我也和他合影留念。

作者（右 2）於 1962 年 329 青年節與蔣經國（右 3）合影

蔣中正總統（後排左 6）於全國慶祝 329 青年節大會後召見文武大專青年代表並合照，蔣總統之右為作者（1962 年 3 月 29 日）

全國慶祝 329 青年籌備會全體大專青年籌備委員與蔣經國主任合照，後排左 4 為作者（1962 年 3 月）

我出國留美前他召見我勉勵
並問我為何考上台大而不去唸

民國54年年底我考取中山獎學金公費留美，並於55年年底離台赴美。行前蔣經國先生在位於台北市松江路的救國團總團部召見我，給予我很多的勉勵。在談話中，他垂詢我的家庭狀況和求學經過。當他知道我中學畢業後參加大專聯考曾考取台灣大學，但卻放棄而改進中央警官學校之後，特別問我有什麼特別的原因嗎？他的此一問，使我想起發生於民國48年的一段往事。於是我將整個經過簡要地向他報告。

我說，民國48年夏天，我從台中一中畢業，並參加當年的大專聯考，也考上了國立台灣大學理學院動物學系的漁業生物組。但不巧那一年台灣中部發生非常嚴重的「八七水災」（48年8月7日發生，故名），我家本為清寒農家，八七水災中是屬於受害非常嚴重的受災戶，農作物完全沒有收成，使原本不好的家境更是雪上加霜，而那一年我也報考中央警官學校（現在的中央警察大學）28期（四年制）的入學考試並也被錄取。因考慮到家境的困難，為了不增加父母的負擔，我放棄進入台大，而改就讀一切公費而畢業後馬上有工作保障的中央警官學校。

我把上述的經過告訴他後，並向他報告公費學校和獎學金對清寒子弟非常重要，因為有了公費的學校和類似中山獎學金之類的獎學金，很多家境清寒的子弟才有深造或出國留學的機會。所以，我強調政府應多辦公費學校和多設各種獎學金。他聽了之後頻頻點頭。這應該可以算是我生平第一次向他提出的建言。

除我之外，我記得馬英九、張京育（後曾任政大校長和陸委會主委）、關中（後曾任考試院長）、江丙坤（後曾任經濟部長、經建會主委和海基會董事長）、許信良（曾任省議員、桃園縣長及民進黨主席）、白秀雄（曾任台北市副市長）、詹春柏（曾任總統府祕書長）、邵玉銘（曾任行政院新聞局長）、丁守中（曾任台大教授及立委）、詹火生（曾任台大教授及勞委會主委）、葛永光（曾任監察委員、現任救國團主任）、周守訓（曾任立委、現任國民黨智庫國策基金會執行長）、吳永乾（律師、現任世新大學校長）等先生和雷倩女士（曾任立委）也都曾分別在不同年份考上中山獎學金。當時家境不是很好的人要出國唸書很困難，只有靠自己努力用功考取像這種競爭性很強的獎學金才能出去深造。

「青年導師」和與群眾在一起

經國先生在救國團主任任內，早已被塑造成「青年導師」和「青年之友」，他常常參與青年活動，非常重視青年問題，也經常和青年在一起。在我看來，他後來親民、愛民、走入群眾的風格早已經在救國團時期表露無遺，只是他當時還只是救國團的主任，不是國家領導人，所以沒有特別地被突顯出來。

經國先生擔任救國團主任不久後，接任行政院退除役官兵輔導委員會主委，他接任的那一年正好是東西橫貫公路開工，他經常不畏艱險入山和擔任開山、開路工作的榮民在一起。另外，他也發表很多文章，例如〈投宿在一個不知名的地方〉，在我們那個年代，對我們青年有相當大的感召力。他跟青年在一起，是青年的朋友，青年有什麼困難、問題都可以找他。他又關心榮民的問題，跟榮民常在一起，也成了榮民的朋友。他對青年與榮民的關懷及與青年和榮民的打成一片，已在民間形成了他親民愛民及與民眾走在一起的好形象。等到他擔任行政院院長、總統之後，他更深入基層，走入農村、漁村、工廠、市場、偏鄉及山地，和民眾打成一片。表現與民眾在一起的作風，很受肯定也很得民心。

我擔任台灣省政府新聞處處長期間，他是當時的行政院長（1972-1978）。省新聞處特別為他製作了一部他走訪基層的紀錄片。當時新聞處轄下設有台灣電影製片廠（創於 1945 年，為台灣第一家大型電影製片廠），它擁有當時國內最優秀的紀錄片製作團隊。我們台灣電影製片廠特別為經國先生製作一部紀錄片，其中蒐羅過去所有經國先生和民眾、青年在一起的鏡頭和寶貴資料，製作完成之後，我將這部紀錄片命名為「我們同在一起」，這是從當時救國團活動最喜歡唱的一首歌「當我們同在一起」改過來的。這部紀錄片拍得很溫馨，很受各界喜愛、歡迎。因它真實記錄了經國先生和民眾打成一片關心民眾的實際作為與表現。

我的「摒棄落伍觀念 加速革新進步」專文 他印發行政院院會全體出列席部會首長參閱

我 1972 年（民國 61 年）返國之後，真正讓經國先生認識我是從一篇文章開始，即〈摒棄落伍觀念，加速革新進步〉（全文見附件）。這篇文章寫於我返國翌年 5 月，即民國 62 年 5 月，近五千字；當時可說是有感而發，針砭的對象包括當時社會落伍的觀念和作法，主要訴求則是法治精神和行政效率。文章內容講得很坦率，批評的很全面，其中一個重點更是針對公務體系，我在文章裡面提到，要做好行政革新，首先要摒棄多做多錯、少做少錯的錯誤觀念，此外也要確實做到分層負責，以提高行政效率。曾和我在美國伊利諾大學法律學院同過學的呂秀蓮，當時也剛回國不久，那時候她正在搞婦女運動，她很訝異作為國民黨黨報的中央日報居然敢刊出這篇文章。那時候中央日報社長是楚崧秋先生。

這篇文章的遣詞用字及其論點現在看起來也許不算怎麼聳動刺激，但在那個年代，很多人覺得文章的內容論述有不少突破，尤其是還在中央日報刊載更是難得。這篇文章原本是登在中央日報海外版的國是論壇。相較於國內版，中央日報海外版的言論尺度較為寬鬆。這篇文章是從中央日報海外版國是論壇轉刊於 1973 年 5 月 11 日中央日報國內版，用現在的話來講，可稱之為「出口轉內銷」。當時的台灣省政府主席謝東閔先生讀到這篇長文時，非常認同我的看法，一方面公開加以推介，一方面將它印給全體省府委員及廳處首長參閱，同時又推薦給擔任行政院長的經國先生參考。

當經國先生看過這篇文章後，也極其肯定其內容和想法，就指示將其印發給出列席行政院院會的全體部會首長參閱，並也要全國公務員研讀。這對當時我這個年輕人來講，是一份很大的殊榮。我非常感激當年謝東閔先生對我文章的欣賞與推薦。曾先後擔任行政院及總統府副祕書長被外界稱為蔣經國的「文膽」的張祖詒先生，後來特地將經國先生批示的公文原件送我保存留念。很可惜，這份公文原件經過幾次搬家，目前依然遍尋不著。經國先生喜歡用紅藍色鉛筆批公文，我記得他在這篇文章上面用藍色鉛筆批示：「本週院會（即行政院會議）分發每位參加人員（即各部會首長）一份」，且簽了一個「經」字。同時他還用藍色鉛筆在他特別認同的文章段落旁畫線，而且畫了不少地方。很幸運的是，經國先生對我文章批示的原件雖一時還找不到，但張祖詒先生又送了此一批示的一份影印本給我，此次我當然小心將其珍藏。茲附印於本文，以作紀念並供參考。

對報名試場和監考 將採取週密新措施

臺中港準備開工程 積極分頭進行

高雄縣議員林景元 法院判決當選無效

肥料直接配售

摒棄落伍觀念 加速革新進步

1973 年 5 月 11 日中央日報所刊登之作者談革新的專文

針對這件事，《聯合報》曾在 1973 年 9 月 11 日刊出大幅醒目的報導，標題是「博採眾議・巨細不遺——蔣院長一心求治」，副標是「摒棄落伍觀念加速革新進步——趙守博文章印發公務員閱讀」。報導刊出時間距離這篇文章最初發表已經過了三、四個月。我是春天發表，事實上，不久之後，經國先生就下令印發給全國公務員閱讀。他作為行政院長日理萬機，還特意指示把這篇文章印發全國公務員，由此可見他的求治心切。就我之後對他的瞭解，他真的是一個求新求變的人，而且他宣示的「革新、創新、改革」，不光只是嘴巴講一講而已，而是說到做到，這應也是經國先生深得民心的地方之一。

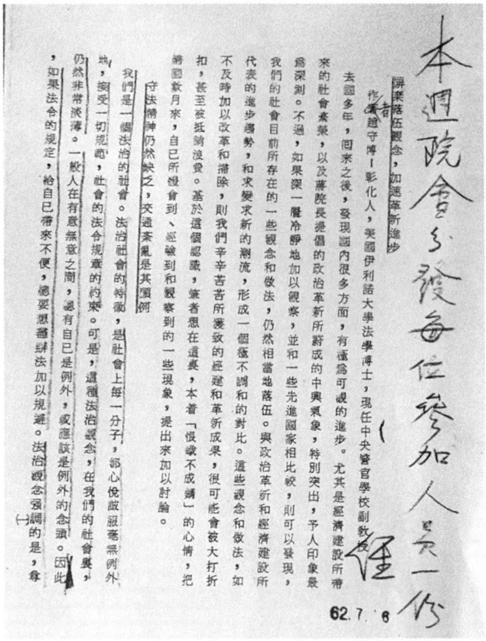
本週院會分發每位參加人員一份
經
62.7.6

摒棄落伍觀念，加速革新進步
作者趙守博—彰化人，美國伊利諾大學法學博士，現任中央警官學校副教授

去國多年，回來之後，發現國內很多方面，有極為可觀的進步。尤其是經濟建設所帶來的社會繁榮，以及蔣院長提倡的政治革新所蔚成的中興氣象，特別突出，予人印象最為深刻。不過，如果深一層冷靜地加以觀察，並和一些先進國家相比較，則可以發現，我們的社會目前所存在的一些觀念和做法，仍然相當地落伍。與政治革新和經濟建設所代表的進步趨勢，和求變求新的潮流，形成一個極不調和的對比。這些觀念和做法，如不及時加以改革和掃除，則我們辛辛苦苦所獲致的經建和革新成果，很可能會被大打折扣，甚至被抵銷浪費。基於這個認識，筆者想在這裏，本着「恨鐵不成鋼」的心情，把歸國數月來，自己所體會到、經驗到和觀察到的一些現象，提出來加以討論。

守法精神仍然缺乏，交通紊亂是其顯例

我們是一個法治的社會。法治社會的特徵，是社會上每一分子，都心悅誠服毫無例外地，接受一切規範，社會的法令規章的約束。可是，這種法治觀念，在我們的社會裏，仍然非常淡薄。一般人在有意無意之間，總有自己是例外，或應該是例外的念頭。因此，如果法令的規定，給自己帶來不便，總要想盡辦法加以規避。法治觀念強調的是，尊

(一)

1973 年 7 月　蔣經國批示將作者有關革新之專文分發參加行政院院會之部會首長參閱

談到我的這一篇長達近 5000 字的文章，我應該提一提中央日報當年的三位負責人，一為鄭佩芬女士，一為趙廷俊先生，另一為楚崧秋先生。鄭女士也是留美歸國服務的青年，那時她在中央日報服務負責編輯該報海外版的國是論壇，我的這一篇被蔣經國欣賞的文章，是應她約稿而寫的。趙廷俊先生則是當時中央日報海外版的主編，他登用了我的文章且在不改動我文章的任何內容與文字的前提之下，做了小標題的一些編輯，使每一段

聯合報 國六十二年九月十一日

申請貸款人員須任職滿五

博採眾議・巨細不遺

蔣院長一心求治

摒棄落伍觀念加速革新進步

趙守博文章印發公務員閱讀

蔣總統贈勳太完善

昨天由蔣院長代表贈予

唐榮公司提供二

六四年 省府

聯合報報導蔣經國指示將作者談革新之專文印發全國公務員閱讀（1973 年 9 月）

省府輔建公教人員住宅，第一期六十三年度預定興建五百戶

月息四厘。

博採眾議・巨細不遺

蔣院長一心求治

摒棄落伍觀念加速革新進步

趙守博文章印發公務員閱讀

【本報訊】行政院長蔣經國最近看到了一篇文章，所談都是針對時下的一些問題，並提出改進建議，很切實際，蔣院長特指示印發公務人員研讀，這充分顯示他求治之切。

這篇文章題目是「摒棄落伍觀念，加速革新進步」，是趙守博寫的。他是台灣省彰化縣人，在美深造，獲得伊利諾大學法學博士學位後回國服務，現在警官學校任教。他是本着「恨鐵不成鋼」的心情，把歸國數月來，自己所體會到、經驗到和觀察到的一些現象，提出來加以討論。文章內容要點是：

——法治觀念在我們社會裏仍然非常淡薄，一般人對法令的規定，如果給自己帶來不便，總要想盡辦法加以規避，並且存着只有「沒有辦法」的人才須遵守法令。他認為台北市的交通秩序非常紊亂就是很明顯的例子，如果大家連對保障交通安全、間接保護自己生命極易遵行的交通規則都不願主動去遵守，又怎能期望他們來守法守紀呢？我們想

聯合報報導蔣經國指示將作者談革新之專文印發全國公務員閱讀（1973 年 9 月）

落之主旨與重點更為清晰醒目和更易於領會。我的文章在海外版國是論壇刊出之後，又在國內版以相當醒目的版面發表，當然是那時的中央日報社社長楚崧秋先生所決定的。由於在國內版刊出，使謝東閔先生有機會看到並閱讀，且因此而向蔣經國推薦。

楚先生曾任蔣中正總統的祕書，也很受蔣經國的器重，在他那一輩的黨政人員中，他以思想觀念開明著稱。我想這是為何那時他敢於在國內版刊出我那篇文章的原因。鄭女士、趙先生和楚先生，這三位可說是我的知音，對他們我實在非常感謝。後來楚先生擔任國民黨中央文化工作會主任，我做了他的副主任，他對我很尊重很提攜，我十分感激。

我所體會的蔣經國的「救國團精神」

我在救國團服務的時間雖然不長，但常常聽到大家談論蔣經國所樹立的「救國團精神」或「救國團作風」。當時救國團上上下每逢重要集會或會議時，經常會提醒大家應不忘「老主任」的訓勉，要實踐「老主任」所創下的「救國團精神」或「救國團作風」。「老主任」是當時救國團的工作人員對蔣經國的尊稱。根據我在救國團服務的實際體會與觀察 ，蔣經國所創始的「救國團作風」或稱「救國團精神」，指的是救國團的幹部要踏實做事，不爭功不諉過，做人要謙虛，對人要和氣，要力行平凡、平實、平淡，要任勞、任怨、任謗，不計一切地為青年服務，為國家奉獻，並特別強調不可出風頭、搞特權，凡事要不招搖、不張揚。同時要默默耕耘，要落實「我們為青年服務、青年為國家服務」的信條；而且只要肯努力、有成效，長官一定會栽培你。易言之，真心服務社會必須懂得不爭和盡心盡力的精神，用工作表現來作為發達事業最重要的方法。記得我到救國團之後，好幾次就聽到當時的李煥主任和宋時選執行長叮嚀救國團的幹部要發揚光大「老主任」的「救國團作風」、「救國團精神」。那個時候有些黨政人員，常常會不顧自己的身分地位，忘了應有的分寸，喜歡擺出「照相搶中間，吃飯佔上位，走路爭前面」的架子和官僚作風，在救國團就很受批評。

1975 年春作者（前排左 2）率青年友好訪問團訪美，回國後時任行政院長的蔣經國於行政院會見全體團員並合影留念（1974 年 5 月）

我擔任青年救國團總團部學校青年服務組組長是在 1975 年年初，當時經國先生已經離開救國團二年，擔任行政院長三年，但他依然很關心救國團的事情。因為救國團學校青年服務工作和青年發展息息相關，而且經國先生又是救國團的創團人，極為重視青年問題和救國團的發展；所以我推估包括找我當組長這件事，依救國團的傳統，時任救國團主任的李煥先生一定事先有向經國先生報告，並經過他同意。後來在一次召見的場合，經國先生就對我說：「我們都是救國團的人，要發揮救國團的精神，好好表現、好好努力。」由此可見他很重視救國團的精神與作風，也因此對出身救國團的同仁頗有期許。對此我可以再舉另外一個與宋時選先生有關的例子來說明，宋時選先生是第四任救國團主任。1979 年 2 月，宋時選離開救國團接任國民黨台灣省黨部主任委員。有一次，經國先生在總統府召見我，談了很多事，但他還特別告訴我說：「宋主委是救國團的人，大家都是團裡的人，要好好幫助他。」

他對我從政開始的栽培與提攜：參加國建班第一期受訓及出任省新聞處長並再奉他指定參加高級幹部培訓班訓練

1975 年 4 月底，經國先生接任國民黨主席。隔年初，他在陽明山開辦革命實踐研究院國家建設研究班，簡稱「國建班」，我是國建班第一期結業的，外界戲稱我們是「蔣經國的黃埔一期」。我們這一期的受訓成員共有 28 位，其中 21 位後來都當到部次長以上要職，這些人包括翁岳生（曾任司法院大法官和司法院院長）、施啟揚（曾任法務部長及司法院院長）、梁國樹（曾任中央銀行總裁）、關中（曾任考試院院長）、徐立德（曾任行政院副院長）、郭為藩（曾任教育部長和台灣師大校長）、施文森（曾任司法院大法官）、李志鵬（曾當選第一屆至第四屆增額立法委員，並曾任大法官）、孫震（曾任台大校長及國防部長）、黃昆輝（曾任陸委會主

革命實踐研究院國家建設研究班第一期結業，蔣經國黨主席與全體學員合影，前排左 6 為中央組工會主任李煥，二排右 4 為作者（1976 年 5 月）

委、內政部長、總統府祕書長）、蕭天讚（曾任法務部長）等先生。當年大家曾笑說我們是政壇的新 28 星宿。

國建班是經國先生當黨主席之後第一次辦的訓練班，專門培養黨政學界的青年世代和中生代優秀人才，可惜只辦了三期就沒再繼續下去。1988 年（民國 77 年）他過世之後，很多後繼的政府部會首長都是從其中產生，這些人都是當時所謂的青年才俊。參加名單是由那時的國民黨中央組織工作會主任兼革命實踐研究院主任李煥先生負責組織、籌畫、安排的，當然最後一定要經經國先生同意。經國先生雖然忙於軍國大政，但他還是抽空

蔣經國對革命實踐研究班第一期學員講話，左二為蔣彥士祕書長，左三為作者（1980 年 12 月）

蔣經國與革命實踐研究班第一期全體學員合影，前排左六為蔣彥士，左七為作者（1980 年 12 月）

蔣經國與革命實踐研究班第一期學員聚餐，左 1 為蔣彥士祕書長，左 2 為作者，右 1 為吳俊才副主任（1980 年 12 月）

到陽明山和我們每一位學員一對一地個別談話。

國建班結業之後，我在該年 7 月出任台灣省政府新聞處處長。雖然任免廳處長是省主席的權責，但在那個年代連省新聞處長的任用都要先報告行政院長。一開始是省主席謝東閔先生先召見我告訴我他要找我出任新聞處長並詢問我的意願，但我們談完之後，他說了一句話：「這件事我還沒跟蔣院長報告。」意思是說，他說的還不完全算，要跟蔣經國院長報告之後才算定案。後來他去跟蔣院長報告，蔣院長點頭之後，我正式接任省新聞處長，那年我 35 歲。也是我正式投入政治生涯的開始。可以說，我之到國建班第一期受訓及出任台灣省政府新聞處處長，是經國先生對我的開始提攜與栽培。

1980年秋天，國民黨革命實踐研究院重新改組，又辦理類似前述國建班的高級幹部培訓班，稱之為革命實踐研究班，我再度奉蔣經國指定參加其第一期的研訓。記得和我一起參訓的有毛高文（後曾任教育部長和考試院副院長）、余玉賢（後曾任行政院農委會主委）、簡又新（以後曾任交通部長及外交部長）、梅長齡（時任中視總經理）、阮大年（後曾任教育部次長、交通大學學及東海大學等校校長）、張家驤（後曾任台灣日報社長及華視總經理）、蔡鐘雄（後曾任台灣省政府祕書長及親民黨祕書長）、王增才（台大教授、後曾任考試院祕書長）、張潤書（行政學專家、政大教授）、黃致祥（英文中國郵報社長）及鄭世津（後曾任台灣菸酒公賣局局長）等人。我因被推為學員長，在受訓期間與蔣經國頗有接觸，也聆聽了不少他的指示。

國建班和革命實踐研究班，是蔣經國擔任國民黨主席期間所辦理的僅有的兩個高級幹部培訓班。我已經早在民國65年（1976）參加過國建班第一期的受訓，何以革命實踐研究班第一期又找我參訓，我實在十分好奇，我因而向當時的國民黨中央黨部祕書長蔣彥士先生請教。蔣祕書長告訴我說，我的名字是經國先生自己加上受訓的名單的，可見經國先生常常想到你。我聽了之後，很受感動。這次的再參訓，也為我造就了一項紀錄：我成了蔣經國擔任國民黨黨主席時期唯一參加過他所辦理的二次高級幹部培訓班的人。

台美斷交他派我赴美參與談判

1978 年 12 月 16 日，華盛頓和北京同時宣布要在隔年元旦正式建交，美國並與中華民國斷交，且要廢除中美共同防禦條約和美軍自台灣撤離。台美斷交是台灣在 1971 年退出聯合國之後，外交上又一次的重大打擊，當時的外交部長沈昌煥先生因此辭職下台，經國先生並引用「憲法臨時條款」，發布緊急處分，下令停止正在進行的增額中央民意代表選舉的一切選舉活動，並把選舉延後辦理。

美國方面，卡特政府於 1978 年 12 月 27 日由國務院副國務卿克里斯多夫（Warren Christopher）率團來台說明台、美斷交事宜並商討以後台、美之新關係。克里斯多夫一行一出台北松山機場，即遭到我國民眾之極強烈的抗議且被丟雞蛋。雙方在台北並沒有談出個所以然來。美方堅持此後台、美之間關於未來新關係之談判必須在美國進行。我方乃由外交部政務次長楊西崑為代表，於 1978 年 12 月底赴美並即展開與美方關於未來台、美新關係應如何調整的談判。

在台、美談判於美國剛進行時，即有人向經國先生建議，認為這件事關係到台灣全體人民的利益，但談判代表名單當中卻沒有一位土生土長的台灣人參與，實有不妥。1979 年 1 月快接近農曆過年的時候，繼沈昌煥先生之後擔任外交部長的蔣彥士先生突然找我，說總統要我去美國參與台、美新關係談判並且要我馬上啟程。那時候我是台灣省政府新聞處長，具地方色彩，又是台灣人，而且擁有留美法學博士學歷，我想這些條件都構成

作者（右）奉派赴美參加美台新關係調整之談判，與談判首席代表外交部政務次長楊西崑合影於華府原中華民國駐美大使館（1979 年 2 月）

要我赴美參與和美方談判的重要因素，但其中要我赴美國擔任談判代表之一最主要的原因應是因為我是土生土長的台灣人，有代表性。蔣經國當時已經擔任中華民國總統一年多，他知道這件事情要有一個台灣人去，才能對廣大的台灣民眾有所交待，而他對我也所了解，所以經蔣彥士部長之建議我就被派去當談判代表，協助楊西崑先生。我的參與，可說具有相當大的象徵意義。

赴美之後，真正進入國務院談判的人就是楊西崑先生、程建人先生和我，當時程建人先生的職銜為原駐美大使館一等祕書，他負責每次談判紀錄的整理。我們三個人進去，大概談了一個多月，後來，我在 2 月底在美國東西兩岸對旅美僑胞、學人和學生就台美新關係調整之談判經過與主要結論做了幾場專題演講以安定人心之後就先行回國，楊西崑次長則在結束談判後，於 3 月返國。

台美談判的一項重點是「台灣關係法」的研訂（該法於 1979 年 4 月經

美國總統卡特簽署生效），為了這件事，我也到參議院去活動。那時候最支持我們的國會議員之一是史東參議員（Richard Stone，曾與另一位參議員杜爾 Robert Dole 於 1978 年 7 月 20 日提出「國際安全援助法」（International Security Assistance Act of 1978）修正案，即「杜爾—史東修正案」並被通過，主張任何影響美國與盟邦所簽的防衛條約之變更，必須先與參院諮商，其中包括與台灣所簽的中美共同防禦條約在內）。在一次吃飯的場合，楊西崑特別向他介紹我是「Native Taiwanese」，即土生土長的台灣人。經國先生當時會派我去也是基於這個原因。留美有法學背景的人不少，為什麼會指定我呢？我想是因為我是台灣省政府官員，省籍也在台灣，所以我被派赴美參與談判應是基於這個考量。這次的參與使我有機會參加一個影響台灣前途至為深遠的外交談判，作一些貢獻，是我一生中一個難得又難忘的經歷與歷練。我非常謝謝經國先生與蔣彥士部長給了我這個機會。

蔣經國總統於總統府召見作者（1979 年 9 月）

回國之後，經國先生除了召見我勉勵之外，也有和其他長官談到我，交代他們要好好安排我的工作。那時大家還以為我大概要轉往外交領域去發展，但外交工作並不是我想要的，那時候我才三十幾歲。最後省政府在 6 月 20 日發表由我擔任省政府委員並續任省新聞處長。那個年代要擔任省府委員不太容易，因為這是政務官；由省新聞處長並任省府委員，我是首開其例。省府委員的職務才做不到 4 個月我辭掉省新聞處長。10 月 11 日，國民黨蔣經國主席批示我出任國民黨中央文化工作會副主任，但仍任省府委員，我從此正式進入國民黨中央黨部服務，也開了省府政務官身兼國民黨中央黨職的一個先例。

文工會副主任時期對經國先生的建言

1979 年 10 月，我同時擔任國民中央黨部文化工作會副主任以及省政府委員，這種情形大概不太可能出現在現在。當然那時候我只領省政府的

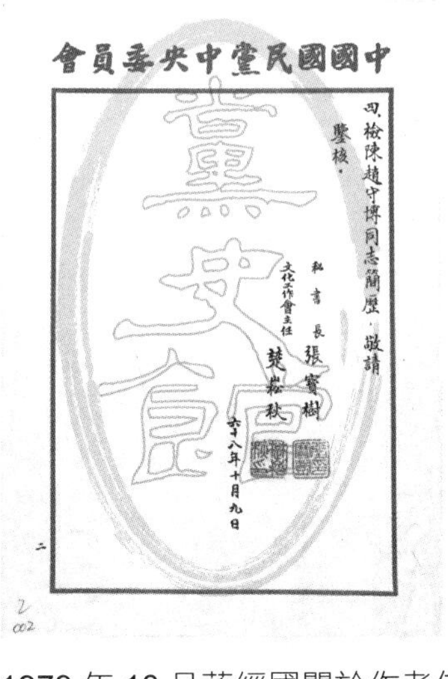

中國國民黨中央委員會

四、檢陳趙守博同志簡歷，敬請
鑒核。

秘書長 張寶樹
文化工作會主任 楚崧秋

六十八年十月九日

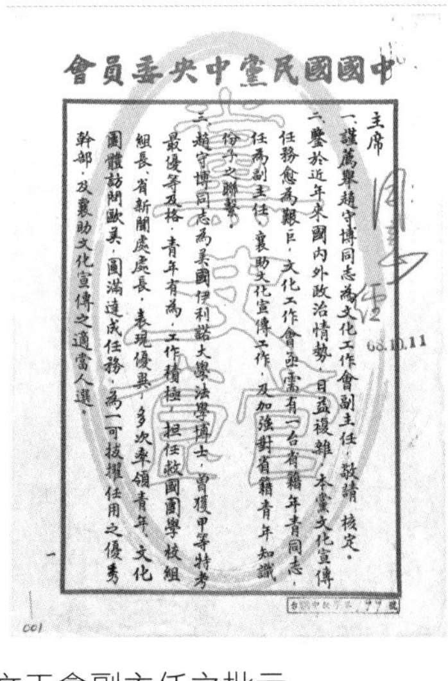

中國國民黨中央委員會

主席
一、謹薦舉趙守博同志為文化工作會副主任，敬請 核定。
二、鑒於近年來國內外政治情勢，日益複雜，本黨文化宣傳任務愈為艱巨，文化工作會亟需有一台省籍年青同志，任為副主任，襄助文化宣傳工作，及加強對省籍青年知識份子之聯繫。
三、趙守博同志為美國伊利諾大學法學博士，曾獲甲等特考最優等及格，青年有為，工作積極，担任救國團學校組組長、省新聞處處長，表現優異，多次率領青年文化團體訪問歐美，圓滿達成任務，為一可拔擢任用之優秀幹部，及襄助文化宣傳之適當人選。

68.10.11

1979 年 10 月蔣經國關於作者任文工會副主任之批示

薪水，並沒有領雙薪，而且省府開會的時候我一定與會，該審的法案我也會出席。我把省府委員的工作當作我的第一要務，但從那時候開始，我也正式參與中央黨部的工作。國民黨黨史會曾一度把當年經國先生批准同意我出任中央文工會副主任的公文作為重要黨史資料展示出來。（見上頁附圖）

國民黨中央黨部當年的主管、副主管具有台灣省籍身分的人還不是很多，經國先生要我去擔任文工會副主任應是經國先生拔擢本省青年的一個作法。我在文工會服務期間，有一件事情令我印象很深刻。1980 年年底舉行增額中央民意代表選舉，我是文工會副主任，有一次經國先生專門到中央黨部來聽取選情報告，他分別找組織工作會和文化工作會主任做報告，我記得當時的組工會主任是梁孝煌先生，文工會主任是楚崧秋先生。楚崧秋先生會前通知我，要我代表文工會報告，意在加深經國先生對我的好印象，我很謝謝他。在梁先生報告和其他人發言的時候，我觀察到經國先生一直埋著頭在寫東西，好像沒有很注意在聽。輪到我報告的時候，他最初還是埋著頭，差不多一、兩分鐘之後，他突然抬起頭來看，很專注地聽，當時我就越講越有勁，而且也不依文工

作者與蔣經國（1980 年 12 月）

會準備的資料照本宣科，因為他很注意我報告的內容，我就自行發揮地說：「文宣工作不能只講政府的好，只講黨的好，只歌功頌德，這樣做是不對的，是沒有效果的；要承認政府和黨也有不對的地方，也有還應該再加強的地方，所以我們做文宣第一要考慮民眾要的是什麼。」那時候經國先生經常把「中國國民黨要永遠與民眾在一起」這句話掛在嘴邊。我接著用他的話發揮：「主席常常講，要苦民所苦，所以我們要思考今天民眾最需要的是什麼？除了國際局勢不好應設法突破之外，今天台灣民眾到底還需要什麼？大家在生活上還缺少什麼？農民、漁民、工人在想什麼？我們在施政及文宣工作上都應特別加以注意。」那時候他當然已經認識我，我想他大概覺得我這個年輕人很敢講話，既然你敢講，我就敢聽。我報告完之後私下問當時也在場的蔣彥士祕書長，問他我會不會講得太「超過」、太直率、太直接？他說：「不會！主席就是喜歡聽真話。」他並且鼓勵我以後要多多為國民黨探求民隱，多注意反映民眾的需求。這是我到國民黨中央黨部服務之後首次直接向經國先生建言。

擔任社工會主任時期與經國先生的互動

（一）推動設立行政院勞工委員會

我在 1981 年 12 月調任省政府社會處處長，由於業務繁多，無法兩邊兼顧，因此在 1983 年 3 月請辭文工會副主任的職務。1987 年 2 月，我再度回到國民黨中央黨部服務，出任中央社會工作會主任。那時候經國先生的身體已經很不好，很多公文都已經無法批閱，都是直接用講的，再由幕僚代為轉達。

當時有一件事情讓我印象很深刻，1986 年年底舉行中央民意代表選舉，國民黨勞工職業團體的候選人意外落敗，除了國民黨提名的全國總工會理事長陳錫淇競選連任立法委員失敗，省總工會理事長彭光正競選國大代表也失利。當年職業團體通常都是國民黨的鐵票，國民黨提名的候選人必然篤定當選，但這一次竟然雙雙敗選，由新成立不久的民進黨候選人勝選，這對國民黨而言是很大的打擊。因此國民黨中央黨部一級主管社會工作會進行改組，由我擔任中央社會工作會（以下亦簡稱社工會）主任。

我記得我接任社工會主任的時間是 1987 年 2 月，當時黨中央決定成立一個中央級的勞工行政單位，問題在這個單位的性質該如何定位？到底是仍然留在內政部轄下？還是另外成立一個勞工行政獨立機關？以前勞工主管單位是隸屬內政部的勞工司，有人建議改成勞工局，有人說可以成立勞工署，大家在那邊爭執不下，但吵來吵去卻沒有人想到勞工主管單位可以直屬行政院，大部分的人都覺得在內政部轄下設一個單位即可。

我就任不到數月，時間大概是民國 76 年的 4、5 月之間，中華民國總工會的代表團來向我請願，希望能成立行政院勞工委員會。他們說部會層級的行政院農業委員會早在 1984 年就已成立，為什麼不能也成立部會層級的行政院勞工委員會？之前我在省社會處就是專門負責勞工行政業務，我覺得勞工團體的話有道理，故立即去跟那時的國民黨中央祕書長馬樹禮先生說明這個意見。馬先生很開明，他先問我是否有這個必要性？我說：「我認為應該。」他當時回答我：「新加坡只有兩百多萬人口都有一個勞工部，台灣兩千多萬人，勞工人口又那麼多，為什麼不能成立勞工部？你把這個意見簽上來！」馬樹禮先生叫我把意見具體的寫出來，用我的名義上簽呈。我簽的大意是國民黨之所以去年會敗選就是因為被認為不夠重視勞工，至少勞工朋友覺得國民黨沒有重視他們，這是勞動界給國民黨的一個警訊。至於要怎麼表示政府重視勞工問題？最直接的作法就是把勞工問題提升到國家層次，也就是把中央勞工行政主管單位提升至部會層級，世界各國都是這樣做，國內應該也要跟上世界潮流，不宜再把勞工行政主管單位的位階擺得太低，至少也應有類似行政院農業委員會的層次。我還舉例，美國有勞工部，日本有勞動省，小小的新加坡也有勞工部，為什麼中華民國沒有？那時候台灣工業已經起飛，不只是加工出口區輕工業很發達，十大建設之後，營造業及重工業也非常景氣，國內工人人口很多，而且所謂「工人」是指廣義的工人，不只是藍領，白領也包括在內，既然受僱者那麼多，政府應該藉此機會作政策宣示，表示國家非常重視勞工的政策問題、權益問題和行政問題，所以我強烈主張勞工主管單位應該要單獨成立部會，直屬行政院。

那時候行政院其實已經決定要設勞工局或勞工署，這幾乎已經成為定案，行政院對外也都是口徑一致這樣表示。所以馬樹禮先生要我趕快簽，當天簽完，馬上往上呈，搶時間。大概傍晚 5、6 點鐘的時候，馬樹禮先生告訴我這件事已經沒問題了，主席已經核可我的簽呈了。那時候經國先生已經不能親自批公文，總統府沈昌煥祕書長在公文上寫了「奉示同意」四個字。這表示已經報告蔣主席，蔣主席也同意了，行政院勞工委員會就這樣成立了，有了經國先生的支持，一夕之間政策有了大轉變。

當時經國先生的身體已經很不好，第二年年初他就走了。在身體狀況不很好的情況下，他還是非常重視「變革」這件事。他任命的行政院長都已經決定要成立勞工局（署），但經黨部這麼一簽，他願意接受我們的意見，讓整個既定政策改弦易轍，這就是變革。這再次顯示出他的開明作風，顯示出他很清楚世界真的在改變，政府施政該變就要變。也說明他是一個從善如流的領導者。這是我在社工會任職期間發生的事情，我那時候也才剛到社工會不到幾個月，他願意採納我的意見，真的讓我非常敬佩和感激。

（二）老兵返鄉回大陸探親及戰士授田證問題的陳情抗議風波

另外一件事也令我難忘。1987 年夏天，老兵（即於民國 38 年在國軍充當士官兵而與部隊隨國民政府由大陸撤退來台灣後來退伍的人員），為了回大陸返鄉探親及戰士授田證的問題經常包圍國民黨中央黨部（當時位在台北市景福門對面目前張榮發基金會現址，那時為日治時期所建三層樓西式紅磚建築）抗議請願。這種陳情、抗議事件在返大陸探親與戰士授田證未獲妥善解決之前可說層出不窮。我是社工會主任，凡是到中央黨部請願、抗議的人或團體都由社工會出去打頭陣疏導、協調。那陣子我記得，請願、抗議者最多的，除了勞工、農民之外，就是老兵；每次來我都得出去接見他們，和他們談話、協調。這些早期隨政府由大陸來台的老兵，當時對政府主要有兩大訴求：（1）開放准許他們返鄉回大陸探親，和（2）早年政府所發給他們的戰士授田證應折合現金發放予他們。民國 76 年 7 月 7 日因逢七七對日抗戰紀念日也是國民黨每週三例行中常會的舉行之日，大約有二、三百名的老兵又到國民黨中央黨部請願陳情。最初他們只在大門外舉布條抗議，秩序還好，但不久由於有人鼓譟叫囂，乃群情激昂地往黨部裡面衝一直衝到黨部一樓的大門口。當時蔣經國主席正在二樓主持中央常會，情勢可說相當緊張。好在陳情抗議的老兵最後在我一再力勸和疏導下，離開了中央黨部，沒有衝上中常會會場。我並帶他們到位在植物園內的民眾團體活動中心，跟他們的代表面對面繼續溝通傾聽他們的心聲和意見。終於可說在千鈞一髮之際，使危機化解，而沒有釀成老兵衝進中常會會場包圍蔣經國主席的難以收拾的尷尬和危險局面。事後我回想起來，這真是一個相當緊張危急的情勢。如果處理不當，讓這些抗議的老兵竟然衝到中常會會議廳裡面，這對國民黨的顏面和威信將造成難於想像的損害；而對經國先生這位創立中華民國的退伍軍人輔導制度，並長期照顧老兵、為老兵謀福利的黨主席而言，更是情何以堪。所幸這樣的場面沒有發生。說真的，到現在我想起來，還會捏一把冷汗。

所謂「戰士授田證」亦稱「戰士授田憑據」，指的是中華民國政府撤退來台灣後，為鼓舞軍隊士氣安定軍心，於 1956 年（民國 45 年）7 月 10 日依 1951 年（民國 40 年）10 月 18 日所制定的「反共抗俄戰士授田條例」之規定，對服役滿兩年以上戰士或遺眷，按該條例所定未來待光復大陸後每人將授予年產淨造稻穀二千市斤面積之田地的證明憑據。但由於反攻大陸遙遙無期，事實已不可能，退伍老兵乃紛紛要求政府將前述憑據折發現金，因而有上述的抗議請願。政府被迫於 1990 年 4 月制頒「戰士授田憑據處理條例」，做為折現發放被稱為補償金的現金的依據，並於 1990 年 1 月 3 日起發放。迄今發放金額已達新台幣七百五十二億元。相信生前一向極為關心老兵福祉而卻未能於其有生之年妥善解決戰士授田證問題的經國先生，對此一定會感到十分安慰。至於老兵回大陸探親之請求，經國先生於 1987 年 10 月 14 日主持國民黨中常會通過開放老兵回大陸探親的決議，翌日行政院通過《台灣地區民眾赴大陸探親辦法》，終於正式開放老兵返鄉回大陸探親。

（三）經國先生關心四件大事——榮民、勞工、農民及社會運動

經國先生最後一次單獨召見我，是 1987 年 3 月間我剛到國民黨中央社工會擔任主任沒多久，那是一個禮拜天，他是以國民黨主席的身分召見我的。在這一次召見，我第一次真正體會到他的身體真的很不好。他穿著一件灰色的夾克，談話的地點在總統府，他的眼睛其實是在看你，但你會覺

得他的眼神似乎是在看別的地方，這很可能是受到糖尿病的影響之故。

他跟我談話談的第一件事就是老兵的問題，那時候老兵的訴求主要有兩件事，一個是回大陸探親，一個是戰士授田證換錢；他說這些人過去為國家犧牲奉獻，相當辛苦，所以一定要設法照顧他們。老兵想回大陸探親的願望，經國先生在生前就加以促成，他在 1987 年 10 月 14 日主持國民黨中常會時宣布了開放老兵回大陸探親，當時我也在場。他跟我談的第二件大事，是勞工的問題。第三則是農民，最後是社會運動。有一個插曲真的讓我很感動，這一次召見談到最後，他忽然很感慨的跟我說：「應該早一點叫你回來中央的。」之前幾年我都在省政府服務，我聽了這些話真的很感動。我馬上跟他說：「報告主席，在地方和在中央一樣，都是為國家做事。」

那一次召見主要是針對中央社工會的業務應如何開展，因此他一直問我社工會改組了沒有？我有點疑惑，所以回答他：「什麼改組？」那時候社工會主任哪有什麼權力可以改組？但從他這句話當中可以看出來，他對社會工作的重視，迫切的覺得我應該找一批人來幫忙，好好的把該做的事情做好。

（四）經國先生最後一次主持中常會：

1987 年 12 月 23 日，經國先生最後一次主持國民黨中常會。我以中央社工會主任身分也要列席每次的中常會，記得他是像最近的幾個月一樣坐著輪椅進到會場的，一進來隨扈就把他推到主席台的中央。從一進來，他的頭就沒有抬起來過。後來他去世的時候，有人形容他是「油盡燈枯」，我當時見到他最後一次主持中常會的情形真的體會出來何謂「油盡燈枯」。當邱創煥省主席以「全面革新造福省民」為題，在此次中常會作報告時，那時候文工會主任戴瑞明先生就坐在我旁邊，他後來轉擔任駐教廷大使。戴主任當時跟我說：「老趙！主席的健康不太妙。他頭一直低下去。」我乍然想到我小時候在鄉下聽到的一種說法，長輩們常說如果老人家的頭勾下去，這就不是好的預兆。當時他的身體想必是疼痛不堪，邱主席報告完之後，過了差不多一分多鐘，他都沒有反應，李煥祕書長一直坐在他右邊看著他。我以為他睡著了，但事實上他一直在聽，停頓了一分多鐘後，他開始講話了，雖然頭還是沒有抬起來，但思路清楚，指示也很清楚。事後我們才知道，當時他其實已經病入膏肓，他出席中常會是硬撐來的。現在想起來，我心中還是真的相當不忍，他身體已經那麼差，還那麼擔心國家政務，對省政也還做了那麼多明確的指示。那是我最後一次看到他，二十一天之後，他就與世長辭了。

談蔣經國的政治本土化

民國 61 年（1972 年）6 月，蔣經國出任行政院院長，並實際掌控了國家的軍政大權及國民黨的領導權，因他高齡已 87 歲身體健康日益衰弱的父親蔣中正已事實上將國家和國民黨的領導權交給了他。台灣也從此進入了蔣經國時代。

蔣經國主政之後，就進行了一個從未經任何黨政決策程序正式討論決定，也從未正式公開宣示，但卻影響深遠的政治本土化政策。這個本土化政策，我認為主要有兩個層面，即黨政領導階層的開始大量進用台灣省籍人士，和政府施政及建設一切均以台灣為優先，不在把所謂「反攻大陸」當做所有施政的最主要的重點，事實上就是放棄了反攻大陸。因此，一方面他推動使台灣的基礎建設脫胎換骨走上現代化並使台灣的經濟工業化及國際化的十大建設，另一方面他破天荒地任命第一位台灣省籍的人士出任台灣省政府主席，這位台灣省籍人士就是謝東閔先生；同時也不斷任用台灣省籍人士充當重要的黨政職務。經國先生這些本土化的舉措，在當時非常轟動，很得民心，很受絕大多數台灣省籍民眾的支持與認同。我想這應該也是他一直到現在長期受台灣地區大多數民眾所懷念、認同與尊崇的重要原因之一。

我們這個年紀的人，對蔣經國的本土化政策有很深的感受，也認為是當年不可不推動的一個政策。雖然，蔣經國自己從未提過什麼本土化，甚至於當年實際負責為蔣經國推動用人本土化政策的李煥先生也曾表示沒有什麼本土化的政策。但大家都認為事實上有一個產生施政和用人本土化效果的政策存在，只是不便明講而已。這也證明在政治上，有些事只能做但不能講，而反過來又有些事卻只能說而不能做。

談到省籍問題，當然我們這些人不會去分所謂本省、外省，但你不分，民眾會分，這是一個很敏感的問題；大家也許不講出來，但心裡是否存在這種意識？我想是心照不宣。

地方意識古今中外都無法避免，台灣有其特殊的歷史背景，這種歷史經驗使本省、外省的區分變得更加敏感，也更加讓有心人在政治上有操弄的空間。如果今天台灣和大陸從開始就未曾分離過，沒有現在兩岸、兩個制度的區別，沒有 228 事件，沒有 50 年的日本統治，沒有荷蘭人來台 38 年，應該也就沒有這些問題了。就是因為有這些特殊的歷史背景，以及特殊的政治因素，使原本不是問題的問題變成問題，使這個問題在政治鬥爭當中變成一個可以操弄的議題。所以，為政者不得不重視，要設法消弭這個問題，讓這個問題不要走向負面，造成民眾之間真正的對立，以及政治上不必要的隔閡。這是為政者特別是領導者應該注意的一個重點。

當年因為國民政府播遷來台，中央政府從大陸整個搬過來，所以難免所有政府首長都是外省人，加上之前日本統治台灣 50 年，在民國 30、40 年代，真正的本省菁英能完全懂得中國語文、文化，能完全融入中國政治體制和傳統者仍相當有限。政府來台的原因又是因為經過大陸的一場慘敗，對政權的維護特別敏感，也因為這個因素，所以造成很多看起來不是很正常的現象，包括國民大會代表、立法委員長期不改選，最後甚至變成終身制，這給反對國民黨政府的人一個很大的藉口。還有，在經國先生於 1970 年代開始推動本土化政策之前，長期以來擔任重要政府首長的本省人很少，這就是為什麼謝東閔先生出任首位本省籍台灣省主席，以及之後任何一位本省人擔任中央部會首長，會變成大新聞的原因。那個時候初步開放的結果，中央只有兩個部會首長交給本省人擔任，一個是內政部、一個是交通部。最初只有一個內政部，甚至一開始本省人只佔一個政務委員的缺。但逐漸的，台灣省政府的廳處長開始出現本省人，這個開放腳步在很多本省人看來還是覺得太慢，尤其在反攻大陸變得遙遙無期之後，某種情緒慢慢醞釀成形，借用反對國民黨人士所講的話，既然大家同處於這一塊土地上，你我都喝台灣人的水、都吃台灣人的米、都住台灣人的地，為什麼我們台灣人不能負主要的領導責任？我在美國唸書的時候，這種情緒就是造成台獨運動的重要理由之一。

省籍是一個很現實的問題，政府不管喜不喜歡都必須面對。台獨運動最後也造成 1970 年 4 月 24 日蔣經國赴美訪問被黃文雄、鄭自才暗殺未遂的事件。後續在美國參加台獨運動的人很多都是台籍菁英，都是一些在台灣唸完大學再到美國拿到高級學位的知識份子出來反對國民黨政權。這和當年孫中山先生發動革命的情形不太一樣，孫中山先生的革命黨當中有留學生，但更多的是販夫走卒、會黨份子、和一般華僑，台獨運動一開始幾乎完全是由所謂的菁英份子所組成。

在蔣經國時代，我們台灣反對執政國民黨的力量，是藉由選舉和社會運動慢慢抬頭和累積的，雖然當時還沒有其他政黨可以把國民黨的政權打垮，但身為國民黨領導人，你說要不要注意這個問題？我想蔣經國是注意到了。

在我看來，如前所述，所謂本土化政策不應該僅侷限在用人。這更應該是指政府的施政不可再寄託於反攻大陸的幻想之上，而是政府要和民眾一起努力，設法讓台灣這塊土地變得更好，讓生活在這塊土地上的所有人民大家都能過好日子，這才是所謂本土化。或者這可以說是「台灣優先」的台灣主體意識，因為反攻大陸已經不可能，不能再用反攻大陸的藉口讓一些不合理的現象繼續存在。時代早已經變了，政府卻還延續很多不合理的現象，包括中央級民意代表長期不全面改選，以及讓台灣處於長期的戒嚴狀態等，都成了反對勢力可以操弄省籍意識的聚焦點。我覺得蔣經國已經看到這一問題，所以他要改革，要實行本土化，要引進更多本土人才到政府來。當很多土生土長的台灣人都到政府服務，甚至變成政府主要領導人之後，這個政府就不是外來的政權了，就能被大多數的民眾所認同、所接受了。

連李登輝先生當了總統之後都還認為國民黨是外來政權，為什麼會這樣？因為他覺得政府的中央民意代表絕大多數不是台灣選出來的，是很久以前在中國大陸所選出的，又從未改選，在台灣根本沒有民意基礎；中央政府到台灣來之後長達二、三十年期間，中央大官絕大多數也還是大陸那邊來的人在當，不是台灣這邊的土生土長的人在做，更重要的是，整個政府和政治資源的掌控和支配，並非握於佔人口絕大多數的台灣人之手。所以他才會對日本人講出「國民黨是外來政權」這句話。雖然我們也要考慮他日後的台獨傾向，但連他身為總統都這樣講，我們可以想見當時台灣民眾內心的感受。他有時候跟我談話時對這件事也毫不忌諱，有一段經過我印象很深刻，在我當省主席任內，有一次陪李總統乘坐他的總統專機，我們在飛機上閒聊，聊著聊著，他突然說：「國民黨政權不就是外來政權嗎？」我當時很訝異，他身為國民黨籍的總統怎麼會講這種話？但不能否認這也相當程度代表很多他那一代的台灣人的認知，以及反國民黨人士和台獨份子的看法。

如何讓台灣民眾認為這個政府是為 2300 萬人民打拼的政府？這個政府不是外面強加給你的，而是自己產生出來的政府？我想這是蔣經國當時要實行所謂本土化的原因。政策本土化，或者是政策台灣優先化，用人在這方面有很大的象徵性意義，除了象徵意義之外，這至少可以爭取佔人口絕大多數的台灣人的認同。如果把國家、把台灣比喻成為一家公司，我們土生土長的人如只能當工人；董事、經理都是外邊來的人，都不是由我們這邊產生出來的，這樣我們怎麼可能認同這家公司？如果我們也有股份，可由我們作股東，我們也可以作董事，也能夠當經理人，這就是「我們的公司」，不是「他們的公司」、「別人的公司」了。我想從這個角度來看，我認為蔣經國先生的作法是對的，而且這對鞏固中華民國在台灣的地位、合法性、合理性都有極大的幫助。

現在沒有人會講幾年前執政的馬政府這個政權是外來政權，馬英九先生是外省人沒錯，但我們不能說他代表外來政權，因為他是 700 多萬台灣地區的公民選出來的總統，這就是本土化。本土化不是排斥外省人，而是由所有認同台灣這塊土地、居住於台灣這個地方的人大家一起來參與、作決定，也就是 2300 萬人一起參與、作決定。大家都參與的話，自然而然的，土生土長的人就會覺得自己還是佔大多數，是影響力很可觀，被尊重的民眾。我記得我在唸中學的時候，絕大多數台灣省政府的廳處首長都是外省人，而本省人最高則只能當副首長，所以那時候我們長大的志願頂多就是當副首長，也沒有人敢立志作部長，因為台灣人最多只能當內政部長。甚至我唸中學的時候台灣人還不能當內政部長，只能當政務委員，總司令就更不用講了。但現在總司令、部長大多數都是台灣人，這樣人民就會有參與感，就自然會認為這是我們的政府、我們的國家。

從這個角度來看，經國先生的本土化政策不但是對的，而且是勢在必行的政策。當然難免會有不同的聲音，這些聲音我也都聽過。但從中華民國在台灣長遠發展的立場來講，這個政策是對的。我去大陸訪問的早期，他們的人都會講：「如果你們跟我們統一，你們就可以來做官，台灣人可以來做副主席。」我聽了之後，很不以為然的跟他們講：「如果你們真的跟我們統一，我們不就是中華人民共和國的國民嗎？既然我們是中華人民共和國的國民，為什麼我們只能當副主席？為什麼我們不能當主席？我們台灣人只要選得上憑什麼不能當主席？所以這擺明是要把我們當二等國民看待，誰要跟你們統一呢？」他們現在不太講這種話了，這種話邏輯上根本不對，既然我們是合法國民，只要選得上就可以，憑什麼只能當副的？我想他們在做統戰時也可以大大方方地告訴任何維吾兒人、香港人、澳門人，以及任何包括達賴在內的西藏人，只要選得上，誰都可以當中華人民共和國的主席。這樣才會讓人有大家不分彼此都是一家人的感受。經國先生推動本土化，我認為就是在營造這種「我們不分彼此都是一家人」的感情和相互的認同感。

我覺得蔣經國在本土化這方面做了很多具有象徵意義的行動，包括他說：「我是台灣人，也是中國人。」包括到處下鄉走動，包括後來我聽人講到下面的這樣的一個故事：有一次蔣經國陪同來訪的新加坡總理李光耀先生下鄉參觀，要上車返回台北的時候，李光耀先生還沒出現，蔣經國就叫副官和隨扈去找，找到之後，發現原來李光耀先生正在跟一位鄉下老太太用閩南話聊天。蔣經國很懊惱，覺得自己身為國家元首，他不能跟自己國家的老太太直接對話，一個外國人卻可以，他真的很懊惱。這表示他真心誠意要跟這塊土地結合在一起。

我想本土化應該是說：誰生活於台灣這塊土地、誰願意跟這塊土地結合在一起，與這塊土地的利益和發展相結合，互相擁抱，誰就是屬於這塊土地，誰就應該有一樣的發言權、誰就有一樣的參與權；同時，政府一切施政的構想和作為，也以台灣以及生活於這塊土地上的人民的利益為最優先；這就是本土化。我尤其要提醒現國民黨、特別是手上握有權力的國民黨人，面對台灣島內不容小看的台獨勢力和意識，以及過去十幾年來主政者刻意的突出台灣意識和「去中國化」，更要切實體會經國先生本土化政策的用意、苦心和意義。而不要做出和其背道而馳的任何舉措。

經國先生的領導風格

（一）厲行變革、提振人心的黨主席和總統

我在國民黨中央黨部先後擔任文工會副主任和社工會主任任期間，是我與經國先生接觸最頻繁的時候，也讓我第一手體會到他是一位隨時在追求創新及改革的領導人。

其實，早在民國六十一年六月他接任行政院院長之後，雷厲風行地推動十大革新以及開始進行十大經濟建設，就展現出他的改革決心與創新的魄力及作為。他的那一句「今天不做，明天就會後悔」的名言，顯現出他對國家的創新改革，有極大的迫切感。

在台美斷交前夕，他於 1978 年 12 月 20 日在黨內成立「革新工作組」，以因應台美斷交後的變局，就是以變應變以變制變的改革做法。我記得這個革新工作組共分六組，分別為黨務組、政治外交組、社會組、文化宣傳組、財政經濟組和軍事組，每一組召集人成員分別由老、中、青三人作搭配；我也奉指定參加，我被分配在文化宣傳組，與沈昌煥先生、王唯農先生同為召集人。各小組規劃的方案，先經革新工作組綜合研議後，再提報常會討論。當時名義上的總召集人是總統嚴家淦先生，當時他任國民黨中央常務委員，但「革新工作組」實際上是黨主席蔣經國指示要做也負最後的決定權。

1986 年 4 月 9 日，也就是國民黨第十二屆三中全會結束後不久，經國

先生再次指定中常委嚴家淦、謝東閔、李登輝、谷正綱、黃少谷、俞國華、倪文亞、袁守謙、沈昌煥、李煥、邱創煥、吳伯雄共十二位先生組成「革新小組」討論今後的國家重要問題，包括大陸政策、黨禁、解嚴、中央民代調整和地方自治等。這也是在進行變革。

我出任中央社工會主任後，每次國民黨中常會我都要去，每次在常會和黨的重要集會，經國先生的發言都讓我感到他一直非常關心這塊土地上的人民，他有一點像前美國總統雷根，想要把人心振奮起來。我覺得在振奮人心這一點上他成功了，那個年代台灣的國際局勢很差，但台灣民眾的信心並沒因為這樣而隨之崩潰。推動十大建設時期，他全省工地到處跑，這等於是給民眾一個希望。而且相較於中共當時的文革運動和文革後的江青四人幫事件，台灣的政治社會安定、經濟發展和外匯存底一直遠遠超過中國大陸。這都是他把握時機進行改革創新的結果。

回想起來，台灣經濟起飛是從蔣經國主政時期開始的，那時候人民開始有錢。而且跟大量開放外匯一樣，1979 年台灣開放觀光也是在他任內完成的。開放觀光是一個很好的變革政策，台灣人民走出國門後，發現跟別的國家比，我們並沒有輸給他們。除了西歐和美國之外，到過東南亞及其他地區的台灣人都會發現無論是政治、經濟等方面，台灣都遠遠超過這些國家，光就這一點，大家就會以台灣和中華民國為榮，我認為這是他領導台灣成功的地方之一。

1986 年 10 月 15 日，經國先生在國民黨中常會講過一句話：「時代在變，環境在變，潮流也在變。」他以後的做法為這句話作了很好的註腳，他解除戒嚴（1987 年 7 月 14 日），解除報禁（1988 年元旦），開放台灣民眾赴大陸探親（1987 年 10 月 14 日）。在沒有正式解除黨禁之前，他放手讓民進黨成立（1986 年 9 月 28 日），民進黨成立是在還未正式解嚴開放黨禁之前，這表示他已經知道世界在變、人民的想法在變，他不變不行。換句話說，用現代的話來講，他能掌握到變的趨勢，中國大陸的用語叫「勢頭」，亦即他把握住改變的「趨勢」、「勢頭」，然後有步驟、有方法地進行必要的變革與創新。這一點是我覺得經國先生作為國家領袖最了不起的地方。他不會墨守成規、不會不求變只為保持傳統和保持自己的權力。經國先生覺得必須變的時候非變不行；而且，在追求變革時，他會激發人們產生一種片刻也不能等待、片刻也不能浪費的急迫感。

（二）走入群眾的「走動式管理」

1987 年 7 月 27 日經國先生在會見民間友人的時候提到：「我是台灣人，也是中國人。」他知道中華民國在台灣已經那麼久了，如果不能得到台灣民眾的支持和認同，中華民國政府就會失去合法的基礎，沒有合法性等於沒有法統；因為法統不是靠終會完全凋零的老國代、老立委來支撐。在他執政後期，由於反對勢力的茁壯和批判，中央民代機構的權威幾乎已全然褪色。這時候執政者必須得到民眾的支持，這就是為什麼他會深入民眾、走入民眾，和農民、礦工、勞工、漁民以及家庭主婦在一起的原因。

最主要就是他懂得掌握群眾的脈動，用現代話來講就是從事「走動式的管理」。他把政府帶給民眾，而不是民眾去找政府。

經國先生的領導作風對當年被他提拔的人都有很大的影響。一個好的領導人就是要讓人家自動去效法他、學習他，以他為榜樣，這才是好的領導人。這點經國先生做到了，他在無形中影響大家。在他的帶動下，每一位縣市長、部會首長、廳處長無不都是勤於下鄉，大家奉公守法，為施政奔波、為人民奔跑。1976 年，在經國先生擔任行政院長任內，嘉義縣長陳嘉雄先生去世，他跑了好幾趟，到他家慰問，甚至親自送到墳上。為了一個地方首長，行政院長可以做到這種程度，這表示他的確真心關心他。你說大家不會因此感動嗎？而且他做得很自然，你不會覺得他在表演。

對經國先生的評價

今天紀念蔣經國先生，任何有權力的從政者都必須體會到：

第一，經國先生敢變、能變，而且以變應變、制變、導變，順著潮流改變。國家領導人要有「vision」，也就是「願景」，該變的時候就非得變不行。

第二，經國先生對於改革說到做到。為什麼我敢寫〈摒棄落伍觀念，加速革新進步〉這篇文章？因為我覺得這位政治領袖有心想變革，當時國內外改革的呼聲非常強烈，政府也力倡行政革新，作為讀書人，我們有責任響應，至少我們要支持他，這是我當時的心態。《中央日報》國是論壇海外版就是給歸國和留居海外的學人抒發胸臆的地方，這篇文章代表我的一點心聲，以及對他革新的支持。1972 年剛好推動十大革新，包括生活的十大革新，例如婚喪喜慶不得鋪張，宴客不能超過十桌，內政部有一位做過警政司長的官員就因此被免職。另外，為了表示政府重視民眾的生活，財政部鹽糧司司長張清治，因為鹽漲價問題處理不力，也因此下台，這是 1976 年 5 月底的事情，當時連帶主管鹽務的財政部常務次長王紹堉先生也因此一併被記兩大過免職下台。足見對於變革，他是大刀闊斧，說到做到。

經國先生有願景，而且政策說到做到，懂得貫徹。他在十大建設最常講的一句話就是「今天不做，明天會後悔」。換句話說，該做的事情就一定要突破萬難，貫徹到底，這也是為政者應該要有的心胸和氣魄。

第三、我覺得他也是一個很細心也十分關心部屬的人。1980 年 12 月，有一次我們跟經國先生餐會，剛好我就坐在他旁邊，那時候他在講話，他桌前有一張寫著「主席」的牌子，那張牌子不知道為什麼倒下去了，那時候他身體還不錯，視力也還沒受到糖尿病的影響。當時我坐在他右邊，我不好意思把手伸過去把牌子擺正，但他自己看到那張牌子倒了，而且等一下就要拍照，主席牌倒了拍照就不好看。所以他趁著談話之餘，非常自然的用一個手勢，順勢就把那張牌子扶起來，一切看起來都非常自然，完全沒有刻意之處。他這個動作讓我覺得他真的是一個很細心而且觀察入微的人。

另外我要講一件軼事，有一次他召見我，那時候我才三十出頭，比現在還瘦，當時流行穿青年裝，我愛漂亮，青年裝上下的顏色故意穿的不一

蔣經國總統致送作者祖父滿九十歲壽誕的祝賀壽字（1981 年 2 月）

樣，看起來卻更苗條。他跟我聊天，過程都聊得很愉快，結束後我跟他敬禮正要離開，他忽然說：「趙守博！趙守博！為什麼你那麼瘦？」那時候擔任外交部長的蔣彥士先生一向對我很好，他曾告訴我，總統很關心我的健康。經國先生這樣問我，一定是他對我的健康情形有所擔心。事實上我的身體並沒有什麼問題，但我想他那麼忙，我不能作太多解釋，於是我靈機一動，就回答他：「報告總統，家祖父比我還瘦，但他今年已經 90 高壽，而且身體很好。」總統聽了連聲說好。我就是要報告經國先生，我瘦是因為遺傳。我祖父 90 幾歲才過世，一直到過世之前都還耳聰目明，最後是因為器官老化衰竭在睡覺中去世。我見經國先生的時候，家祖父剛好 90 歲，身體還好的很。後來很多人引用這個對話來稱讚我的危機處理能力，其實這應該叫「臨機應變」。經國先生對細節真的很注意，而且也很關心部屬的身體健康。

我聽老救國團的人告訴我，經國先生雖然在行政院長和總統任內穿著比較隨便，所謂「隨便」是指他下鄉和民眾在一起時可能只穿一件夾克。但當他在正式場合的時候，他非常懂得穿著的禮儀跟搭配，他知道什麼顏色的西裝應該搭配什麼顏色的襪子。在老救國團時期，當時仍然很年輕的經國先生還曾教過這些主管應該如何穿著。從這些小地方可以看出來，他真的受過相當好的教育，這包括家庭教育和社會教育。

第四、他很重視廉能。經國先生對政府首長的要求有一點特別重要，他不大喜歡政府首長跟商人來往，你可以幫助商人，但不能跟他們在一起吃喝玩樂。這點他在十大革新當中並沒有明講，但我們可以從他任內的作法、作風看出來，如果官員和商人過分來往，超過一定的分際，大概都會被換下來。甚至於，首長的生活如果過分奢華，也同樣會下台。所謂過分奢華是指生活開支超過薪俸所能提供的程度，例如某位官員的所得不足以買華廈，但他卻住在豪宅裡面就是。他很在意這種事情，而且他自己的生活也很簡單儉樸，以身作則。

經國先生很在意官商勾結和公務員操守，「己身不正，何以正人？」所以經國先生在操守上自持甚嚴，他自我要求的程度足以作為其他官員和未來國家領導人的借鏡。政府官員不是不能跟商人來往，也不是要壓制工商，他很清楚知道工商業是國家經濟的主流和命脈。但公務員不應該在生活上，尤其是吃喝玩樂上和商人太過接近，甚至毫無分際。如果有官員濫用商人給你的好處，這些人在經國時代都得走路。

因此，紀念蔣經國也應包括如何確立優良的政治責任風氣以及廉能的政治風氣。這個政治風氣是指官商可以來往、合作，但一定要制度化，必須遵循一定的規範。我必須要講，我從政那麼久，發現過去有二十幾年的時光，台灣已經變成官商打成一片，打成一片不完全不是為公，當然這也有，但謀私利的情況所在多有，而且佔大多數。這是我覺得很遺憾的事情。

我過去在經國先生的薰陶和影響之下，深深體會他很強調奉獻、犧牲、廉能，而且提倡該做的事情就要認真去做，就要認真去做好。這些也成了我從政和做事所一直努力遵循的重要原則。

我今年已年滿八十，想起經國先生為國家、為台灣所奉獻的種種，以及我個人和他互動的一切，對他實在有無限的感激與懷念。

附件

摒棄落伍觀念 加速革新進步

去國多年，回來之後，發現國內很多方面，有極為可觀的進步。尤其是經濟建設所帶來的社會繁榮，以及蔣院長提倡的政治革新所蔚成的中興氣象，特別突出，予人印象最為深刻。不過，如果深一層冷靜地加以觀察，並和一些先進國家相比較，則可以發現，我們的社會目前所存在的一些觀念和做法，仍然相當地落伍。與政治革新和經濟建設所代表的進步趨勢，和求變求新的潮流，形成一個極不調和的對比。這些觀念和做法，如不及時加以改革和掃除，則我們辛辛苦苦所獲致的經建和革新成果，很可能會被大打折扣，甚至被抵銷浪費。基於這個認識，筆者想在這裡，本著「恨鐵不成鋼」的心情，把歸國數月來，自己所體會到、經驗到和觀察到的一些現象，提出來加以討論。

守法精神仍然缺乏 交通紊亂是其顯例

我們是一個法治的社會。法治社會的特徵，是社會上每一分子，都心悅誠服毫無例外地接受一切規範社會的法令規章的約束。可是，這種法治觀念，在我們的社會裡，仍然非常地淡薄。一般人在有意無意之間，總有自己是例外，或應該是例外的念頭。因此，如果法令的規定，給自己帶來不便，總要想盡辦法加以規避。法治觀念強調的是，尊重法律、服從法律，以及法律之前人人平等。然而，我們常常發現，有不少人卻以能違法、玩法為榮；以能不受法律約束為驕傲，而存著只有「沒有辦法」的人才須遵守法令，而自己則不應受法令制約的想法。為什麼我們的社會裡頭，請託關說的情形特別多，原因可能就在此。台北市的交通秩序，非常地紊亂。據筆者觀察，根本原因在於行人車輛不守交通規則。任何剛回國的人，過馬路時總有心驚膽戰的經驗。因為當你走在斑馬線上時，摩托車、大小型汽車，仍會毫不加退讓地向你衝來。台北市有不少的陸橋和地下道專供行人使用，可是有很多的行人，往往貪圖一時的便利，寧願冒生命危險，跨越車輛來來往往的道路。紅綠燈的裝設，是為了維持交通的秩序和安全，但是各種車輛闖紅燈的情形卻屢見不鮮。這種忽視和藐視交通規則的現象，充分顯示我們的社會上一般人，仍然非常缺乏自動自發遵守法令規章的精神，也間接證明我們的法治觀念的確太薄弱了。如果一般人，連對於保障交通安全並間接保護其生命同時也極易遵行的交通規則，都不願意主動去遵守，那麼怎能期望他們來守法守紀呢？假如我們想在有計畫、有秩序的情況之下，推動社會的進步，我們似乎應該突破例外觀念、特權思想，把法治觀念紮紮實實地建立起來。

消滅貧窮應採主動　首長濟貧不宜誇張

在我們的報紙上，常常登有像某某市民貧病交加，無錢醫治，某某機關首長特別救濟千元助其醫療；或某某學生家貧無力繳學費，經寫信向某某機關首長求救，立獲救助方得繼續求學等一類的消息。報紙在處理這一類的新聞時，往往把它當做一件非常值得歌頌的好事看待，總一定順便把某某機關首長吹噓讚揚一番，有的更把它當做是某某首長的一項大德政而百般加以宣傳。當然，一個人，不管他是普通的民眾也好，或者是政府官員也好，如果能懷抱己飢己溺的胸襟，急人之急，救人於困難之中，總是值得敬佩稱頌的。但是，如果救濟人是一個負有為人民謀福利的政府首長或官員，而被救濟人又是救濟人管轄下的民眾，則這類的救濟行為，是否值得如此歌頌，實在有加以檢討的必要。政府存在的基本目的之一，在於使人民獲得溫飽。換言之，主動地去發掘貧窮、消滅貧窮，使人民的生老病死，都能獲得適當的保障，乃是政府的責任。如果有人民因貧因病而難於維持生計、獲得治療；或因貧困而無力上學，則表示政府的努力仍然不夠，負改善人民生活之責的政府官員或首長，應引以為憾，甚至引以為恥。對於此類的官員或首長，輿論界及一般社會人士，應善意加以鞭策，使其早日為人民根本解決困難。可嘆的是，我們的社會似乎缺少這樣的認識。所以，遇到像某某市長或某某縣長，拿出幾百元或一、二千元來救濟一位貧病無助的百姓時，我們不去追問這位市長或縣長以及他底下的社會福利單位，平常是否在努力根本解決貧病問題，卻本末倒置地讚揚他對一、二位貧苦百姓暫時的救濟。任何社會任何國家，都有貧窮問題的存在。要消滅貧窮，絕對不能靠一時零星的救濟或施捨，而必須有整套的社會福利措施。因此，對於任何政府官員或首長暫時救濟窮人的行為，我們似乎不應把它當做德政而加以鼓勵頌揚。如果官員或首長救濟時用的是公款，我們更應運用輿論力量，提醒他全面地、經常地去注意和解決貧病問題，而不可浪費公款，只做些替自己做公共關係的表演式的短暫施捨；從而督促他有計畫地做好社會福利工作，從根本去解決問題。如果他用的是私款，我們也只能把他的行為，視做他個人的一種善行，適度稱讚，而不可過分歌頌，致使他誤以為一時的救濟才是仁政。只有這樣，我們才能突破落伍的施捨觀念，全力把社會福利行政做好，而使我們的社會可以根本地擺脫貧窮的困擾。

鼓勵大家提出問題　面對現實切勿諱疾

回來之後，時常聽到有人高叫我們應該發掘問題、解決問題。可是，冷靜地加以觀察，卻發現我們似乎是一個不願也不敢面對問題的社會。國內很多的機關，都經常有所謂檢討會議的召開，在此類會議中，能主動鼓勵部屬或容忍部屬提出問題的主管，固然不是很少，但仍有為數相當可觀的單位主管，只願意聽部屬歌功頌德，而把虛心提出問題的部屬，視為破壞團體興風作浪的搗蛋分子。其實，提出問題與搗蛋是截然不同的兩回事。無中生有、顛倒是非、為一己謀利，故意唱反調那是搗蛋；但一個人站在公的立場，誠心地、虛心地把存在的問題發掘出來，並不是興風作浪，而是值得鼓勵的一件好事。我們常常碰到很多人，其中有擔任公職的也有從事私人事業的，在私下裡往往慷慨激昂或感慨萬千地批評這個現象不合理，那個現象有問題，這個不對，那個應改；而且，談話中肯有力，並且事實上也頗切合時弊。可是，當你問他為何不把意見公開提出來呢？所得到的答覆，幾乎都是一樣的：「提出來有什麼用！」為何會有這種現象呢？根本原因，在於我們的社會不鼓勵大家提問題、談問題。因此，如果有人天真地把存在的問題提出來，有時便會遭到打擊、受到困擾。久而久之，大家只能在私底下的談話中相對感慨相對嘆氣而已。任何社會、任何國家都有它的問題；問題的存在，並不足慮，也不可怕；可怕的是，當問題發生了，我們一味地欺騙自己，以為一切沒事，而不去面對問題、解決問題。一個人有病，如果自欺欺人，裝著沒病，而不去求醫吃藥，總有一天會被疾病拖垮；相反地，如果有了病，自己敢面對現實，及時加以治療，則病痛的威脅折磨總可以解除。因此，筆者認為，我們應該誠心誠意地培養發掘問題、解決問題的風氣。有能力有責任解決問題的人，應該虛心地、主動地鼓勵人家提問題，對善意提出問題的人，更不可加以打擊；對人家所提出的問題，如果真有其事，便應該虛心接納，不可把口號標語搬出來搪塞，更不可一味地巧辯。能這樣，我們的社會，才能不斷地解決問題，不斷地有所進步。

切實作到分層負責　激勵熱誠提高效率

回國之後，由於辦理各種手續，跑了不少機關單位。在與各機關的接觸中，筆者發現了一個現象：有不少機關的下級公務員非常地清閒，不是看報就是聊天，可是職務愈高的公務員卻愈忙。筆者也發現，往往一件牽涉一些雞毛蒜皮小事的簽呈，卻要這邊會、那邊會，而且層層請示，小小一張簽呈紙上蓋滿了各式各樣的圖章。從承辦科員辦稿到主管劃行，來回的時間，往往二、三天，但是要處理的事情，如果真要辦起來，承辦科員三十分鐘就可解決。這使筆者想到了分層負責的問題。我們常常聽到有人批評我們的下層公務員效率不高，士氣低落，沒有責任心，沒有擔當。筆者認為，問題的癥結似乎不在此。由於我們的分層負責並沒有作好，因此，不少主管往往事無鉅細必躬親，權無大小一把抓。所以，在下面的人對任何事情都不能做主，都必須請示。一個人如果對團體的任何一件事，都不能表示自己的意見、貢獻自己的看法，一點都不能做主，則其對團體的事務必不會熱心，也無法產生一種參與感及成就感。在這種情況之下，怎能責備他沒有擔當沒有責任心呢？又怎能說他效率不高呢？政治是眾人的事，是大家的事，每個人所負的責任，可能有輕重之分，但每個人都必須有責任。但要他有責任，則必須給予他相當的權力。在一個健全的行政機關裡，主管及首長應負責政策的釐訂及機關的統籌管理督導，而不可為瑣細的事務分心費神。如果一個首長什麼都事必躬親，則不但自己會搞得精疲力盡無法顧及較重要的政策性工作，而且也會剝奪部屬發揮才能的機會。

筆者回國前，為了向國內接洽工作，到國外所就讀的學校申請一張臨時畢業證明書。該校研究院的一位女祕書聽了我的請求後，立即查核相關資料，接著便隨手用打字機打出了一張證明書給我，而且自己簽名，沒有向任何人請示，前後只花了五、六分鐘。這件事情，在國內辦起來，恐怕又得弄簽呈寫報告層層請示了。因此，如果我們要講究效率，要提高一般公務員的工作熱忱和工作情緒和責任感，要使我們的機關首長，有餘力有餘閒為國家社會的大事去做政策上的設計，我們必須確實做到分層負責，而徹底消除目前有些機關所表現的「首長忙得團團轉，下層人員無事做」的現象。

我們的社會有很多值得做而應該做的事，譬如清除空氣污染、全面實行農民健康保險、失業保險等等都是。可是當我們就一件大家認為該做又值得做的事情，向有關的負責人員建議時，表示接納並願意馬上著手去做的，固然不是沒有；但仍有相當數目的人，以這樣的方式來答覆:「不錯，這件事是該做，但礙於法令的規定，實在難於辦理。」有的則雖然承認事情應做，但卻以「經費不足、人員不夠」的籠統理由來做為解釋為何不能做的原因。這暴露了我們社會一個因循敷衍、缺少主動積極的辦事精神的作風。一件事情，如果對國家、對人民有利，則我們應就排除萬難去做。法令存在的目的，在於促進社會的進步，如果法令妨害了社會的進步，我們應立即加以修改，而不可讓陳舊的法令來束縛我們的努力，阻礙我們的前進。經費不夠、人力不足，我們可以想辦法來補救，萬不可輕易地因人力物力一時的缺乏，就放棄為人民福利、為國家前途所不可不做的事。我們如要衝破目前國際的困局，建立一個時時進步的社會，則我們實應共同努力，把目前存在於我們社會的因循敷衍作風，加以剷除，代之以一種主動積極、勇於任事、敢於作為的風氣。

資力雄厚大企業家應多為社會謀福利

一個社會所必須做的事，可以說是經緯萬端，如果事事都必須仰賴政府去推動，在一個民主社會裡，一時恐怕難於做到。這使筆者想起了我們社會上那些資力雄厚的大企業家。我們的大企業家當中，能為公益事業出錢出力的不能說沒有；但多數似乎都缺少「社會良心」、「社會責任感」，因而對社會上的福利、公益事業不聞不問，這是大企業家的落伍、短視和不智。歷史告訴我們，在一個貧富不均的社會裡，任何一位大企業家要想獨善其身，平平安安地坐享其財富，並不太可能；相反地，在一個生活水準普遍提高的社會裡，一般人的消費需要增加，購買能力提高，大企業家所希求的市場也必然隨之而擴大。所以，一般社會生活水準的高低，與企業家所賴以生存的市場的大小，實在息息相關。因此，在外國有眼光、有遠見的大企業家，往往在追求利潤的同時，也貢獻自己的力量，來協助改善社會一般人的生活。這不但是盡一己的社會責任，同時也是於己有利的事業投資。可惜的是，我們多數的大企業家，似乎都缺少這種認識，而一味地追求自己的利益。為自己好、為社會好、也是為國家好，我們的大企業家們，實在應該揚棄只知求利賺錢的落伍觀念，多以自己的財力，為社會一般大眾做些有益的事，共同來促使社會的全面進步。當然，政府有關方面也必須在法令上作適當的修正，才能使大企業家有一個可以大力貢獻社會福利和公益事業的機會和環境。

筆者旅居國外期間，正是我們在外交上屢遭挫折、國際局勢日益對我們不利的時候。因此，期望自己的國家社會邁向富強、走向進步的心情，也更加地殷切。回到國內來，時時希望能為自己的社會、自己的國家、自己的同胞，竭盡微力，有所報效。因此，把歸國數月來所見到的一些現象寫出來，只希望我們的國家，我們的社會能永遠健全，時時進步。

（原載 62 年 5 月 11 日中央日報）

｜附記｜

本文發表後，引起很大的共鳴，很多讀者紛紛來信表示同感。來信的有戰士、公務員、商人和大學教授。足見大家對革新抱有極大的期望。當時擔任台灣省政府主席的謝東閔先生曾公開推介本文；行政院蔣經國院長也曾指示將本文印送有關機關行政人員閱讀參考。

第二章

我從照片開始認識的「多桑」
——追懷我的父親

看照片認識父親

我的父親趙維祥先生於民國 91 年（2002 年）9 月 15 日往生，享年 82，雖還算高壽，但想到我與父親彼此父子六十多年，就此天人永隔，心中有著無盡的哀痛；而想起他在世時的點點滴滴，更是滿懷傷感與思念。

父親與我的父子情緣，可以說相當地特殊。我這一生對父親的認知和瞭解，是從他的照片開始的；記憶中我第一次叫父親，也是對著他的相片叫的，而且用的是母親所教、我沿用至今的「爸爸」的日語稱呼「多桑」。生長於日治時期的父親，在日軍發動太平洋戰爭的那一年，我還未滿週歲的時候，就被日本人徵調到海南島充當軍伕擔任巡查補的工作（即被調以台籍日本兵的身分在日軍佔領的海南島從事助理警察之類的工作）；從此一別數載，有一、二年甚至幾乎音訊全無，一直到日本投降他被遣送返台之時，我已經快 6 歲了。所以，幼年時期的我，只能靠著父親遠從海南島寄回的照片，來和他保持情感上的連繫。而海南島也成了我童年時期聽得最多和最牽掛的異鄉。

這樣的分離，使我在他戰後返鄉的那一天，也是我懂事後第一次見到他的時候，感到有些陌生、靦腆而又充滿興奮。不過，當他抱起我在親友環繞下訴說他劫後重生的種種時，我在他的懷抱裡覺得特別地欣喜和溫暖。就在父親彌留之際，我含著眼淚抱著他時，腦海中所出現的，正是父親在五十多年前緊抱著我的這個永遠難忘的一幕。

青壯時期的坎坷與勞碌

父親的青壯時期，過得相當地坎坷與勞碌，也嚐盡了人間的世態炎涼。青年時期的他，原本也是雄心萬丈，一度也想在商界謀求發展；所以先後批賣過砂糖、做過雞、鴨蛋和種鴨的批發和零售。記得我唸小學和初中的時候，有一段時期，他曾騎腳踏車載著足足有一百台斤左右重的鴨蛋，從鹿港鄉下遠到東勢一帶去販賣。但是，他卻在這時因交友不慎而一度迷上了賭博，雖然他善於做生意且頗有獲利，但十賭九輸的他，卻把辛苦賺來的錢賭掉輸掉，經商之途因此充滿艱辛；家道也由此中落，而開始舉債度日，他也受盡了白眼。最後，他痛下決心戒了賭，也轉而留在鄉下以出賣勞力賺取生活費用。據說，年輕時戒賭遠比戒菸要難很多，需要更大的決心與意志力，而父親做到了，實在難能可貴。父親並常以自己年輕時的此一痛苦經驗勸勉一時沉迷於賭博的後生晚輩趕快回頭。

在他於鄉下重新出發的時期，除了辛勤耕作自己的田地外，他特別買了水牛在農忙時期為人代耕；而在農閒期間，則到傳統磚窯去挑磚打工。

這一段日子正是我上中學的時候，我常常在星期假日或功課餘暇負責放牛，也常到磚窯幫父親疊排磚頭。我永遠忘不了父親挑磚頭的辛苦情景。在炎熱的夏天，他穿著短褲頭，赤著上身，一擔一擔地挑著土磚入窯或燒過的紅磚出窯，踏著滿是煤渣的斜坡路一步一步吃力地走著，汗流浹背、全身污黑、滿臉疲倦；右肩雖然墊著毛巾，還是被那磚頭重擔壓得紅一塊、紫一塊，腫成一大片。我看著看著心中無限心酸，常常趁著他沒看到的時候，偷偷流下十分不忍的眼淚。像這樣勞苦的打拼，就是他青壯年時期的具體寫照。一直到我從美國完成學業回台任職，可以完全幫他承擔生計重任時，他才結束了這種可以說為家庭、為子女「做牛做馬」的日子。

兒孫之受好的教育是父親最大的安慰

父親雖然出生在一個富裕的農家，由於身為長子，又是成長於台灣被日本統治且是戰雲密布的年代，他只完成日治時期的國民學校教育，而且在他的四個兄弟中所受的教育程度最低，也是唯一以務農維生的一位；可能因此，他和母親一生最大的堅持，莫過於要盡他自己和母親最大的力量，讓我及弟妹們可以受好的教育。記得我小學畢業考上台中一中時，他非常高興，還親自從鹿港鄉下趕到台中參加新生的家長會議。現在，他的兒女中，有博士，有教授、有醫生，有公務員、有從商的，個個都受大專以上的教育。十六個內外孫中，除了幾位年紀小的還在中學、大學求學外，其他全部都在國、內外著名的大學或研究所畢業分別得到博士、碩士和學士的學位，已經在職場服務的，都有不錯的工作，有在大學任教的，有在海外銀行任職的，有經營補教事業的，有擔任律師的，有任職於外國航空公司做空服員的。這應該是他和母親一生最大的安慰。

1981 年 1 月作者之家人為其祖父在鹿港鎮草港老家舉辦慶祝滿九十歲之壽宴，台灣省主席林洋港夫婦（左 3 及左 4）前來祝賀，與作者之父親（左 2），大姑陳趙樓（右 3），二叔維馥（右 2），四叔水江（左 1）及五叔維黨（右 1）合影

祖父風光做壽父親引以為榮

民國 70 年初，農曆春節期間，我們家族為祖父舉辦滿 90 歲的慶生活動。祖父自 50 歲以後，他歲數每逢十家族必為其辦一大規模的慶生活動，他 90 歲時因故未辦，延至民國 70 年初他事實上已 92 歲時始行辦理，但為維持他年齡逢十舉辦祝壽大典的傳統，對外仍稱係 90 壽誕。祖父此次的慶生活動，還是依我們鄉下習俗，殺豬宰羊祭拜神明並宴請至親好友。

我們家族為祖父所舉辦滿 90 歲的慶生活動，因為我的關係，謝東閔副總統及台灣省主席林洋港夫婦先後親自到我們鹿港鄉下老家向祖父當面祝壽，身為祖父長子的父親，非常高興覺得很有面子。當年年底，祖父過世，當時的台灣省政府主席李登輝先生及行政院副院長邱創煥先生都先後前來弔祭致意，父親頗感安慰也引以為榮。

天生樂於「好管閒事」

父親生性非常之率直，心地善良而又十分熱情，對於他人的請託、要求，從不知道如何去拒絕；加上我曾長期服

作者父親（右）接待到鹿港鎮草港向作者祖父（左 1）祝賀滿九十歲壽誕的謝東閔副總統（1981 年 1 月）

務公職擔任政府機關首長，所以在父親去世前的近三十年的期間之內常常有地方上的人士或社團，要他帶頭出面向有關政府機關去陳情，或去爭取這個補助、那個補助。我生怕他讓人為難，或為人帶來困擾，常常會勸他老人家「少管閒事」，多花點時間照顧自己和母親的身體，好好地享受一個清閒的老年生活。但後來我發現父親實在「樂此不疲」，並且特別熱心於社區活動，也擔任過社區太極拳研究會會長，到過世時還是社區老人會會長；同時他也從沒做過非分或不合理的要求；另一方面，他似乎很喜歡這種為人服務、為地方公益而東奔西跑的日子，我也就不忍多加勸止；只是會對他陳情、請求的對象，明確表示務請一切要依法合情合理地辦理，不要因他、因我而有例外。不過，當看到有些鄉人、地方或社團的問題和需求，

林洋港省主席及夫人到鹿港鎮草港祝賀作者祖父滿九十歲壽誕與作者之家族合影（1981 年 2 月）

李登輝省主席（中）到鹿港鎮草港作者老家弔祭作者祖父之喪（1981 年 12 月）

作者率妻兒陪同其父母遊日本時攝於廣島原爆紀念公園（1983 年 8 月）

作者父母與司法院前院長林洋港及夫人合影於鹿港鎮草港作者鄉下住宅（1997 年 1 月）

連戰副總統到鹿港鄉下探視作者之父母（1998 年 2 月）

作者與其父母親合攝於鄉下老家舊神明廳前（1996 年 7 月）

父母 80 雙壽之慶與長孫趙世聰合影（2000 年 3 月）

作者於其父母 80 雙壽之慶的宴會上祝福其父母（2000 年 3 月）

邱創煥資政至鹿港鎮草港向作者父母祝賀 80 雙壽之慶（2000 年 3 月）

例如，母校草港國小禮堂的重建、地方派出所的改建等等，在父親的熱心奔走協助或參與促進下都得到解決，而鄉人也非常肯定、感謝他的熱心時，我這做兒子的，內心裡也頗以他此類的「好管閒事」而引以為傲、引以為榮。

父親的身體一向相當硬朗，平常喜歡騎著腳踏車到處跑。一直到他去世前一個多月，雖然已有病在身，還有人看到他這一位 82 歲的老人騎著腳踏車去找人聊天。現在他往生了，再也無法騎他心愛的腳踏車了。我因為他年紀大曾一再勸他不要再騎腳踏車。可是，現在我多麼希望還能再看到他那不怕風雨悠哉遊哉騎著腳踏車的身影！

父往生母昏迷

父親與母親結褵 60 多年，義重情深。母親 75 歲以後因多病而經常進出醫院，父親總是不辭辛勞堅持陪伴母親。就在父親往生之時，也已 80 多歲的母親還在加護病房養病尚未清醒。我們當然不敢讓母親知道父親的噩耗，然而護士告訴我們就在父親走的那天晚上，還在昏迷狀態不能講話的母親掉了眼淚；可能兩老相依相持數十寒暑，早已完全靈犀相通了！民國 91 年以後，我脫離了一切黨政職務，不必再像以前那樣每天東奔西跑昏天黑地的忙碌著；從 91 年 9 月起，也特別應聘在彰師大工教系博士班兼任教職，希望多在家鄉陪陪雙親。然而，不久兩老卻一往生、一住院昏迷並歷經五年之後也離開人世；父親與母親晚年時彼此形影不離，更加相互關心相互照顧，可是，父親往生時不知道他陪送到醫院看病住院的母親已從此昏迷不醒，而母親更不知道父親業已過世，造化之弄人，莫此為甚！思之更為悲痛。

父親之喪公祭鄉親形容冠蓋雲集
他在天之靈應引以為慰

父親往生之後，鑑於他一生勞苦，青壯時期更受盡委屈和飽受冷眼，而他為兒女的教育尤其不辭辛勞，什麼苦工都做，所以我決定要為他辦一個莊嚴隆重而風光的喪禮，弟妹們也都同意。2002 年 10 月 11 日在鹿港鎮草港鄉下父親之喪公祭那天，很多國民黨的黨政要員包括連戰主席、邱創煥前考試院長、立法院王金平院長、行政院蕭萬長前院長、總統府丁懋時前祕書長、國民黨蔣仲苓副主席、監察院陳孟鈴副院長、考試院關中前副院長、行政院徐立德前副院長、台灣省議會高育仁前議長、國民黨中央黨

作者父親之喪公祭，治喪會主委邱創煥先生率全體治喪委員致祭（2002 年 10 月）

部祕書長林豐正、立法委員前高雄市長吳敦義、行政院張昌邦前副祕書長、立法委員及國民黨立院黨團副書記長曾永權、監察委員柯明謀、行政院人事行政局陳庚金前局長、台灣省諮議會前議長及前台中市長林柏榕、彰化縣前縣長阮剛猛、立法委員卓伯源、彰化農田水利會會長陳釘雲、高雄市議會議長黃啟川、台灣省議會林佾廷前議員，和司法院林洋港前院長等政要，以及許多彰化縣的地方民意代表及首長，暨來自台灣各地的各界友好和親戚等共數百人，前來致祭，被鄉親們形容為冠蓋雲集。我和我們所有家族成員，都十分感激。相信父親在天之靈也會感到非常光榮與安慰。

連戰主席參加作者父親之喪公祭向作者（中）致慰（2002 年 10 月）

父親之喪公祭牌樓（2002 年 10 月）

海南島尋找父親的足跡
並為他們同為日本軍伕的那一代台灣人
感到悲憤與不平

前面提到，父親從 20 出頭到 25、6 歲，被迫離鄉背井遠赴海南島充當日本的軍伕。這一段期間，烽火連天，海南島雖被日軍佔領，但當地的抗日游擊隊時常會攻擊日軍，穿著日本軍裝擔任助理警察工作的父親，當然經常處在危險之中，而年紀輕輕的他，以現在的標準來看，幾乎還是個涉世未深仍須受父母呵護的小伙子，卻身處險境面對烽火，遠在異鄉，思念著父母妻兒。因此，海南島對他而言，應是個無法忘懷的地方。

海峽兩岸關係和緩台灣人民可以赴大陸旅遊之後，我曾計畫帶父親再到海南島去看看。但是，那時我還有公職在身，不便前往；兩位在大陸經商的弟弟又忙於工作，另一位行醫的弟弟則忙著為人看病，他們都抽不出時間陪父親至海南島；而最主要的是父親身體健康已大不如前，加上他又放心不下當時已體弱多病的母親，出門遠行的意願很低，因而作罷。

2006 年 10 月，父親已經往生，我剛好因參加一個會議到了海南島。我想起了父親年輕時曾提到他當年如何在海南島的海口市登陸，又如何為了搶登泊在海口的美國軍艦以便返台，拼命奔跑趕路在海口碼頭跌倒的往事。因而，我特地到海口的港口和碼頭去看了一下，尋找當年父親可能走過跑過的路，追憶年輕的父親在此一海南異鄉所留下的足跡。那一天天氣很熱，我站在海口港的客運站內，看著熙熙攘攘的旅客，望著港內來來往往的船隻，心裡想像著差不多六十五年前父親和他從台灣來的同伴們在日本人的驅策之下，登上了海口時的心情。我想，父親在戰雲密布下，到了此一陌生之地，台灣留下了父母、家人和與他一樣才 20 出頭的妻子及一個剛剛出生不滿週歲的兒子，面對著不可知的未來，可能在表面上必須和他的台灣伙伴們照著日本軍國主義者的要求，裝出勝利者、征服者越戰越勝視死如歸的帝國皇軍英勇形象，但內心裡頭一定是非常地惶恐、憂慮和無奈。

父親曾提到，他們曾駐紮在一個常遭游擊隊偷襲的鄉下，可惜我沒問清楚所駐何地，但想必是接近山區的所在。我無法去尋訪。然而，站在海口港前，我又想起父親所提到的日本戰敗後他們這些台灣青年如何焦急地等待返台回鄉的情景。那時的父親，在海南島已經從佔領國的軍人，轉為戰敗國的軍伕，又轉為中國國軍的俘虜，再轉成為戰勝國的國民。這幾個

作者父親從海南島寄回之日本軍裝照，為其所留下的青年時期的唯一的照片

作者攝於當年其父親搭船返台之海南島海口港（2006 年 10 月）

身分的轉變，看起來很荒謬、很諷刺，但何嘗不訴說著他們那一代台灣人的無奈、痛苦和悲憤呢？！檢討起來，中日兩國的政府都對不起他們，徵調他們到海南島的日本，當時打了敗仗自顧不暇自然一走了之；可是到了日本完全復興並成為經濟強權之後，對這些當年被迫為日本犧牲賣命的台灣人卻依然不聞不問，實在非常之不負責任。而當年接收台灣的中國政府，對他們這些從海南島被遣送回鄉的台灣青年，沒有任何有意義的輔導照顧，讓他們自生自滅，同樣極不負責。想起來·實令人憤恨難平。他們的遭遇，當然可說是歷史所造成的個人悲劇，但也說明戰爭如何扭曲、摧殘和改變人們的命運。因此，我衷心祈禱：願人類不會再有戰爭！

我在海口港前停留了一個多小時，看著那樣子還十分新穎的海港大樓以及它周遭的西式建築，當然不是當年父親登陸或離開時所見到的海口港。但父親於二次世界大戰之後卻因為遣送工作的紊亂，和當時滯留於海南島大約三萬多名的台灣青年一樣，生怕回不了台灣，為了搶著登上可以遣返他們的美國軍艦他拼命奔跑而在這個海港跌倒擦傷了臉，而且傷口的疤痕一直到他回到了老家還清晰可見。足見他和他的伙伴們如何急著要脫離戰爭的陰影返鄉與家人團聚，恢復正常而和平的生活。

海南島的六年，對父親而言，實在是一種浪費、一種犧牲，一段被迫而充滿無奈、充滿惶恐、充滿思念的日子。

我慶幸也感謝上蒼父親當年能順利在海口港搭上回鄉的軍艦，能安全地離開海南島，能平安地從海南島回到家鄉和祖父母、母親和我這個他只是在我嬰兒時見過的兒子團聚。在滿懷慶幸和對上蒼的感恩以及對父親的懷念中，我離開了海口港，告別了海南島這個我童年時期最常聽母親和長輩提起、最牽掛也是最好奇的異鄉島嶼。

（原撰於 2002 年 9 月 16 日父親逝世後之次日，2010 年 12 月修正補充，2021 年 1 月又增修）

第三章

永遠挺起腰桿做人的母親

影響我最大的人

我最懷念的人，是我的母親，影響我一生最大的人，也是我的母親。

因此，親族中一直有很多人認為，看我的所言所行，就會想到我的母親。他們認為，我在為人處世的作風上非常像我的母親。事實上，母親的許多人格特質，諸如她的臨危不亂、處變不驚、遇險不懼，以及她在困難、挫折中所展現的堅強、韌性和處理事情的圓融和彈性，固然給我很深的薰陶，也是我努力學習的榜樣，然而，我始終以為我在這些方面，都遠遠地不如她。

母親趙黃斟女士出生於日治時代的台灣農村，在那鄉下女孩子很多人沒有上學根本不識字的年代，她完成了公學校（即國民學校）的教育。據母親娘家長輩轉述，當年母親成績相當不錯，畢業之後，她的日籍小學老師曾多次遊說外祖父母和外曾祖父母讓她繼續升學，無奈家中長輩不放心這個他們心目中的掌上明珠到城裡去唸書，一方面也認為女孩子最重要的就是找個好婆家，能讀到公學校就好了，因而對於讓她繼續升學的建議也

作者母親十八歲時的照片

作者一歲多與其母親的合影

作者三歲多與母親的合影

就沒有接受。這是母親自認為她人生中的一大憾事。也因此她非常重視子女的教育；我們六個兄弟姊妹之所以每個人都能完成大學或大學以上的教育，並且都有還不錯的工作，主要應歸功於母親的教養。

母親滿 19 歲時，憑媒妁之言嫁給小學低她一班的父親。在生下我還未滿週歲的時候，父親便被日本人徵調到海南島去充當軍伕，一直到我快滿六歲時方才返台。在這前後長達六年的時間之內，只有 20 幾歲的母親，在大家庭中必須擔負起長媳的責任，不但得幫忙祖母料理家務、照顧年幼的叔叔姑姑，也要常常下田幫同祖父操勞莊稼打理農事；而另一方面，還必須母兼父職，撫養我這個與她相依為命的小孩。

母子相依為命

母親說過，因為父親不在，她於大家庭中的是是非非糾纏中，有時受到實在難以忍受的委屈，不免會興起離家而去一走了之的念頭，但一想到必須留下我一個人孤伶伶的，她就狠不下心，也就忍了下來。我長大懂事之後，她曾提到有一次在美國飛機 B29 瘋狂轟炸鹿港一帶時遍尋不到我的心酸經過，那時我只有 3、4 歲。她說，轟炸過後，她匆匆忙忙地由田裡趕回，卻在防空壕及全村到處找不到我的人影，急得人都快要瘋了，最後她再一次到她已二次找不到我的防空壕去摸索，終於發現我躺在防空壕最裡邊的角落睡著了。原來，我一聽到空襲警報就自己跟著大人到防空壕去並躲在最裡面，可能太累了就睡著了；而因為防空壕又暗又黑，前二次她進去時又急又慌，又由於內外光線的反差裡邊呈黑漆漆一片，且叫著我名字又沒有回應，她以為我不在裡面。第三次她不甘心地摸黑再來，結果在角落裡摸索到我。這時她不禁放聲大哭，發洩她那極度不安而緊張的情緒，在她一再沒找到我的時候，心裡面存著我可能被炸死在某一個角落裡的不祥念頭。她說，如果真這樣，她就一無所有，沒什麼指望了。可見那時我們母子是如何地相依為命。

又疼愛又嚴教

母親在我的童年時代，對我十分疼愛，另一方面卻又管教甚嚴。記憶中，小時候，母親常常把我打扮得漂漂亮亮，那時一般鄉下小孩都是打赤腳、穿短褲，甚至還有人在夏天一絲不掛，而我卻常常西裝革履。長輩們告訴我，一直到我上小學之前，我很少打赤腳。而且，母親常會帶著我到鹿港街上或彰化市區去玩，也經常為了給遠在海南島的父親看看我成長的情形，帶我到街上的照相館拍照。母親不論在婆家或娘家，由於她的善體人意和很會做人，有很好的人緣，加上父親又遠在海外，所以，常常有不少親戚邀她去做客，每次她也一定把我打扮得像個小紳士，攜我同行。所以，我在童年時期過著遠比一般同村、同族的小孩要幸福很多、見識很多、享受很多的生活。

可是，母親對我的督教卻十分嚴格。我從小她就要求我要隨時保持身體及衣著的乾淨整潔，不許我學一般鄉下小孩講粗話，她要我對人一定要「有大有小」，注意禮節。她特別注意養成我誠實與勤勞的好習慣，如有說謊不誠實的行為，她一定痛加責罵，有時氣不過來還會痛打一頓。我一直到現在還很清楚地記得，小時候每次在外有人送給我紅包或糕餅之類的食物，或到親戚家作客如主人給我一隻雞腿吃時（在那個年代，對關係較特殊的親友的小孩，來做客時，常常要請他吃雞腿，因為雞腿肉多，而且很難得吃到），我一定要向她報告，所收到的紅包、禮物也一定要原封不動地交給她。因為她說，禮尚往來，只有這樣她才能夠，才可以不違禮數適當地回禮；而最重要的是，她認為小孩子一定要學會誠實做人，才會有前途。因此。如果，我竟然偶而沒有做到，不管是有意或無意，一經她發覺，我必會遭到她很嚴厲的處罰。在勤勞的訓練方面，她要我從小就幫忙做家事，我小學期間她規定我一定要把養雞養鴨的棚子打掃乾淨才能上學；我的衣服她也要求我要自己摺疊地整整齊齊。這些都對我有很深的影響。

母親常唱「心酸酸」

父親在海南島的最後一、二年，由於二次世界大戰太平洋地區戰事轉趨激烈，幾乎毫無音訊，而附近有些與父親一起到海南島服役的村人又傳來噩耗。因而，母親十分牽掛擔心父親的安危，我常常聽母親哼著旋律與歌辭都相當悲傷的台語歌曲「心酸酸」，每次她哼到、唱到「我君離開千里遠」時，總會情不自禁地掉下眼淚。這段期間，她到處燒香求神拜佛得特別頻繁，祈求神明保佑父親的平安，也常常會去算命卜卦求籤以探知父親的生死下落，可見她心中的焦急。

父親回來她倒地滾三滾

二次大戰結束後，父親終於平安回來，而且在我們家附近幾個村落裡與他一起被徵到海南島的四、五人當中，只有他一個人從戰火中生還，真是萬幸！母親曾許過願，如果父親平安返鄉，她就要在神廳前的廣場，當眾倒地打滾三次。父親回來那天，她果然在眾人的歡呼鼓掌聲中在地上滾了三滾。長大之後，我才知道，這是印度人表達敬意和欣喜的一種禮節，母親從何而知，我一直沒有問她。但由此可見她當時對神明庇保父親能夠死裡逃生安全歸來，滿懷感激，也對父親終於回來與家人團聚，充滿喜悅。

母親嫁給父親後一直到父親由海南島回來後的最初二、三年之內的這一段期間，由於祖父算是個富農和小地主，家境相當不錯，而母親的娘家也還屬於小康，所以，除了父親在海南島那五、六年期間，母親精神上頗受煎熬之外，基本上來說，她在物質生活上還算充裕。

艱苦挑起家計

但從我上小學二年級以後一直到我從美國留學回來這漫長的二十多年的時間之內，特別是我唸小學及中學的這十二年期間，我家深為經濟不好、家用不足所困所苦，母親很艱難地挑起當家做主，肩負家計的責任，為家庭為子女操勞，辛苦備嘗。也就是在這段艱辛的歲月裡，母親充分展現了她的幹練、賢慧、口才、堅強和永遠直起腰桿做人的個性。

父親從海南島回來不久，就和叔叔們分家。起初父親滿懷抱負和壯志，除了從事農耕之外，也做起生意來。最初做的是白糖的中盤商，印象中一度家裡堆滿了一袋一袋的砂糖，以後他改做鴨蛋的批售。由於父親生性勤勞，常常賣命似地工作，而且他很會做生意，所以，頗有獲利。然而，年輕的父親，在我讀小學和初中時，卻因交友不慎一度沉迷於賭博，經商辛苦賺來的錢常常莫名奇妙地賭掉輸掉。以後父親雖毅然決然地戒了賭，家道卻也開始中落，乃至於常常陷入窘困之境，且還負債。這就是我一直非常厭惡賭博的原因。

出賣縫紉機貼補家用的辛酸

我唸小學二年級的時候，母親為了還債和貼補家用，忍痛地賣掉她陪嫁的腳踏縫紉機。那個年頭，鄉下有縫紉機的人家不多，有縫紉機當嫁妝是一件很體面的事。母親決定要把它賣掉，父親當然加以勸阻。但母親不為所動，她說：「欠債就得還，我不喜歡看人家天天來要債，而且小洞不補，就會變成大洞。」意思是說債還不多的時候就處理掉才不會愈滾愈大。記得工人來搬走縫紉機那天，母親一大早起來，就把它擦得乾乾淨淨，而且一再地撫摸它，一再地操作它，看得出她非常之不捨。等工人來搬的時候，她有說有笑，但搬走之後，我卻看到她在臥房裡偷偷地掉淚。我看了之後，十分難過，當時曾立下志願，等我會賺錢的時候一定要買一部縫紉機送給她。不過，到我真有能力這樣做時，縫紉機已改成電動，而一般家庭和母親都已不再用縫紉機了。

得到「武則天」的綽號

父親為人耿直率性而善良，但講話常常不會拐彎抹角，因此常得罪人而不自知，而且對人有時過度熱心，甚至到了好管閒事的地步。年輕時期的他，脾氣又不小，講話聲音又大，常容易引起人家的誤會而與人起衝突。

每次碰到父親與人發生糾紛時，大多是母親出面去打圓場、去化解。母親雖然只受小學程度的教育，但她很會講道理，可說能言善辯，與人交涉時對方常常為她所折服。記得我唸初中時，父親好像為賭債的糾紛惹上了在彰化沿海地區一位頗有名氣的角頭老大。這位流氓還「侵門踏戶」地到家裡來理論。父親不在，母親出面和他交涉，她雖心知對方是位大流氓，但她一點兒也不畏懼，從容不迫有節有理地與他論爭。最後那位大流氓站起來說：「妳這樣一個婦道人家，能如此持家、愛家，如此有理氣、如此講道理、如此有義氣、講是非。好了，我和妳先生所有的一切過節就此一筆勾銷！」事後，族中一位擔任鎮民代表的長輩知道了特地來看母親，並對母親說：「妳知不知道他是一位頂頂有名的大流氓？妳竟敢和他爭論，而且說服了他，實在了不起！」從此這位長輩送母親一個綽號：「武則天」。事實上，母親在村人、族人的心目中，由於她能言善道、剛正幹練，為人排難解紛時，每能「依理而言、據理而爭、憑理而斷」，故頗受敬重而一直有「女中丈夫」之稱。

「窮家不窮路」的教誨

母親是個很愛面子、不服輸、不認輸的人。她常常教我說：「窘厝沒窘路」（窮家不窮路），意思是說，如果家裡窮，在家裡隨便穿隨便打扮、隨便吃，沒什麼關係，但一出家門，就要打理得乾乾淨淨穿得整整齊齊，該用的錢就得用，而且一定要挺起胸膛打起精神，免得被人看不起、被人看衰。母親自己就身體力行。她一直在她晚年生病之前，走起路來總是抬頭挺胸，坐的時候也一定挺起腰桿，而且一出家門就穿得整整齊齊看起來很有氣勢、很有精神。

在我讀小學和初中的時候，前面提到，父親因交友不慎曾經一度很喜歡賭博，加上家道中落、家境不好，但我們大家族中的各房都過得相當不錯都稱得上是富裕之家，因此難免有時會遭人白眼、受人排擠。但生性好強而剛烈的母親，在家族中的婚喪喜慶等場合中，該分攤、該花費的金錢，她就是用借的也要全數全額支付支用；而她更在意父親身為長子、身為大哥的地位有沒有受到應有的尊重，如果沒有，她就會去爭取去理論。有時，她還會和頗具權威、極有威嚴的祖父「據理力爭」。小時候，母親最常教我的就是做人不可「落人之下」、「落人之後」，不可讓人看不起、不可受人恥笑。我好強的個性，可能就是母親這種教誨所調教出來的。

出面告貸調頭寸

在我們家境非常不好的時候，父親已經不再出去經商，而是留在家鄉耕作，一方面為人代耕，一方面在磚窯挑磚頭做做工出賣勞力，非常辛苦。母親為貼補家用，除了幫忙田裡農事外，一方面飼養豬隻和雞鴨等家禽出售，一方面利用晚上和閒時紡紗或編織大甲帽，可說辛勞之至。但是由於子女眾多，加上家道中落之後一直沒有多大的改善。因此，碰上有急需用錢而家裡又自己籌不出來的時候，往往必須向人先告貸週轉。這種去向人家伸手借錢的事，通常都是母親出面去做。我長大進入社會之後，深深覺得人生當中的求人之難，更體會出當年母親向人借貸時所承受的心理苦楚和煎熬，也更加地感激和敬佩母親。

母親由於在家族、親友和鄰里間享有賢慧和很會教養子女的好名聲，所以向人週轉調頭寸，一般都不會遭到困難，但偶而也會碰到些風言風語或不肯相助的情形。不過，母親總是抱著「不乞求」、「不求憐」的態度，總是直起腰桿去面對著一切。

母親就是這樣地永遠挺起腰桿做人。

當選模範母親和受到祖父的肯定

母親在民國 70 年 5 月當選為彰化縣模範母親，到省府接受林洋港主席的表揚。她非常地高興，尤其當時的國民黨省黨部主委宋時選先生和副主委謝又華先生聯名送給她一個刻有「今之孟母」的祝賀牌，她更是非常之喜歡、珍惜。祖父在快 90 歲的時候，有一天拄著枴杖來看母親，翁媳倆聊得很愉快，祖父突然停下來看了她很久後說：「阿瓊（親友間對母親的稱呼，事實上母親戶籍上的名字如前所述叫趙黃斟）啊！當年選你做我們家的媳婦，實在選得很對！」母親告訴我說，當她聽到祖父這一句話後非常感動，她說：「有你祖父這句話，我這一生為趙家的辛勞和付出就很值得！」

作者母親當選模範母親接受林洋港省主席表揚（1981 年 5 月）

與多位長官首長見面她引以為榮

連戰夫人方瑀女士至鹿港探視作者之父母並合影，右一為作者表兄醫學博士黃明和總裁，左 1 及左 2 為作者夫婦（1997 年 7 月）

自從我於民國 65 年出任台灣省政府新聞處長之後，由於我就一直服務公職，職務也不斷調動，責任也愈負愈重，母親很關心我的身體，每次見面都要叮嚀我要注意健康，不要太過操勞。她告訴我當她看到我在電視出現而氣色精神很好時就很高興。也因為我的關係，當鹿港鄉下老家辦理有關婚喪喜慶活動時，不少長官首長如謝東閔副總統、林洋港省主席夫婦、李登輝省主席、連戰副總統夫婦、蕭萬長院長夫婦及邱創煥資政等都曾親臨祝賀或致意並向母親問候且與她合影，她很感欣慰也頗引以為榮。

作者父母（右 1 及右 2）接待至鹿港鎮草港祝賀作者祖父滿九十歲壽誕之謝東閔副總統（左 3）（1981 年 1 月）

林洋港省主席夫婦到鹿港鄉下向作者祖父祝賀滿九十歲壽誕時，作者母親率作者之兩子向他們致意（1981 年 2 月）

行政院長蕭萬長夫人朱俶賢女士（前排左 2）率行政院婦聯會委員（多為部會首長夫人）至鹿港鎮草港探視作者父母並合照，前排左 1 及右 1 為作者夫婦（1988 年夏）

連戰副總統率部分前連戰內閣之閣員及黨政人士至魯港鎮草港作者鄉下住家探視作者之父母與作者之父母和家人合影（1998 年 2 月）

三位前行政院長和一位立法院長為她送行

母親的身體因為青壯年時期過分操勞，到了 75、6 歲以後，就變得相當不好，經常在醫院進進出出。83 歲時，她偶因發燒由父親陪同她去住院，沒想到不到二個月父親就先走了。就在父親過世前幾天，我到醫院探視母親，她神智顯得不是很清楚，我問她感覺如何，她問我：「是不是又要動手術（之前她曾動過一次胰臟癌的手術）了？」我說：「不必要，住幾天就可以回家了！」不久，她就睡著了，但從此再也沒有醒過來，而前面我與她的一問一答，也竟成了我們母子間最後一次的對話。其後不久，她經過了氣切，不醒人事地躺了近 5 年就往生而與世長辭。2007 年 3 月 17 日母親過世，稍後國民黨馬英九主席就親到靈堂向她致祭；4 月 15 日出殯時，李煥先生、郝柏村先生、蕭萬長先生等三位前行政院院長和立法院院長王金平先生，以及很多黨政首長、民意代表暨工商界領袖都前來向她送

李煥（中）郝柏村（左）與蕭萬長三位前行政院長在作者母親靈前致祭（2007 年 4 月）

馬英九主席弔祭作者的母親（2007 年 4 月）

永遠很有精神的作者的母親

行弔祭。相信一生很看重名聲和榮譽的母親，一定會含笑於九泉。

在母親的訃聞及追悼會上，我特別選用了一張她看起來很有活力、而且是挺起胸膛所拍的照片。因為我相信，母親一定希望所有親友都會記得她是一位永遠挺起腰桿面對生活而很有精神的人。

（撰於2010年母親逝世三週年的母親節；本文收錄於作者所著之《任憑風浪急——趙守博人生回顧暨論述、散文自選集》一書中，2021年1月略為增修）

作者母親（左）與其妹黃硯女士和妹婿張汝忠先生合影，他們兩位一向十分照顧作者（1981年11月）

作者之母親與其二弟即作者之二舅黃聖峰合影於香港，（1982年2月）

作者之父母至日本旅遊時攝於大阪城（1983年8月）

作者父母結婚 55 週年之慶，作者父母與到鹿港鎮草港祝賀之作者母親的家族合影（1995）

1995 年 12 月作者（前排右四）為其父母辦理結婚 55 週年之慶與其父母及弟妹等家人合攝於老家舊神明廳前

作者於擔任台灣省主席時與其母親合影於鹿港鎮草港之住宅（1999 年 7 月）

第四章

回憶我追隨李登輝前總統和與他互動的一些往事

前　言

李前總統先生以 98 高齡去世了，做為一位他的老部屬我深感哀悼。李登輝先生擔任台灣省政府主席期間，我是他省政府小內閣的社會處處長，直接追隨他有二年五個月的時間。他於總統任內，我先後被任命為行政院勞工委員會主任委員、行政院祕書長、行政院政務委員及台灣省政府主席，並且每一職務都拿到了他以總統身分署名的任命令。

李登輝先生擔任總統主政期間，繼蔣經國解除戒嚴、報禁和黨禁之後，推動憲改、實施總統直選、進行國會全面改選，對台灣的民主化作了不可磨滅的貢獻。他終止動員戡亂時期，成立財團法人海峽交流基金會（海基會），訂定實施《台灣地區與大陸地區人民關係條例》，並促成了海峽兩岸的辜汪會談，開啟了台灣與中國大陸之間和平交流的新關係，為兩岸近三十年來人民、經貿、社會和文化的緊密交流互動奠下了基礎，創造了條件。他以「台灣走出去」的根本原則，親自到友邦及無邦交國家訪問，推動「元首外交」，並領導台灣加入亞太經濟合作會議（Asia-Pacific

Economic Cooperation, APEC）和世界貿易組織（World Trade Organization, WTO），擴大了台灣的國際參與空間和國際能見度，都是對中華民國、對台灣之發展有深遠影響的施政成就。

作者任勞委會主委時與李登輝總統合攝於總統府

作者（右 3）接任社會處長後，李登輝省主席到社會處聽取簡報（1982 年 1 月）

李登輝先生是我青壯時期在台灣省政府所直接並連續追隨過的四位省主席（即他和謝東閔、林洋港及邱創煥三位先生）中，享年最長、最後職務最高、對台灣最有影響，但也是最具爭議性的一位。媒體有人封他為「民主先生」，有人稱他「台獨教父」；國民黨內則有人認為他應為國民黨的分裂和沒落以及台灣的黑金政治負責。可說褒貶不一，對他正反評價都有。有一句成語說「蓋棺論定」，但就李登輝先生而言，可以說「棺已蓋而論仍未定」。關於他一生的功過是非，恐怕只能留給時間和歷史去評斷了。

現在他已辭世，我謹就追隨他及長年與他互動、接觸和從旁觀察的體會，從一些往事來談一談我所認識的他，以表達我對李前總統這位老長官的紀念。

一、我們從未見面　他發表我為省府社會處處長

民國 70 年（1981）12 月台灣省政府改組，李登輝先生繼林洋港先生之後出任省主席，我同時由省府委員改任為社會處處長。在此之前，李登輝先生已先後做過行政院政務委員和台北市長，早已是家喻戶曉，但我雖

李登輝省主席（中）到鹿港鎮草港弔祭作者祖父之喪（1971 年 12 月）

作者於省社會處長任內與李登輝省主席（1982）

作者（左 1）於社會處長任內陪同李登輝省主席（左 2）探視育幼院兒童（1982 年 1 月）

作者（右）於社會處長任內與李登輝省主席伉儷合影（1982 年 5 月）

也在政府機關服務，但從沒有機緣和他見過面談過話。我平生第一次和他見面談話，是他已被任命為台灣省主席但還未正式到任之前的一個星期四，我剛好去行政院會見曾與我在省政府共事過的老長官行政院祕書長瞿韶華先生，就在我見完瞿祕書長從他辦公室出來的時候碰到了也要來見瞿祕書長的李登輝先生，我們匆匆一會，我恭喜他榮任省主席並謝謝他給我的新任命，他則希望我以後多多幫忙。

那麼為何他會要我擔任他的社會處處長呢？大概在他接任省主席三個多月後的一個我與他單獨見面的場合，他突然告訴我為什麼要找我當社會處處長，因為他認為當社會處處長都有很好的發展前途，像邱創煥、許水德就是很好的例子。他還告訴我，他曾一度想找蔣孝武（蔣經國先生的次子）擔任社會處長，但考慮到經國先生不會答應就作罷。他說當社會處處長可以救助人民、幫助兒童老人，協助發展社區改善民眾生活，沒有什麼太多的爭議（那時的社會處雖也主管勞工行政和就業輔導，但因勞工權利意識還不強、工運也未興起，所以勞資糾紛還不多），是做好事積功德的好工作，這也是他會想到蔣孝武的原因，他勉勵我好好地幹。我當然向他表達了謝意。

那麼我們本來並不相識，為何他會想到找我來擔任社會處長呢？我沒有問過他。不過，事後我聽說，那時國民黨的中央黨部祕書長蔣彥士先生和台灣省黨部宋時選主委曾向他推薦過我，這可能就是原因吧。

二、幾個難忘的工作指示

我在政府及國民黨中央黨部服務期間，登輝先生曾在工作上對我有些指示和提示，現在就提幾個比較難忘而又可以顯現李先生的施政想法、理念與作風的例子。

（一）我在擔任社會處長時期

登輝先生於省主席任內，對各廳處的業務相當授權，也很尊重，但也會有所指示。譬如，在社政工作方面，他曾先後要我推動三個重要工作：

1. 研究和推動擴大民間團體對施政的參與。這是他秉承那時的行政院院長孫運璿先生有關強化民間對政府施政的參與之指示而做的要求。我為此於民國 73 年（1984）元月制定發布了一個「台灣省擴大民間團體參與施政建設實施方案」，提出具體辦法由各廳處積極統

作者（右 3）於省社會處長任內陪同李登輝省主席（右 5）訪視彰化田中仁愛之家老人，左 3 為彰化縣長黃石城（1982 年 1 月）

合民間團體組織的力量，擴大運用各種社會資源，以協助和加強省政建設。一時之間引起了各相關民間組織、機構和非政府組織與宗教團體的熱烈迴響和反應，紛紛在相關層面對省政建設工作積極參與。記得我們還舉辦了幾次規模不小的觀摩活動，李登輝省主席也都前來參觀並表揚有關績優單位和人員。

2. 研定方案解決失業問題：民國 71、72 年間（1982-1983）台灣因經濟不景氣，失業率遽升，登輝先生要社會處研議因應對策。我即與同仁於民國 72 年（1983）元月提出了一個「台灣省政府因應當前經濟不景氣解決失業問題對策」方案，付諸實施。對當時的失業民眾發揮了相當不小的扶助功能。這是中華民國政府有史以來第一個由政府規劃提出的解決失業問題的對策方案。提出之後，當時有立法委員在立法院公開讚許，並批評當時的中央主管機關對嚴重的失業問題麻木不仁，沒有反應。

3. 籌募急難救助基金：登輝先生要我以新台幣一億元為目標，向民間勸募基金，做為對民眾的急難救助之用。我在蔣彥士、宋時選兩位先生的協助下，並打出登輝先生的名號，第一階段親自分別向王永慶、徐有庠、蔡萬霖、吳修齊、賴樹旺、吳俊億、廖繼誠等工商界的先生共募得五千多萬元，基金很快就成立。並於 1984 年 5 月訂了一個「台灣省急難救助基金收支、保管及運用辦法」，做為運用依據。登輝先生很高興，還特別在圓山飯店設宴款待感謝王永慶先生等第一批的十位捐助人。此一基金以後累積至數億元，頗發揮了救急救難的功能。在那個年代，政府要大宗募款還不

作者（右 1）陪同李登輝省主席（右 4）宴請急難救助金捐款人王永慶（右 3）等人士（1984 年初）

是那麼容易。記得當時擔任行政院文化建設委員會主委的陳奇祿先生，聽到我們短期之內就募到五千多萬元，甚感讚嘆，他告訴我他曾為文建會募款但並不很順利。

（二）我在國民黨中央社工會期間

我在國民黨中央社工會服務的時候，登輝先生擔任副總統，也是國民黨中常委，行事作風相當低調。不過，他曾主動交代我辦理兩件事。

第一件是協助台灣的獅子會在台灣主辦國際獅子會的世界大會。在此之前，台灣從未辦過獅子會、扶輪社、青商會和同濟會等一般稱之為「四大國際社團」的世界大會。台灣的獅子會爭取到於 1987 年夏在台灣主辦國際獅子會的世界大會，在當時可說是一項創舉，需要政府和有關方面協助的地方不少。那時台灣獅子會的主要負責人蔡馨發（在民國六十至八十年代是國際獅子會運動在台灣的最活躍的推動者）和陳新發（曾任台中縣選出的省議員多屆及豐原客運董事長）兩位先生，都是登輝先生和我的舊識，他們找上登輝先生請求幫忙，並希望登輝先生交代國民黨中央社工會出面主持協調。於是登輝先生把我找到總統府，指示我盡全力幫忙。當時，國民黨是執政黨而它的中央黨部也有相當大的影響力。因此，我馬上成立一個由黨政相關負責人參加的協調會報，邀集行政院及省政府相關政府首長共同研商針對國際獅子會世界大會在台舉辦之配合和支援事項。記得那時擔任行政院副院長的連戰先生也曾參加過協調會議。經協調會報決議由政府支援協助的事項主要有：（1）國外代表住宿的安排與接待；（2）各國代表在台北遊行時所經路線的交通管制；（3）大會期間必要的警力維護；（4）外國代表的簽證及入境通關的禮遇；（5）大會會場林口巨蛋的洽借及其周邊環境的整理；（6）通往林口巨蛋相關道路的整修。這些決議相關黨政機構都全力配合完成。這次大會因而辦得很順利很成功。所以，接著扶輪社也在台灣辦理世界大會。

第二件事情，係有關一個叫錫安山教派的問題。這個錫安山教派因涉及在高雄縣佔用河川地而與前往取締的警察人員發生嚴重的對峙抗爭事件。並且於 1987 年一度常在台北市總統府和國民黨中央黨部附近聚眾抗議，和舉著上書對蔣經國總統辱罵字眼的抗議牌子四處流竄。登輝先生對此相當關注；曾介紹我找中央研究院對宗教問題有深入研究的研究員宋光宇先生請教，並建議我親自到南部錫安山去看看。當時，黨政主管單位對錫安山事件，因涉及宗教問題，大多主張採盡量寬容的做法。社工會也想對錫安山有更深入的了解。我遵登輝先生之囑找過宋研究員請教幾次，很有收穫。不過，那時錫安山教徒嚴格把關，不許外人隨意進去。因而，錫安山我一時無法前往。不久，我調離社工會，同時錫安山教派的抗爭事件也逐漸平息，錫安山之行也就沒有實現。

（三）我在行政院勞委會服務時期

我是於李登輝先生擔任總統一年之後出任行政院勞工委員會主委的，

是李總統在 1989 年 2 月 15 日下午在國民黨中央黨部召見我正式通知我的，他並做了一些工作指示，特別要我注意愈來愈多的勞資爭議問題。

在勞委會服務期間，我常會陪同模範勞工、相關工會代表以及來訪的有關勞工方面的外國政府首長和國外工會團體到總統府會見李總統，也會陪同他下鄉到地方去訪視勞工團體及工廠；更偶會應邀陪他打高爾夫球；所以和他接觸及互動的機會相當不少。

關於業務方面，我謹守我是行政院成員一份子應有的分際，不隨便越過行政院長去向他報告或請示，他也輕易不找我們內閣的成員去談問題，

作者（前排右 6）於勞委會主委任內陪同 全國模範勞工代表至總統府會見李登輝總統（前排右 7）（1989 年 5 月）

除非行政院長或副院長也在場或事先知會了行政院長。不過，遇有重大問題或在適當場合，他也會在工作上有所提示或表達他的政策理念或就相關問題有所垂詢。

（1）他曾問我可否從中國大陸和中美洲引進勞工

記得有一次他問我能不能從中國大陸集體引進建築業的工人來台灣，以彌補當時幾個重大公共工程如北二高、台北捷運系統建築工的不足。我當時答以大陸與我們台灣還處在敵對狀態而且因大陸人和我們本地人同文同種同語言，一旦逃逸很難去追查，恐怕還不宜。他聽了之後，沒有任何表示。後來，行政院郝柏村院長在行政院召集了一個由少數閣員參加的小型會議，討論引進大陸勞工的問題，我還是重複我向李總統表達的保留態度和立場。這件事就再也沒有什麼進展。以後我才知道，那時他正透過「密使」與大陸方面接觸，可能他有意將引進大陸勞工做為一項談判籌碼，所以才有他的對我的一問及行政院郝院長的召集會議討論。

李登輝總統也曾問我是否可以從中美洲引進勞工。我想他是想藉此來加強我們與中美洲國家的關係。我說政府當然可以開放，但雇主會僱用的一定不多，因為中南美洲路途遙遠交通費可觀，而且其文化背景、生活習慣及語言與我們台灣有很大的差異，引進的成本會高，管理起來也較費力，所以，雇主不會有太大的興趣，除非政府基於政策需要透過公營事業單位或規定公共工程主管機關加以進用，否則並不太可行。以後他沒再提這個問題，我們迄今也從未從中美洲引進勞工。

（2）外勞（現在稱為移工）當作增進外交關係的籌碼問題

在他推動「南向政策」時，外勞的引進，也被當作一項強化與對方關係的籌碼之一，他曾指定專人與我連繫並要我研商有關配合的具體做法。記得他一度想透過天主教的輔仁大學以邀請做專題演講的方式請菲律賓柯拉蓉總統（Maria Corazon Cory Aquino）來台訪問，對方所提條件之一就是從菲律賓引進一萬至二萬名勞工。後來因其他條件沒有談攏，柯拉蓉於總統任內訪台，就沒有成為事實。

（3）推動六萬元一坪的勞工住宅

1994 年 6 月，我陪他至高雄地區訪視，於 17 日在高雄碼頭對碼頭工人談話時，李登輝總統提出為勞工興建六萬元一坪的住宅的構想。一時之間，引發了很多議論，不少人認為根本做不到，因為那時市面上一坪沒有十萬元以上是買不到像樣的房子的。他後來交由經建會和勞委會規劃，主要以台糖的土地做為建築基地並選了台南縣新市、彰化縣、花蓮縣及台北縣幾個地區試辦，結果真的推出了六萬

作者（右 1）於勞委會主委任內陪同李登輝總統（右 4）訪視高雄港碼頭工人，李總統當場宣布要為勞工興建六萬元一坪的住宅（1994 年 6 月 17 日）

元一坪的住宅，建得還不錯。我曾先後到台南、花蓮和彰化縣等地去主持過破土儀式。其中彰化市近郊的「富麗大鎮」勞工住宅社區，就是我親自去選地並和連戰副總統一起去主持落成典禮的。現在富麗大鎮社區非常熱鬧，房價有很大的升值，已遠遠超過當年六萬一坪的價格。很可惜，此一勞宅案以後沒有擴大辦理。

（4）他曾要我代表國民黨參選台北市改制為院轄市後第一次的市長選舉

台北市改制為院轄市之後，市長一直由行政院派任。1994 年改為由市民選出，並定於當年 12 月辦理台北市改制為院轄市後的首屆市長選舉。那時我在勞委會服務，李登輝總統曾要我代表國民黨參選。他親自打過電話給我說明他的此一想法，並請總統府蔣彥士祕書長約我在台北市亞都飯店長談力勸我參選。但最後我並沒有接受，辜負了他的好意和看重，實在非常之不好意思。到現在想起來，還是對他深感歉意。

（四）關於省主席工作的指示

1997 年 12 月我出任台灣省政府主席，負責落實「精省」（一般又稱之為「凍省」）的工作，李總統召見我要我用心推動，尤其要使中央各相關部會之接辦原省府各廳處主管之業務做到無縫接軌，也要確保原有的省政建設工作計畫不致於中斷，並要注意安撫省府十二萬多名員工的情緒。他也要我多關注農村與農民和城市原住民的問題。在我省主席任內，於民

作者（右 2）於省主席任內陪同李登輝總統訪視南投中興新村 921 地震災情（1999 年 9 月）

作者於省主席任內陪李登輝總統在南投聽取水利設施簡報（1999 年 7 月）

國 88 年 9 月 21 日發生了九二一大地震，在那一年 9 至 10 月這段災後重建的關鍵時期，我常常陪李總統巡視災區、慰問災民並實地瞭解災後重建工作的進行情形，因而有很多機會聆聽他談論他的一些人生觀、宗教觀和治國理念。

三、他的進出國民黨

沒有國民黨，就不會有李登輝市長、李登輝省主席、李登輝副總統和李登輝總統。國民黨成就了李登輝的政治事業。李登輝在國民黨內，從黨員做到中常委、代理主席和主席。但他最後被國民黨撤銷黨籍。在他晚年他常常批判國民黨，並於幾次的總統大選中公開支持民進黨的候選人。

（一）我參與並目睹他被推選為國民黨代理主席的中常會及過程

1988 年 1 月 13 日蔣經國先生逝世，當時李登輝以副總統身分依憲法規定順利接任總統；至於蔣經國所遺留下來的另一重要職位即中國國民黨主席的職務，因當時國民黨未設副主席，黨章對於主席的繼承也沒有明確規定，經國民黨祕書長李煥與幾位重要中常委研商後，決定推舉李登輝為代理主席。但沒想到在 1988 年 1 月 27 日舉行的預定完成代理主席推選程序的中常會召開的前夕，突然橫生枝節，蔣介石夫人蔣宋美齡女士於 26 日半夜經由蔣經國的三子蔣孝勇先生交給李煥一封她不贊成推代理主席的信。好在早在事前，李煥已經由副祕書長高銘輝等人分頭與所有中常委溝通並分別取回支持推選李登輝為代理主席的書面簽署書。李煥在 27 日上午中常會舉行之前又進行了周密的溝通和細緻的安排部署，以後於中常會剛開始時又發生媒體所稱宋楚瑜的「臨門一腳」，李登輝終於經全體出席中常委一致通過順利成為國民黨的代理主席。27 日中常會推選李登輝為代理主席的經過，我因身為國民黨中央社工會主任，也列席參加了中常會，所以我全部親眼目睹、親身見證。以後李煥先生並詳詳細細地告訴我整個事件的全部來龍去脈，因此，李登輝先生之獲選為代理主席及相關的風波，我可說還算相當清楚。

1988 年 7 月國民黨召開第十三次全國代表大會，主要任務就是正式推選李登輝為黨主席。我身為中央社工會主任，負責協調場地布置、交通和相關職業及宗教團體代表的聯繫動員工作，曾於會中陪同李登輝會見農漁業和勞工代表。在國民黨中央李煥祕書長的規劃下，李登輝很順利地獲全體黨代表鼓掌通過擔任黨主席。

李登輝領導國民黨前後十二年，大大小小的選舉國民黨都獲勝。但其間有不少屬於黑白兩道的地方人士被國民黨提名競選縣市、省市議會議員、國大代表和立法委員，而選舉風氣也時有金錢介入的傳聞，因此有人就說李登輝應為國民黨和台灣的黑金政治負責。其實，候選人的提名，大多由地方黨部之建議，經層層審核而最後經中常會通過決定；黨主席並沒有辦法完全去介入，把黑金政治全部歸咎於李登輝，似乎並不太公允，不過他身為黨主席總應承擔黨所發生的一切。

李登輝先生為鞏固國民黨地方基礎，可說廣納各方人才和地方有影響力之人士，包括一些有黑道背景曾混跡江湖而出頭並在地方可以呼風喚雨的人士在內。2000 年總統競選期間，有一次李登輝先生到中部輔選，台中市出身的婦女界領袖時任立法委員的蔡鈴蘭女士在台中一個不錯的西餐廳請他吃飯，陪客一共只有六、七個人，我也是其中之一。席中，李登輝對一位在中南部海線頗有影響力和知名度並被認為跨足黑白兩道的人士，頗為親切拉攏，且很親熱地主動跟這位人士說，你們家的菜做得不錯，什麼時候再請我去吃呢？我當時聽了之後有兩種感受，一是認為他為了拉票而如此籠絡地方派系人物真是煞費苦心，而另一方面則覺得似乎混江湖只要能混出個名堂在地方有影響力，連總統也會對之示好拉攏。其實，我以為

作者與李登輝總統在總統府的最後一張合照，作者時為台灣省主席（2000 年 4 月）

身為一個國家元首實在不必如此地刻意去親近籠絡「道上的朋友」。

2000 年 3 月國民黨於總統選舉中失敗，4 月間我剛以台灣省主席身分從印度訪問返台，特到總統府向李總統轉達達賴喇嘛對他的致意問候並向他報告我即將接任國民黨中央組織工作會（即組工會，以後改為組織發展委員會，也就是組發會）的主任。在談話中，他認為國民黨已失民心，也說他對國民黨很失望，台灣應有新的政治組織出現。因此，以後他出面號召成立「台灣團結聯盟」（一般被稱為台聯黨），我一點也不意外。

他是於 2000 年 3 月 24 日正式辭去國民黨主席職務的。在他擔任黨主席期間，國民黨經歷兩次很嚴重的分裂；1993 年 8 月，一些原屬國民黨的立法委員及知名人士，因反對李登輝的政治理念和路線，脫離國民黨而成立新黨。1999 年宋楚瑜為競選 2000 年的總統而與國民黨決裂並帶走了不少國民黨檯面上的政治人物，隨後並於 2000 年 3 月成立親民黨。經此兩次的分裂，國民黨的聲勢大受影響。不少國民黨人認為李登輝應為國民黨目前之氣勢不振且有沒落之危負責，原因在此。

（二）我在他的官邸幫他辦好國民黨黨員的總登記

連戰先生於 2000 年 3 月底接任國民黨代理主席並於 6 月正式當選主席。他主持黨務之後，即進行黨務改革並辦理重整黨員隊伍的黨員總登記。有一些曾在國民黨中央任要職和於國民黨執政期間做過內閣閣員和具國民黨籍的媒體負責人及大學校長，雖經多方勸說，仍堅持不辦理黨員總登記，也就是不願再做國民黨的黨員。但是李登輝先生經連繫後即表示他也要辦理黨員總登記且要做終身黨員。所以，2000 年 9 月初，我以國民黨中央組織發展委員會主委的身分和國民黨中央黨部林豐正祕書長就到他的大溪鴻禧山莊官邸去見他，為他辦理相關手續。那天，他心情很好，早已把他保管的紙本黨證、終身黨員一萬元的黨費和有關表格準備妥當。我們一到，他就填表簽名將相關手續辦好，他並把他入黨以後所一直保有的原始紙本國民黨黨證交給我，以換取卡式黨證。

李登輝的原始紙本國民黨黨證

作者於國民黨中央組發會主委任內為李登輝辦理國民黨員總登記，李登輝成為終身黨員（2000 年 9 月）

作者（左 2）於國民黨中央組發會主委任內與國民黨祕書長林豐正（左 1）至李登輝在鴻禧山莊之寓所，為其辦理國民黨員總登記使李登輝成為終身黨員後，於其寓所與李登輝（右）聊天（2000 年 9 月）

李登輝先生是於民國 60 年（1971）8 月 25 日入黨的，他這本黨證雖歷經近 30 年，依然保持得很好，可見他很珍惜這個黨證。似也可以說，他入黨以來的這段時間他很重視他的國民黨黨員身分。我將早就已準備好的終身黨員的卡式黨證呈交給他，就這樣完成了他的黨員總登記手續，大家並拍照留念。接著他和我們閒聊了一個多小時，他談了他退休以來的生活，並談到孫運璿先生在行政院的施政，也談及他認為蔣經國在聽了他以台灣省主席身分在國民黨中常會所作有關省政建設的最後一次報告後的裁示，就已暗示他將接班。他要我們找一找蔣經國此一裁示的紀錄和原件。

當李登輝辦好國民黨黨員總登記並繳了一萬元黨費成為終身黨員的消息見報後，新黨的郁慕明竟對媒體說，那一萬元是國民黨替李登輝繳的，可說完全背離事實。

（三）我也參加決定撤銷他國民黨黨籍的會議

登輝先生從 2000 年年底開始，與國民黨就漸行漸遠。到了 2001 年 8 月，他更號召鼓勵創立了「台灣團結聯盟」（台聯黨），接著積極為該聯盟拉抬聲勢、招兵買馬，並不斷地替台聯黨參加 2001 年 12 月立法委員選舉的候選人助選拉票。終於導致他於 2001 年 9 月被國民黨撤銷黨籍。2001 年 9 月 21 日國民黨中央考紀會召開會議討論撤銷李登輝黨籍一案時，我身為中央組發會主委，也是考紀會的委員，亦參與討論並在會中發言，我主張此案應快速而低調地處理，以免衝擊選情。當撤銷李登輝黨籍案通過後，我內心感慨萬千，想不到一位曾經領導國民黨十二年的黨主席竟被國民黨撤銷黨籍；我更感慨的是，差不多一年以前，他高高興興地參加黨員總登記並繳了一萬元黨費做終身黨員，我還親自在他官邸為他辦好相關手續，但一年後我竟不得不參加決定撤銷其黨籍的會議，目睹了考紀會通過決議撤銷其黨籍的全部經過。

當然，從此他與國民黨的關係，就畫下了句點；也結束了他三十年的國民黨黨員的身分。

四、眼看著他不斷轉變

李登輝先生擔任台灣省主席期間，我多次在省府相關集會以及他在省議會對省議員的答詢中，親耳聽到他要省民同胞團結一致捍衛中華民國、

李登輝總統（前排右 6）主持國家統一委員會後與全體委員合影，作者（2 排右 2）以台灣省主席身分亦被聘為委員（1999 年 4 月）

反對台灣獨立，及貫徹實現三民主義統一中國之類的言論。

他任蔣經國的副總統期間，所有言行也都完全符合蔣經國的國策和中國國民黨的政綱。

等到他當了總統之後，大體上沒有多大的改變，所以在蔣經國解除戒嚴、報禁和黨禁的基礎上，他於 1991 年 5 月終止動員戡亂時期，於 1991 年和 1992 年分別辦理國民大會和立法院的全面改選，結束了可說實際已無民意基礎的「萬年國會」，並於 1996 年實施總統直選，健全了台灣政治的民主化。

另一方面，他於1990年10月成立「國家統一委員會」（國統會）並在1991年3月實施《國家統一綱領》。我以台灣省主席的身分，也被聘為國統會的委員，並參加了李登輝於總統任內最後一次以國統會主任委員身分在1999年4月8日所主持的國統會的委員會議，全體與會人員會後且拍照留念。以後陳水扁上台後將國統會撤銷。所以，前述李登輝最後一次以總統身分所主持的國統會委員會議，就成了國統會的最後一次會議了。

李登輝在1991年3月成立財團法人海峽交流基金會（海基會），及於1992年7月公布實施《台灣地區與大陸地區人民關係條例》，將兩岸的交流制度化、法律規範化，為近三十年來海峽兩岸商貿、文化、社會和人民的緊密交流奠下了基礎。

1996年3月年他當選中華民國首任民選總統，他在5月20日就職時，我也在場觀禮。他以「經營大台灣，建立新中原」為主軸發表就職演說，首先指出中華民國第一位民選總統的就職，使「中華民族進入一個充滿希望的新境界」；他「希望在台灣地區的同胞，能建立新的生活文化，培養長遠宏大的人生價值，並以我國（中國）浩瀚的文化傳統為基礎，汲取西方文化精隨，融合而成新的中華文化，以適應二十一世紀後的國內外新環境」；他要開創「中國人幫助中國人新局」；他表示願意到中國大陸去訪問作「和平之旅」以打開「海峽兩岸溝通、合作的新紀元」；最後他表示，他深信「在二十一世紀，中國人必能完成和平統一的歷史大業，為世界和平與發展，善盡更大的心力」。

而另一方面，他卻也不斷強調台灣主體論，並於教育改革中，逐漸在課綱中去中國化，且於主政後期發表「兩國論」，認為台灣與大陸是「特殊的國與國之間的關係」，引發中國大陸當局對他的強烈抨擊。

他於離開總統職務後，不論公開演講或出書，都漸漸地在立場上傾向於「反中國」、「親日本」以及「台灣獨立」。在晚年，他甚且不只一次地公開讚許日本對台殖民統治的績效和貢獻，也在日本公開指出釣魚台列嶼屬於日本。另一方面，他不斷推銷「中國威脅論」，也支持和投入正名、制憲的台灣國家正常化的運動。他還以弔祭其當日本兵而陣亡的兄長為名，前往被中國和韓國以及東南亞國家視為日本軍國主義和日本對外侵略的象徵的日本靖國神社去參拜。

這些轉變，使他以前的國民黨同志和富有中華民族思想或對日本對台殖民統治持批判立場及譴責日本對外侵略的人，深不以為然；也因此，一直有人對他有相當嚴厲的批評和指責。

五、一位喜歡讀書喜愛研究的領導人

李登輝先生是個謀定而後動，凡事有所準備的人。據十分接近他的人告訴我，登輝先生每次要檢閱部隊或為體育賽事開球之前，都會先在官邸找人就如何檢閱、如何敬禮、如何投球認真練習一番。

登輝先生也是一位喜歡讀書喜愛研究的領導人。他的喜歡讀書以及涉獵甚廣，也是為大家所熟知。在省府及總統府時代，他常常委託專人為他在日本購書。日本的出版及翻譯事業很發達，歐美所出的各種暢銷書，往往一、二個月後就有日文譯本出現，而李先生最好的語文應該就是日文。透過在日本購書，他可以隨時很快地看到日本和歐美所出的各種暢銷著作。有一次我於勞委會主委任內陪他到高雄地區巡視，他在車上告訴我原高雄市政府的建築屬於興亞式，且談了不少有關建築風格的理論；他並一路大談癌症相關問題，我驚訝於他對癌症的瞭解如此深入。他說在他的少爺李憲文君不幸罹患癌症之後，他就遍閱有關癌症的各種書刊。我於省主席任內有一次陪他乘坐總統專機下鄉巡視，記得同行的還有總統府祕書長丁懋時先生。在機上，登輝先生大談他所看的一本美國暢銷小說「麥迪遜之橋」（The Bridges of Madison County）。這本小說描寫的是婚外之情、中年之戀，登輝先生認為處理得很細膩，並推荐我們看一看。提起登輝先生閱讀之廣，我想起了我在行政院祕書長任內在餐會上碰到的一位行政院科技顧問美國的水利專家。這位專家告訴我他會見李登輝總統的經過。他說：「你們李總統書一定讀得很多，涉獵也一定很廣，看來懂的東西不少。我聽說他是學農經的。不過，我一談起水利，他就滔滔不絕說個不停，似乎忘掉了水利是我的本行專業。」這位美國人對登輝先生的描述，可說相當生動而傳神。

有一次我陪他在中部地區巡視，他看到車外路旁的一片火龍果園時就問大家那是什麼樹種，他說他沒見過。當時台灣種火龍果的還很少，我也沒看過，我一時答不出來。好在有位隨扈警官曾經見過就報告說那是火龍果樹，方解決了李先生的問題。他的此種不恥下問和好研究的態度，實令人敬佩。

民國 89 年 9 月，當我們到他的鴻禧山莊住處為他辦妥國民黨員黨籍重登記手續之後，他心情似乎很好，除了談很多往事之外，他特別提到他也上網找資料看新聞，並提及他每天都會收看日本的 NHK 和美國的 CNN 電視，以隨時掌握國際時事使自己能和世界局勢之演變與時俱進。他另也談到他還是不斷看書研究。他的此種精神與作為，的確可佩可敬。

結　語

李登輝先生一生多采多姿，歷任行政院政務委員、台北市長、台灣省政府主席、中華民國副總統、中華民國總統和中國國民黨主席等顯赫的職位，享盡尊榮；在台灣人中，可說前無古人。他對台灣的影響也是非常之深遠，歷史一定會為他所做的一切，留下紀錄和評論的。

我對於他在推動台灣民主化的貢獻，以及拓展台灣國際活動空間及能見度，暨提升台灣國際地位，和主政期間加強台灣之建設與發展的付出和努力，當然非常肯定，也認為十分令人敬佩。不過，對於他晚年的一些言行，特別是過分的親日和過分排斥中國大陸的表現，是不敢苟同的。

我能受李登輝先生提攜，並能夠追隨他且長期和他有頻繁的互動與接觸，聆聽他的治國理念和人生觀，可說是極為難得而可貴的機緣。我非常

作者至台北賓館弔祭李登輝前總統（2020年8月6日）

2020年8月6日作者至台北賓館弔祭李登輝先生並在其靈前獻花

感謝他的照顧和栽培。

李登輝先生是一位虔誠的基督徒，我謹衷心祈禱他「與主偕行，永生天國」。

（撰於2020年8月，並於同年8月8日以《回憶追隨李登輝前總統的二、三事》為題發表於風傳媒電子報，2021年1月增修）

第五章

談李登輝與林洋港、李煥和連戰互動關係的演變

前　言

李前總統登輝先生走了，也代表著台灣現代政治發展史上一個世代的結束。在他的政治生涯中，有二位與他同世代、一位屬於較年輕世代的政治人物，與他一樣在台灣現代政治發展上具有關鍵性的角色，而且也對他的政治事業和他領導台灣期間之政治的風雲變幻有極大的影響。這三位政治人物就是林洋港、李煥和連戰先生。談李登輝先生的政治事業，不能不談這三位先生。我有幸在我的從政生涯中，曾直接追隨過李登輝和這三位先生。因此，我想談一談李登輝和林洋港、李煥和連戰先生的互動關係和其演變。希望藉此留下一些資料以有助於大家對李登輝先生更進一步的瞭解，也算是我對李登輝先生這位老長官的一種紀念。

李登輝先生擔任過中華民國總統長達十二年，替國家社會做了很多事，付出很多心力；尤其他主政期間，在蔣經國解除戒嚴、黨禁和報禁的基礎之上，終止動員戡亂時期，實施總統直選及國會全面改選，對台灣的民主化有其不可磨滅的貢獻。不過，他任職期間及離開總統職務後的一些言行，

例如到日本靖國神社祭拜，在日本公開表示釣魚台列嶼屬於日本，以及說國民黨是外來政權等等，都引發了很大的爭議。媒體有人封他為「民主先生」，有人則稱他「台獨教父」。國民黨內有人認為他應為國民黨的走向分裂沒落和台灣的黑金政治負責。可說褒貶不一。中國有一句成語說「蓋棺論定」，對李登輝先生而言，可以說「棺已蓋而論未定」；關於他一生的功過是非，只能留給時間和歷史去評斷了。在此我也不擬再做討論。

與林洋港先生的瑜亮情結

李登輝先生與林洋港先生兩人之間沒有水乳交融的關係，幾乎完全沒有私交，並且也曾是政治上的競爭對手，乃眾所皆知。

他們兩位來自於不同的出身、不同的教育背景，從政之路也不同；林洋港先生在歷任縣政府科局長、國民黨縣黨部主委之後參加選舉而當選擔任南投縣縣長時，李登輝先生仍未走入政壇；李登輝先生被延攬出任政務委員時，洋港先生則由縣長轉任台灣省政府的建設廳長；兩人沒有什麼交集。他們之所以會被外界認為有瑜亮情結，可能因為他們於台北市市長和台灣省政府主席這兩個當年被視為極為重要的官派職務上，兩度有前後任的關係；而在他們那一代的台灣人中，他們兩位又特別突出並漸漸形成政治上的競爭關係的緣故。根據很多人觀察，他們之間的心結，最早很可能是李接林任台北市市長後在人事處理安置上引發誤會而起，其中涉及一位當年洋港先生於台灣省政府建設廳長任內大力提拔，後又帶到台北市府高

1989 年 2 月 27 日作者在總統府宣誓就任行政院勞委會主委，李登輝總統監誓，司法院林洋港院長（前排左 3）亦在場觀禮，此為作者與李，林同時出現的唯一的一張照片

升的人士。李登輝一接任台北市長不久就把這位當時被視為洋港先生的人馬和得力愛將調離主管職務。於是洋港先生就把這位人士帶回省政府並破格任用。這位人士就是以後轉而與李登輝親近並受到李登輝的重用，最後還當上了交通部長的蔡兆陽先生。

另一個使李、林之間很早就存有芥蒂的重要原因，很可能是在李登輝的內心深處始終存有林洋港曾搶了他的省主席職位的想法和不快。據李煥先生告訴我，民國 67 年 5 月當謝東閔先生由台灣省主席當選就任副總統之後，蔣經國曾命他通知李登輝要李登輝準備接任省主席之職，可是後來由於謝東閔的力薦，林洋港接任了謝東閔先生的省主席遺缺。

1990 年 2 月，國民黨發生所謂關於總統候選人的「二月政爭」，一些反李登輝的國民黨人，不想讓李登輝連任總統而抬出時任司法院院長在民間頗具聲望且又很有政治魅力的林洋港先生準備與李競爭對抗。最後經所謂「八大老」居間穿梭協調，林洋港宣布退選。所謂「二月政爭」所涉及到的總統選舉，係指 1990 年 3 月由老國大代表投票選出總統的選舉。老國大中絕大多數是在大陸選出的外省籍代表，如果那些反李登輝的國民黨人和林洋港堅持選到底，林洋港不是沒有機會當選。為什麼最後林退選呢？表面上是由於八大老的勸退，實際上據我個人的觀察，最關鍵的因素是林洋港那時一開始就從未想和李競選，以及台籍大老謝東閔和蔡鴻文（曾任省議會議長多年）兩先生的多方勸說，和李登輝自己的親向林洋港拜託，暨那時客觀情勢對李登輝有利。其中蔡鴻文在李、林兩人之間來回奔走協調最力。外界曾傳言林洋港之所以最終退選是蔡鴻文跟他講李登輝已向蔡承諾只做一任，而且下一次一定會幫林洋港接任。我曾就此問過林洋港先生，他說蔡鴻文是不只一次地同他講過類似的話，不過每次他都回答蔡鴻文先生說請不要再講這種話，因為總統職位不是李登輝和他能私相授受的。他也告訴我經由當時的交通部長張建邦的安排，李登輝曾請他到總統府很客氣地拜託他退選，他答以他從未主動表示要參選，是國大代表主動要連署請他當總統候選人的，所以應找國大代表溝通請他們不要進行連署才對；林洋港說李登輝聽了之後顯然並不高興。在林洋港宣布退選之後，李登輝曾親到司法院向林洋港當面致謝，並說林的決定是對國家非常重要的決定。不過，經過這一次的風波，他們兩人可說已經貌合而神離了。

林洋港先生告訴我，最初找他並鼓勵他出來與李登輝一爭長短的人是曾經被視為蔣經國的左右手，後來被蔣經國遠派到巴拉圭當大使的王昇將軍。不過，林洋港說最後王將軍轉而投向李登輝。

前面提到的 1990 年總統選舉的客觀情勢，指的是李登輝已是國民黨提名的總統候選人，佔有具極大正當性的優勢；同時，李登輝是第一個當總統的台灣人，也是第一個台灣籍的總統候選人，這是因為李登輝最初之當上總統，是由於蔣經國在任期內病逝，李登輝是以副總統身分接上去的緣故。1990 年 3 月的總統選舉，才是李登輝第一次以總統候選人身分去參選的。所以，台灣人對李登輝有極高度的認同感，任何一個台灣人出來和李登輝競爭，都很容易被貼上「台奸」的標籤。蔡鴻文也用這個情勢來勸退林洋港。因此整個客觀情勢是大大地有利於李登輝。

洋港先生曾告訴我，當他於 1992 年 7 月 11 日在司法院院長任內赴美訪問歸來，到總統府見登輝先生作禮貌上報告時，李一見他劈頭就不高興地問：「為什麼要在美國替郝柏村講話？」氣氛很不好，說不了幾分鐘他就告辭而去。從林洋港先生向我敘述此次會面情形的口氣中，雖然他沒有口出惡言但顯然他對於李登輝如此待他是很不以為然的，他說身為國家元首器度總應該大些吧。那時擔任行政院院長的郝柏村先生與李總統的關係正陷入低潮，李已動了去郝之念。而洋港先生在美國訪問期間，曾於向僑界談話時公開挺郝，幫郝柏村做了些解釋替他講了些話。這是為何李不高興的原因。

1993 年 2 月，李登輝提名連戰先生接替郝柏村擔任行政院院長。可能因那時黨內有人醞釀力推林洋港接郝柏村的行政院院長職務，同時媒體也不斷把林洋港當作可能的行政院長人選之一，所以，事前李登輝曾約見林洋港告以將由連戰出任行政院長之決定，並說因顧慮到行政院長職務太勞累，怕林的體力受損，故起用較年輕的連戰。李登輝也告訴林洋港將請他擔任黨的副主席，及一個中央「政策指導小組」的成員。結果，這個政策指導小組並未設置，而於 1993 年 8 月舉行的國民黨第十四全大會，經過一番爭吵之後勉強通過設置副主席的職位，但一口氣設了四個，且未分配任何工作，只是擺擺樣子而已。至此，林洋港說他已開始不再把李登輝的承諾太當真了。

1994 年 6 月林洋港辭卸司法院長，一向很重視「國家體制」和「做人禮數」的他，堅持要向李登輝總統當面遞交辭呈，乃與總統府事先約好於 6 月 10 日下午去面見李總統。不料李總統遲到了三、四十分鐘，見面後兩人握手相互問好，林拿出辭呈說明來意，李接過辭呈就說：「今天就這樣吧！以後有事可請蔣祕書長（彥士）聯繫。」對林洋港長期擔任司法院長一句感謝慰勉的話都沒講。兩人一直是站著講話，前後大概只有三分鐘。於是媒體說：「李登輝對林洋港只有三分鐘的熱度！」這是他們兩人最後一次的單獨會面和講話。

1996 年的第一屆總統直選，洋港先生與郝柏村先生結合對抗代表國民黨角逐的李登輝和連戰先生。自此，林洋港先生和李登輝先生算是公開決裂分道揚鑣了。

李登輝和林洋港兩位先生我都直接在省政府追隨過。我從旁觀察，覺得他們之始終不能肝膽相照，在政治上很早就成為很明顯的競爭對手，固係主因；而他們的家庭出身和教育背景以及社交嗜好（林喜歡以酒會友，李則頗好高爾夫球社交）的不同，以及媒體的在旁的有意無意的火上加油，和政治理念及政治性格的相異暨客觀政治環境的激盪，都是非常重要的因素。而李登輝在掌握大權無人可與之抗衡之後，常會將喜怒愛惡形之於色使人難於承受，應也是一個原因。

李登輝和林洋港兩先生，在蔣經國晚年都被視為蔣經國最有可能的接班人選。但最後李獲選而林出局，最重要的原因應該是他們在省主席任內的表現。林洋港在省主席任內，犯了一個當年兩蔣時代的大忌，就是身為台灣籍的政治人物而太有主見，使人不放心。可能指他的「不聽話」、「太有意見」；而「太有意見」方面，應也包括他於接省主席之後，在國民黨中央關於縣市長和省議員的提名作業上，往往勇於表示看法並常常和相關地方黨部的意見相左且又很堅持己見的表現在內。那個年代，國民黨中央要的台灣人是既有能力會做事而又聽話能與中央配合的人。林洋港於省主席任內對行政院長孫運璿先生一心要做的德基水庫上游集水區果樹的砍伐，以及台北二重疏洪道的闢建，都持保留的意見，並未積極去推動。而且未和中央事先溝通就在省議會公開承諾讓當時還是縣轄市的嘉義市和新竹市分別從嘉義縣和新竹縣分出而升格為省轄市，引發了蔣經國和孫運璿極大的不快。反觀李登輝一接省主席就很快把德基水庫上游集水區的果樹不顧榮民果農的誓死反抗全部砍光；也把闢建二重疏洪道的抗爭民眾強力排除並順利完成關建。很得中央的讚許。而他在省議會義正詞嚴地批判台獨和大談中華民族，更贏得蔣經國的歡心。難怪事後他已當完總統之後，在和我的一次長談中，李登輝認為蔣經國最後一次在聽了他在國民黨中常會有關省政建設的報告後的裁示，就已暗示他將接班。李登輝當了總統和國民黨的主席後，事實證明他絕不是一個沒有主見唯唯諾諾的人，也不是一個會批判日本對台殖民統治，肯大力抨擊台獨並大談中華民族大義的人；更不是如蔣經國於 1984 年 2 月 15 日國民黨十二屆二中全會提名他為副總統候選人時所說的「少時即痛心邦國為日人侵凌，富有民族意識」。但他在台灣省主席任內，卻可以使蔣經國和蔣經國周邊的大員們留下他就是這種人的印象，使人不得不佩服他的政治判斷、政治手腕與政治權謀。在這些方面，林洋港顯然不是不如李登輝就是不願這樣子做。

另一個最終在蔣經國接班人的競爭中李登輝之所以中選而林洋港之所以出局的因素，應是兩人的政治性格與交際模式的相異。洋港先生在政治上始終是個「獨行俠」，有不少他提拔的部屬和幹部，但幾乎沒有會替他在政治上、施政上出主意打天下的幫手。他社交上喜歡與人喝酒共飲，此固然為他贏得很多朋友和在民間獲得親民的美譽，但也在一些曾留過洋而當年可於經國先生身邊講上話的外省中青生代才俊中留下不是很好的印象。反觀李登輝，可能由於學者出身，從當台北市長起，就會常找一些學者專家討論施政和政策，並注意這些人的意見，他們有人還會替他出謀劃策。在社交上，李登輝喜愛當時政壇上頗為時尚和重視的打高爾夫球，而且打得極好；他並且常與前述當年曾留過洋而可在經國先生身邊講上話的外省中青生代才俊一起打高爾夫並頗有交往，他給這些人留下的印象是他好學而有國際觀。

談到這裡，不禁讓人想起李登輝當上總統之後常喜歡對外講，日本戰國時代與織田信長、豐臣秀吉並稱日本「戰國三傑」的幕府將軍德川家康，是他最佩服的歷史人物；因為德川講究「隱忍」，也很會「隱忍」，「隱忍」使他得了天下。「隱忍」，講的就是「隱藏內心真意」、「忍耐一切考驗」而「待機而起」。他在蔣經國時代表現得很恭順、很聽話、很配合上面的要求，講蔣經國喜歡聽的反台獨及中華民族大義之類的話，是不是就是他學自於德川家康的「隱忍」的表現呢？實在很值得大家去推敲。

李登輝和林洋港都是他們那一代的台灣人中非常傑出的政治人物，也都深愛著台灣。如果他們能精誠合作一起為台灣打拼，台灣今天的發展和處境會是不一樣的。

與李煥先生的恩與怨

李登輝先生與曾幫助他出任國民黨代理主席並使他順利當選國民黨主席的李煥，最終卻弄得不歡而散。到底他們之間又有什麼恩怨糾葛呢？

李煥先生曾跟我提到，他是經由原美國花旗銀行台北分行經理楊鴻游先生（為台北市前代理市長以後曾任監察院副院長的周百鍊先生之女婿，並曾為前台北市長高玉樹先生的機要祕書）的介紹，而認識李登輝先生的。

1989年7月瓜地馬拉總統席雷索（Marco Vinicio Cerezo Arevalo）來台訪問，作者（右）應邀至總統府參加歡迎國宴，李煥行政院長（左3），總統府李元簇祕書長（左4），外交部長連戰（左5）陪同李登輝總統（左2）歡迎賓客

革命實踐研究院青年工商負責人研討會第一期結業，擔任國民黨中央社工會主任的作者（前排右 2）與李煥祕書長（前排右 4）陪同國民黨李登輝主席（前排右 5）與全體學員合影（1988 年 7 月）

李煥在擔任國民黨台灣省黨部主委時，實際上已在負責執行蔣經國用人的本土化政策。蔣經國曾要他注意發掘台籍的農業人才。因此，在經介紹認識李登輝後就邀請李登輝先生去台灣省黨部做關於農業方面的專題演講，李煥覺得李登輝講得不錯。大約兩個禮拜後，蔣經國要組閣並請他找一位

農業方面的專家作閣員，他就推薦了李登輝。經國先生於召見李登輝後，即發表李登輝為行政院政務委員。1978 年 5 月，經國先生與謝東閔先生當選總統、副總統。不久，李煥奉經國先生之命去通知李登輝說要請他接任台灣省政府主席。可是，後來省主席發表的卻是林洋港。李煥先生問經國先生何以有這種變化，經國先生說那是由於謝東閔先生力薦林洋港的結果；謝認為林對省府和省政較熟悉，又口才辨給，較可應付那時在野勢力相當活躍的省議會。

根據李煥先生對國史館的回憶，李登輝擔任副總統之後，他每次奉召見經國先生之後，常會順便到李副總統的辦公室去拜訪，登輝先生曾告訴他，經國先生對他（李登輝）像學生一樣的愛護教導，所有指示，他（李登輝）都用小冊子詳細記下來。可見李登輝先生與李煥先生，開始時有很不錯的關係。

1988 年 1 月，在當時擔任國民黨中央祕書長的李煥先生細心策劃下，李登輝獲選為代理黨主席；7 月國民黨舉行十三全大會，也是在李煥的全力規劃下，李登輝正式當選為黨主席。1989 年 5 月，李登輝提名李煥出任行政院院長。可以說，1988 年元月到 1989 年上半年，應該是李登輝和李煥兩先生關係的蜜月期。

關於 1988 年元月李登輝獲通過出任代理主席的原委，李煥先生於 2002 年 5 月 27 日在與我的長談中曾很詳細的告訴我。他在長談中回憶說，有關經國先生過世後國民黨中央的領導問題，當時黨內有兩種意見，一是主張採集體領導，即由中常委輪流主持中常會會議及黨務，他自己不贊成；二是推舉代理主席。他與幾位包括俞國華先生（時為行政院院長）在內的資深中常委討論後，認為以推選代理主席的方式為宜，並決定推李登輝先生為代理主席。他說他之所以主張由李登輝代理主席，主要有三個理由：（一）國民黨一向採黨政合一，李登輝既已依法接任總統，由其兼代理主席，乃順理成章之事；（二）李登輝為台籍人士，如不由他代理，易為人作為國民黨排斥台灣人之攻擊藉口；（三）李登輝既由經國先生提拔擔任副總統，表示經國先生心目中有培植其接班之意，由李登輝兼代，應可符合經國先生之意。李煥先生說他與相關中常委作此決定後，即指派當時國民黨中央黨部高銘輝等三位副祕書長分頭拜訪所有中常委說明並尋求支持。經溝通協調後，大致上沒有什麼問題，同時決定於元月 27 日的中常會由俞國華先生作提案人提出。一切安排後，他報告了李登輝先生並請登輝先生不要出席 27 日的中常會。不料，26 日半夜，他經由經國先生的三子蔣孝勇先生收到蔣介石夫人蔣宋美齡女士的信，對推代理主席一事另有意見。接信後，他即與俞國華先生連繫，經兩人討論後決定還是照原訂計畫進行。27 日一大早，李煥先生約請俞國華、余紀忠（中國時報創辦人，當天中常會的輪值主席）兩先生在黨部開會，後來聯合報創辦人也是中常委的王惕吾先生亦參加。大家的結論還是依原所訂決定（即推由李登輝代理黨主席）行事，並備好俞國華先生的書面提案，置於常會廳李煥祕書長的座位上。

那時我身為國民黨中央社工會主任，也必須列席參加國民黨中常會。

中常會開議的時間，為上午九時。27 日那天，我於八點四十五左右抵達會場的時候，覺得氣氛有些不尋常，只見有些資深中常委在李煥辦公室進進出出，一直到快十點鐘，才正式開會。會議進行沒多久，副祕書長宋楚瑜進場，稍後就發生了媒體所報導的所謂「臨門一腳」的事件。乃改變議程，優先討論原已準備由俞國華具名提議的請李登輝任代理主席一案。就這樣李登輝於當天會議中，經中常會通過出任國民黨的代理主席。

李煥先生回憶說，他曾寫好二封信，一致蔣宋美齡女士，表示致歉和請罪；一送李登輝先生要請辭祕書長職務，並準備於中常會選出李登輝為代理主席後寄出。這兩封信，最後有沒有寄出，我沒有問他。不過，他告訴我從此蔣夫人對他很不諒解，出國送行及祝壽，都不通知他。

那麼，兩李的關係到底何時起了變化呢？李煥先生告訴我，應導源於彭明敏返台事件。1990 年 7 月，李登輝總統召開「國是會議」，準備邀請流亡在美國遭國內通緝的彭明敏先生參加。事前即大約 1990 年初，李總統於總統府邀集李煥院長、俞國華先生、李元簇祕書長、國安局宋心濂局長、國民黨宋楚瑜祕書長等人討論以何方式讓彭明敏返台。李登輝認為彭應可像一般國民一樣自由入境，不必考慮其曾被通緝的問題；李煥則以為彭乃遭政府通緝中，應依法於入台後先到司法機關辦理自首手續。會中兩種意見各有附和者，但李登輝則頗堅持他自己的看法。最後會議沒有結論，李登輝很不高興不發一言地拂袖而去。臨走之前還講了一句：「你們是不是欺侮我是台灣人！」令與會者面面相覷。彭明敏最後係於法院在 1992 年撤銷其通緝後始返台。

李登輝應該沒有什麼省籍偏見，但他顯然很清楚他的「台灣人」身分，是他極大的政治資產，有必要時他會加以運用的。

1990 年 2 月國民黨發生可說意在挑戰李登輝的「二月政爭」，李煥站在挑戰者的那一邊。且於洶湧波濤的國民黨中全會中發言力挺挑戰李登輝的「票選派」。3 月，舉行選舉總統副總統的國民大會，李登輝、李元簇競選總統、副總統，曾聯袂前往李煥家裡拜訪有國大代表身分的李夫人潘香凝女士，李家門戶緊閉無人接待，李登輝兩人留下名片而去。有人認為這應是李登輝與李煥關係越來越冷終至幾近破裂的轉捩點。對此，李煥先生解釋，他事前曾懇切向總統府反映婉謝拜訪，以為總統不會去，所以家裡沒有做接待的準備。事後他也為此寫信向李總統致歉說明。不過，李登輝在李煥家的此一吃閉門羹的遭遇，很引起不少台籍工商大老對李煥的不滿，台籍工商大老常在李登輝身邊走動的陳重光先生就曾憤憤不平地對我說：「這是對台灣籍總統的不敬，如果是蔣介石、蔣經國他敢這樣嗎？」事情演變成這樣，恐怕非李煥先生始料所能及。但此也種下李煥先生必須卸下行政院長職務的原因。

在李煥先生擔任行政院院長期間，新加坡總理李光耀又到台灣訪問，李煥曾陪其參觀。李光耀離台前李登輝設宴送行，李煥夫婦受邀作陪。李煥夫婦於李光耀到場前先行到宴會所在，李煥並很恭謹地向李登輝報告陪同李光耀參觀的經過，可是李登輝反應非常冷淡一副愛理不理的樣子。李煥先生告訴我他的夫人非常難過，並提醒他說他們追隨蔣經國一輩子，蔣經國對他們都是客客氣氣的，從未像李登輝如此冷淡，不要幹算了。1990 年 6 月，李煥離開了行政院長的職務。

李煥先生任行政院長職務時年事已高，其黨權又已被拿掉，而李登輝的統治權已日形穩固，外省籍可用而可信任的中生代政治人才不少，對李登輝而言，李煥的階段性任務已完成，已失去利用的價值。以李登輝的權謀和政治性格，他的對李煥冷淡，並不令人意外。所以，在 1990 年 4 月 29 日李煥先生與我在來來飯店（現在的喜來登）二樓安東廳一邊喝咖啡一邊聊天長達二個多小時的長談中，當他告訴我，他已準備去函李登輝表達辭去行政院長職務之意，並同時向李登輝推薦接任人選時（他唸了四個他要推薦的名字，其中有林洋港，但並無連戰和後來實際接他的郝柏村），我內心對李煥先生這位我曾在青年救國團、國民黨中央黨部和行政院三度追隨過的老長官，一方面為他所受李登輝的冷淡對待深表同情與不平，一方面也很想告訴他以當時的政治情勢和他們兩李的關係，以及李登輝的政治性格，他向李登輝推薦繼任人，實在是「多此一舉」，也一定是「徒勞無功」。不過，我忍住了沒有講。

在我看來，他們最後終於走上了拆夥不相往來的地步，主要還是政治理念的不同。登輝先生有極強烈的台灣意識，而李煥先生雖是經國先生本土化政策的執行者，但他相當強調中華文化、三民主義、國民黨的傳統主張，和台灣與大陸的最終統一。

他們兩人個性和出身背景的不同，應也是重要的因素。李煥先生為人謹慎小心，與人應對很注重保持謙和及壓抑隱藏自己的情緒，而李登輝先生當了總統之後，逐漸有愛惡喜怒容易形諸於色的傾向；李煥先生來自於大陸，長期受兩蔣思想及兩蔣時代官場文化上下應對作風的影響和薰陶，李登輝先生則在日治時代的台灣出生成長，長期受日本教育，很有台灣意識，相互隔閡、彼此格格不入，實所難免。

李、連之間的問題

李登輝、連戰兩先生曾經合作無間，並做過總統副總統的競選搭檔且雙雙當選。連戰先生還是登輝先生總統任內任職最長的行政院長，任期超過四年半，任內主持國家行政，並認真推動和落實李登輝總統的治國理念和抱負，不遺餘力，幫李登輝很大的忙；可說很有貢獻。可是，最後為何兩人分道揚鑣各走各的路呢？

2000 年 4 月初，我以台灣省主席身分自印度訪問歸來，為報告此行經過並轉達達賴喇嘛對他的問候，同時告知他我即將接任國民黨中央組織工作會主任之職，我到總統府看登輝先生。因他即將卸任，他的侍衛長和隨從武官等正在和他合影留念。他叫我也跟他合拍了一張。這是我與登輝先生所有合照中，唯一一張他端坐於辦公桌後而我肅立在旁的照片。

合照之後，他與我單獨見面。談話中他對於 3 月 18 日晚及 19 日凌晨國民黨總統敗選後，國民黨中央黨部及他的官邸被抗議群眾包圍並要求

李登輝總統聽取 921 地震災後重建會簡報，作者（左 1）為省主席兼該會副執行長，連戰副總統（左 3）負責督導重建工作，行政院蕭萬長院長（右 2）為重建會兼主委，行政院劉兆玄副院長（右 1）為重建會執行長（1999 年 10 月）

李登輝總統（前排左 6）主持總統府國家統一委員會會議後與全體與會委員合影，李總統為該會主任委員，連戰副總統（前排左 5）為副主任委員，作者（2 排右 2）於台灣省主席任內受聘為該會委員（1999 年 4 月）

他自國民黨主席職務下台的事件，猶有餘怒，憤恨不平。他說三一八當晚有很多中南部的農會負責人紛紛打電話給他致意和聲援；有些還表示要結合召集廣大群眾到台北來為他助勢，有人甚至說要來台北「勤王」、「保駕」、「救駕」。但是，他生怕因此激起第二個二二八事件，對國家社會都不好，所以加以勸阻。他用二二八事件來比喻，可見那時他與他的支持者，已把省籍的因素注入於對他抗議及包圍他官邸的群眾抗爭活動中；有人已認為是外省族群對他這位台籍總統和黨主席的示威，要他這位台籍黨主席下台。他還很不高興地告訴我，當馬英九受抗議群眾要求來官邸要轉達請他從國民黨主席下台的訴求時，他根本還未休息，馬英九在外面叫喊什麼他都聽得一清二楚，只是他不想見馬，所以叫副官跟馬說他已睡覺了。接著他跟我談起 2000 年總統大選中他的輔選，並對連戰先生有所批評，而且還講了很重的話。我聽了之後，甚感訝異，並替連先生作了些解釋。事後，我才知道，他與連先生的關係已經出現了問題。

登輝先生對連戰先生向來都是讚譽有加。記得 1997 年 5 月行政院局部改組，我被發表為行政院政務委員兼祕書長，因為多了一個政務委員的頭銜，也算是新任閣員，所以依例到總統府接受總統的召見。登輝先生與我見面時，談的幾乎都是連戰先生。他問我知不知道他怎麼認識連戰的。他說他於政務委員任內常向連戰的尊翁也曾擔任過政務委員的連震東先生請益；兩人聊天談話時，他開始注意並進一步瞭解連戰。（其實，關於這一點我以前曾多次聽他提過）。接著，他對他所認識的連戰，作了一番描述。

最後他說連戰與其同輩的從政人士相比，不問學識、人品、相貌、見解和從政經歷等方面，他用了一句中國成語來形容：「無出其右者」。我聆聽之後，一方面為連先生之獲李先生激賞而高興；另一方面，則對李先生這一位於大學時代才開始學中文的台灣人，能找出這樣的中國成語來形容連戰，覺得他真是煞費苦心。2000 年連戰代表國民黨競選總統時，他也很關心，記得他於連戰的競選團隊剛成立時，還把我們此一團隊的成員請到他的官邸向他做簡報並做了不少很直率的指示。然而，何以經過一次他原本大力支持連戰的總統選舉後，他對連先生的看法竟有天壤之別呢？

以後，我從各方聽來的訊息，包括李登輝自己所寫的書，才知道李之不滿，是來自於他認為連逼他交出國民黨黨主席的職位。關於這一點，我向連戰先生直接求證過，他否認曾逼李登輝先生辭黨主席。

記得 1997 年（民國 86 年）12 月 1 日，我曾聽連戰先生親自向我提到，在當年五、六月間，李先生曾兩度向連先生表示要把黨主席的職位讓給連來接，以壯大連的聲勢；李並且說已囑相關文宣主管先作媒體輿論的準備工作。以後李又對連表示，因各方認為黨主席還是由他（李）繼續擔任為宜，所以他只好勉為其難地接受，也就是黨主席他暫時還不交棒。另曾任國民黨中央祕書長與李、連都很接近的許水德先生，也向我證實有這一番經過，並說李也跟他談到。從這裡可以看出，登輝先生早有把黨主席之位交給連先生之意。怎會為了黨主席之事而鬧得不愉快呢？我百思不得其解。

李登輝在其 2013 年 6 月所著《為主作見證——李登輝的信仰告白》一書中，曾揭露 2000 年 3 月 21 日，當時他約見競選總統失利的連戰，並問連戰他是否該辭黨主席，結果連戰不但回應「應該辭」，還說「越快越好」，讓李登輝「相當心寒」。看起來，他對於他所認為被逼辭國民黨主席一事，頗為耿耿於懷。

連戰先生對此，早在 2001 年 5 月 8 日就曾透過國民黨中央文傳會發表如下的聲明：（一）有關外傳連主席向李前主席逼宮之事，連主席表示，他從未有這樣的念頭，他當時是代表國民黨敗選的候選人，面對李前主席，只有自責與抱歉，如何能有逼宮的想法？（二）連主席已表明，他從不曾說過「愈早愈好」的話，近日媒體報導去年 3 月 18 日後一週的情形，時間與內容都不符事實。相關報導對連主席這位當事人不公道。（三）今天媒體報導指李前主席去年 3 月 21 日晚間曾與連主席會面。連主席說明，他曾在去年 3 月 21 日上午與李前主席會面；21 日下午李前主席與連主席通電話，李前主席表明要辭卸黨主席，當時，在電話中連主席仍主張茲事體大，請李前主席要慎重考慮。因此今日媒體報導所列舉的時間內容明顯與事實不符。

2004 年連戰再度代表國民黨競選總統，並請親民黨的宋楚瑜擔任副總統候選人而組成「連宋配」。連戰方面出了一本由資深媒體人中廣公司李建榮副總經理執筆的助選書籍《藍天再現》，其中對李連關係也頗有著墨，並再度否認有所謂連戰對李登輝逼宮之事，且引用連戰自己對此所說的一句話「這種話不是我的行事風格。」書中並提到連戰事後才覺察，李登輝是在試探他對於李自己辭黨主席的意見，但他並未正面回應。換言之，連戰沒有力勸李登輝不要辭，是否因此才讓李登輝對外做出「逼宮」的解讀？很值得玩味。

這件事屬於李連兩人的對話，真實內容只有他們兩個當事人才知道，但兩人事後卻有各自不同的記憶與解讀，且因此而造成兩人的隔閡與誤會，實令人遺憾。

2004 年連戰競選總統。李登輝高調參加民進黨與台聯黨於選舉投票前所共同策辦意在為陳水扁連任助選動員的「228 百萬人手牽手護台灣」活動，並與陳水扁一起同台且高舉陳水扁的手，等於公開宣示在這場總統大選中，他支持的是陳水扁，而不是連戰。從此，李、連兩人政治上各自走各自的路的發展，便完完全全公開化了。

我以為，他們兩人之所以漸行漸遠，並且最終各走各的路。最大的原因應該是對兩岸與統獨問題的政策理念有所差異所致。另有一些人則認為，李、連兩先生的親信朋友的省籍大多不同，和這些可以影響李、連的親信朋友對兩岸關係及台灣主體意識與統獨問題的看法相異，應也是一個不容忽視的因素。在這裡要強調一點，那就是多年來我與連戰先生接觸中，從未聽過連先生對李登輝先生口出惡言，但倒常聽他提到李先生曾栽培過他。

有人曾提出一個這樣的問題：「如果 2000 年的總統大選，國民黨勝了，連戰當選了，那麼，李登輝會怎樣？李、連關係又會怎樣？」當然，歷史就是歷史，是沒有如果，也不能假設的。不過，這還是一個很有研究價值的問題。

現在李登輝先生已過世了，對於我都直接追隨過的李登輝和連戰先生兩人之間的最後各走各的路，我只能說感到遺憾，但應也是李登輝先生晚年政治理念與立場大轉變所無法避免的結果吧！

李登輝先生過世後，連戰先生發表聲明表示遺憾與不捨，並肯定李登輝對國家重大建設、民主深化發展的付出，且特別指出李前總統也曾積極設置國家統一委員會、制定國統綱領，進而開啟兩岸協商的貢獻。連戰先生還親到設於台北賓館的李登輝靈堂向登輝先生致祭；總統府所指派的治喪大員中，也有連戰先生；連戰先生將親自參與規劃李登輝先生的後事處理事宜。他們兩人之間的恩恩怨怨應該就此告一段落了吧。

結　語

一個人事業的開創與成功，個人的努力和條件當然非常重要。但是在生命過程中的機遇和遭逢的因緣，往往有關鍵性的影響。李登輝和林洋港兩先生之受蔣經國大用，是因為他們剛好碰上蔣經國實際放棄反攻大陸，而在施政與用人方面實施本土化，並培植台籍接班人的年代。但是如果李煥先生沒有將李登輝推薦給蔣經國去做其內閣主管農業的政務委員，那麼李登輝可能就不會有以後的政治發展了。

林洋港從任台北市長起就展現了高度的政治魅力，也累積了高知名度和民間聲望，如果他在省主席任內，全力落實行政院長孫運璿的德基水庫上游集水區的果樹砍伐及二重疏洪道的闢建的政策，在相關機關首長的任用上配合中央的意思，不過於堅持已見，以及不在省議會隨意應允讓新竹市、嘉義市格升格，那麼蔣經國對他的印象一定不會改變，很可能他就會被選定為副總統候選人，而成為蔣經國的接班人。如此，就沒有李登輝副總統、李登輝總統了。但是，最終李登輝之被蔣經國看上，李登輝自己的懂得「隱忍」，和自己之努力使蔣和蔣身邊有影響力的大員們對他留有好的印象，也是極其重要的大關鍵。可見，李登輝實在有超人的政治智慧和手腕。

連戰先生之和李登輝最後各走各的路，應該是台灣近二十年來統獨之爭與兩岸政策路線爭論的無可避免的結果。但是，我相信，如果 2000 年的總統大選連戰贏了，則李、連之間的關係一定會不一樣，而他們到現在一定還會是水乳交融合作無間的。可惜連戰並沒有在大選中獲勝。真是造化弄人，也是一大憾事。

林洋港和李煥兩先生早已作古多年，李登輝總統現在又走了，真正是人世滄桑、歲月無情。他們三位都對國家社會做了很大的付出，有很大的貢獻。我謹祈禱這三位我的老長官在天之靈，各自按他們的宗教信仰永生天國或在極樂世界安享佛祖與上蒼的護佑。連戰先生現在雖已 85 高齡，但身體還很健康，我謹祝他永遠健康平安，繼續關注我們的國家社會，為中華民國和台灣的更為美好，而貢獻心力。

李登輝、林洋港、李煥、和連戰四位先生，都對中華民國、對台灣、對中國國民黨做過具關鍵性影響的付出與貢獻；李登輝和林洋港、李煥和連戰三位先生之間的互動演變，更牽動台灣這三十多年來政治情勢的發展。歷史對他們四人是不會忘掉的。

（原載 2020 年 8 月 23 日風傳媒電子報）

第六章

懷抱建設文化大國理想的謝東閔先生

帶我走上從政之路

謝東閔先生，即大家尊稱中的謝求公，可以說是我的重要政治引路人。他是第一位任用我擔任政府機關首長，把我帶進從政之路的人。民國 65 年 7 月，他找我以 35 歲之年出任省政府的新聞處長，從此展開了我追隨他、受他照顧、指導和薰陶的歲月，一直到他於民國 90 年過世為止，時間長達二十五年。

謝東閔先生創辦了現在的實踐大學，於省主席任內推動廣受矚目、影響深遠的小康計畫。這些事功，為大家所熟知，我也在本書中的另兩篇文章〈謝東閔先生小康計畫的創意思維〉和〈高瞻遠矚、寬容存厚、心懷鄉土〉裡，詳細提到，故不在此贅述。我想在這裡談一談他的一個理想遠大，但可惜一直到他去世為止，未能完全付諸實現的抱負；那就是把中華民國建設成一個世界的文化大國。而長期追隨他感受他的一些為人處世的哲學和風範，包括一些趣事趣聞，也要在此提一提。

何以台灣能成為文化大國？

東閔先生是一位非常帶有民族意識，對中華文化極有研究並嚮往的人。因此，他極為推崇孔孟之道。他最常向外賓介紹禮運大同篇所揭櫫的大同世界的理想。他曾不止一次的提到，應該在台北近郊闢建一個文化園區，並把台灣成為全世界的漢學研究中心。他認為台灣因受限於特別的政治環境，無法成為世界級的政治大國，也沒有必要成為軍事大國。他說，台灣在經貿方面，有很好的表現，雖不能列在世界的前十名，但我們應可位列在前二十名之內，已具有經貿大國的基礎，我們當然還要繼續努力。但我們有足夠的條件更可以建設成為有世界影響力的文化大國。他的文化大國指的是文學、藝術、音樂和影劇的創作和發揚，以及孔孟思想的弘揚和傳播。他說孔孟之道博大精深，很多哲理和思想，可以跨越國界，適用於全人類。如果把中華文化中的孔孟思想好好整理，向各國去傳播，應可以對人類前途產生良好的影響。他建議各旅館特別是觀光旅社，應放置一本中英對照的四書。他以為文化園區如能建立，應可鼓勵各種藝術文學等的創作，使台灣在這一方面發光發熱。

可惜，他的這些建議和看法，於他在世時沒能被採納。不過，我們現在看一看韓劇的在亞洲大受歡迎，可以相信東閔先生的理想並非空想，而是可以做得到的。幾年前，在連戰先生於行政院院長任內所提出的亞太營運中心計畫，其中有一項準備將台灣建設成為媒體營運中心。如果當時做到了，應也是東閔先生的文化大國理想的部分實現。目前政府大力推動的六大新興產業中，有一個文化創意產業。如果真能將此產業做大做好，也是文化大國建設的重大成效。我衷心希望這個發展文化創意產業的構想，能夠貫徹落實。當然，我更希望政府和有關的工商社會人士，有人會為使台灣成為文化大國而努力、奉獻。然而，鑑於多年來台灣有些執政者刻意地「去中國化」，求公要把台灣作為「發揚中華文化」的中心，以建立「文化大國」的理想，要在可預見的未來實現，是相當困難的。實在可嘆！

生活哲學發人深省

東閔先生有很多發人深省和頗為實用的生活哲學。譬如，他主張家庭倫理化、藝術化和科學化；又認為母親是家庭生活的重心，家庭又是社會的重心，教好母親就等於教好家庭，家庭都好，社會就會變好等看法，都很具啟發性。就是基於這種看法，他創設了一開始叫「實踐家專」的「實踐大學」，同時，倡導並致力於推廣以對家庭主婦進行親職和各種相關教育為主旨的「媽媽教室」。

他常常教人要隨時隨地講「請、謝謝你、對不起」。他說這是一種生活上的修養，也是必要的禮貌。他說，如果社會上人人都懂得說「請、謝謝你、對不起」，那麼，這一定是個和諧社會、文明社會。關於這種禮貌的推廣，他曾經告訴我一個很幽默、很有意思的故事。他說他於擔任省議會議長時期，就常勸議員同仁應如此做。有一位受日本教育而相當有男人至上主義的紳士議員就問他，難道對自己太太也應這麼做嗎？他說是的。

過幾天，這位議員告訴東閔先生說，當天他聽了東閔先生的話後回到了家，太太替他拿拖鞋，他說了一聲謝謝，太太有些奇怪，又替他拿了外套，他又說謝謝，太太替他倒茶拿報紙，他不小心碰到了她，他說聲對不起也說了謝謝。等到吃飯時，太太來請他，他又說謝謝，並也對太太說請，請一起用餐。這位議員告訴東閔先生說，結果當天晚上太太對他特別地體貼、特別地恩愛。東閔先生說，由此可見，常說「請、謝謝你、對不起」還會增進夫妻的感情。

東閔先生也很會善用本省的俚語、成語來闡釋一些人生的道理。譬如，他對於在工作當中遭受外界批評、指責的年輕後輩，常會送他們這樣一句話：「死狗沒人踢！」意思是說：「因為你有用，你能做事，人家才會批評你，才會理你；不然，如果你沒有用、沒有表現，就像死去的狗一樣，誰還會踢你、罵你！」他又常引用「燒瓷的吃缺的，織蓆的睡長椅」的台灣成語，勸勉大家要懂得克己。這句成語的意思是說，做瓷器做碗的，吃飯時總是用「不良品」有缺口的碗，好的一定挑出來出售或送人；而織草蓆的，都是把產品賣出去、送人家，自己只能睡在長條椅子上。當年他當省主席的時候，彰化縣長和很多縣籍的民意代表以及地方鄉親，常會向他爭取經費，並說：「主席啊，你是彰化人，要特別照顧彰化啊，經費要多給啊！」他常答覆說：「我是全台灣的省主席，不只是彰化縣的省主席！」他就常用上面那句成語來勸勉彰化鄉親。不過，事實上，他對彰化縣的照顧不少。

東閔先生也常提出不要只祝人家生日快樂，應該祝人家天天快樂。他說一年三百六十五天，如果只有生日快樂有什麼好，應該天天快樂才是真快樂。他又告訴我說，旅行在外要「投宿大旅館，但住小房間」，他說住大旅館可以享受其所有較好的公共設施，而晚上睡覺反正眼睛一閉小房間與大房間沒有什麼不同，住小房間反可以省錢。他又常常提到人生「只要追求享有，不要一定要擁有」，因為擁有有擁有的麻煩，你擁有一座山，你就要隨時去保護它、整理它，但如果你享有它而不擁有它，則你可以盡情享受山嶽之美，但沒有「擁有」所帶來的麻煩。

婦女何時最美？

東閔先生對藝術很愛好，非常欣賞「美」的人、「美」的事與「美」的物。他曾推荐我應到挪威的奧斯陸去看當地的維格蘭雕塑公園（The Vigeland Sculpture Park, Vigelandsanlegget）。他曾告訴我，他最欣賞其中的一個叫「生命之樹」的石雕。這個公園後來我也去了，果然美不勝收，那個「生命之樹」我也見到了。它是由挪威雕刻大師維格蘭（Gustav Vigeland, 1869-1943）將人的一生的所有過程包括出生、成長、結婚、養兒育女、工作、老去以迄死亡，以栩栩如生的石雕一一加以表達展現。求公欣賞它，因為它很自然而生動地描述人生的悲歡離合、哀喜苦樂。這是他對美的另一種銓釋。

東閔先生曾經告訴我女人什麼時候最美。他說第一次當媽媽而在在大

謝前副總統東閔先生（前排右 4）與在實踐家專參加社區媽媽教室學術研討會的全體與會人員合影，作者（前排右 3）時為省社會處長亦應邀參加活動，前排左 2 及左 3 為實踐家專董事長謝孟雄和林澄枝校長夫婦（1984 年 12 月）

庭廣眾解開衣服微露酥胸、袒露豐乳為小孩子哺乳的女人最美。因為這樣的婦女，一方面生產過後身材會比較飽滿、成熟，另一方這時在那女人臉上所看到的是初為人母的滿足感、成就感和至情至性的母愛，而外人看到了也不會有一絲一毫的邪念；這是女人最美之處、最美之時。可見求公很欣賞顯現人性光輝的內在之美。這種當眾哺乳的景象，我們這一代的人，在民國 5、60 年代以前，常常可以在車站、車上或其他公共場所看到。因為那時候，並不把公開哺乳當做一種禁忌；大家看了，一點兒也不會有任何不當的聯想，也都習以為常。現在則很難再見到了。

率真而風趣的長者

東閔先生是一個率真可敬的長者，也是一個非常風趣幽默的人。

他最喜歡的一幅對聯是：「傳家有道唯存厚、處世無奇但率真。」「存厚」與「率真」，可說就是他生前為人處世最好的寫照。

記得他在省主席任內，有一次我陪他接見歸國學人訪問團，座談中有學人指責台灣公車的車掌服務態度不好，也有人說他在鄉公所碰到的職員工作態度不佳。求公答覆說，相信絕大多數的車掌小姐和基層同仁服務態度應該都不錯，但他也坦承有些公車車掌及基層公務員的工作態度有待改善；不過東閔先生說：「如果你們能換個角度去看，可能你們就不會責怪他們了！說不定你們碰到的車掌，前一天剛好跟男朋友吵架，心情不好，對顧客的言談舉止也就受影響了；你們所接觸到的鄉公所職員也很可能正為著小孩的功課不好、家裡的會錢還沒籌足而操心，他的工作態度自然就不那麼親切。而且他們天天做同樣的事，難免也有心煩氣躁之時，大家這樣一想，不就會體諒他們了嗎？」這就是求公心存厚道的哲學。

東閔先生非常重視守時；對於不守時的人，他常會很直率而幽默地加以點醒。有一次在台北國賓飯店有個餐會，有位地位不低的政府首長遲到，看見求公早已在座，非常不好意思，忙說台北市區交通壅擠，路上塞車所以來遲了。求公馬上笑著說：「難道我是坐直昇機來的嗎？」求公非常不喜歡國人在宴席上為了該坐那裡大家推來推去。看到此種情景，他常會說該坐那兒就坐那兒，讓來讓去浪費大家的時間。這些都是求公率直的一面。

我在省新聞處處長任內，常常陪東閔先生接待美國貴賓並當他的翻譯。美國人在閒聊時，喜歡問人家家中兒女狀況。他特別吩咐我，如果客人問起他的子女時就說他有一個下水道專家的兒子。美國人一聽下水道就會說

作者（右 1）於省新聞處長任內與省府祕書長瞿韶華（右 2）陪同行將就任副總統之謝東閔省主席會見省政記者（1978 年 4 月）

作者（左 1）於省新聞處長任內陪同謝東閔省主席接待來訪之華裔美國聯邦參議員鄺友良（Hiram Fong）（1976 年 10 月）

作者（前排左 1）於省新聞處長任內陪同謝東閔省主席（左 3）接待來訪之美國愛荷華州州長雷伊（Robert Ray，右 2）及奧克拉荷馬州州長伯倫（David Boren，左 2）（1977 年 10 月）

作者（左 2）於台灣省政府新聞處長任內陪同謝東閔主席（左 1）會見省政記者（1976 年 11 月）

下水道很重要，影響都市生活品質，一個都市發不發達與下水道的長度成正比，因此就大談下水道問題。這時，他就要我告訴洋人他那下水道專家的兒子，是增進夫妻感情的下水道專家。洋人一聽滿頭霧水。此時，他就要我將謎底揭開，告訴他們說，他的下水道專家的兒子，事實上是一位婦產科醫生，也就是現任實踐大學的董事長謝孟雄兄。而孟雄兄是以專門替產婦生產後修整產道、及治療更年期後容易小便失禁的婦女而出名。洋客人聽了之後恍然大悟，也都哈哈大笑。

作者於省新聞處長任內陪同謝東閔省主席至霧峰視察台灣省交響樂團及省電影製片廠（1978 年初）

作者（左）於省新聞處長任內陪同謝東閔省主席接待來訪之美國參議員高華德（Barry Goldwater）（1977 年秋）；高華德曾為 1964 年美國共和黨總統候選人，長期支持中華民國

作者（左 1）於就任台灣省政府新聞處處長後陪同謝東閔省主席（左 3）在行政院新聞局舉行記者會，右 2 為新聞局長丁懋時（1976 年 7 月）

真正愛台灣的人

我追隨東閔先生多年，也經常陪同他到各處訪視。事實上在「走透透」這個名詞出現之前，東閔先生的足跡早已遍布全台各地。他每到一個地方，不問大都市或小鄉鎮，對於當地的一

切，從歷史沿革、風土人物、民情掌故、地理景觀、經濟發展到河川溪圳、地方特產、點心小吃，他都瞭若指掌，也都如數家珍般地為像我這樣的後生晚輩闡釋解說；而如何加強各地方的建設，發揚其傳統、保存其古蹟、維護其文物、開發其名勝，他也都十分關心而且毫不保留地給予協助或提出建言。換言之，東閔先生真正認識台灣、瞭解台灣，而且一直在為台灣的進步與發展而操心、思考和打拚。他是用行動愛台灣、用自己的真心、誠心愛台灣。

現在有些人喜歡講「愛台灣」。「愛台灣」似乎已經成了一種政治圖騰、政治標籤，甚至於是一種「政治正確」。更有一些人好像只要嘴講「愛台灣」，就什麼不法、不義的勾當都能做，都敢做。在東閔先生活躍於政壇的時候，台灣沒有什麼「愛台灣」的口號和標語，但是我們仔細回顧他生前的所作所為、所言所行，無一不是「為國家」、「為社會」、「為人民」，也就是實實在在地「愛台灣」。

面對當前社會價值觀念日益混淆，不少政治人物沉溺於口水之戰、權謀之爭，而很多民眾不知何去何從的今天，我更加思慕東閔先生，也就是謝求公，他為人處世和從政的高風亮節與幽默率真。

作者與謝東閔先生在台北外雙溪謝宅（2000年5月）

（摘錄自作者所著商周城邦文化出版之《任憑風浪急——趙守博人生回顧暨論述、散文自選集》一書，並於2021年1月稍作增修。）

第七章

高瞻遠矚　寬容存厚　心懷鄉土

——追念謝東閔（求公）先生的風範

望之儼然即之也溫

求公（謝東閔先生別號求生，一般人皆尊稱他為求公）走了！雖然他以 95 高齡福壽全歸而往生，但是，對於他的過世，我依然覺得非常地不捨與哀痛。因為，我再也看不到他這一位望之儼然即之也溫的教厚長者；再也無法沐浴於他那如春風般的指導和鼓勵了！

這幾天，回想起求公生前的志業與貢獻，以及過去追隨他的種種經歷，對他益增高山仰止的崇敬之情，更興起無盡的懷念與追思。

第一次特別注意到求公的大名和生平，是在民國 46、7 年間，我在台中一中求學的時候，那時他擔任台灣省議會副議長，記得他以校友會會長身分返校講話，讓我初次感受到他那種出語率真、言之有物、內容非常生活化，既不說教也不唱高調，又不失幽默、風趣的演講風格。

我的政治引路人

民國 62 年春，我完成學業自美返國服務不久，為了響應行政院蔣院長經國先生倡導的政治革新，本著「書生報國」、「恨鐵不成鋼」的心情，在中央日報發表一篇為「摒棄落伍觀念，加速革新進步」的長文，時任台灣省政府主席的求公看到之後，立即來函鼓勵，要我繼續對時政多加針砭，對各種政治和社會問題多提建言，並且公開推崇，同時將之印發全體省府委員及廳處首長閱讀。接著，他又把它推荐給經國先生，經國先生旋即要求全國公務員參閱。不久，求公召見我，還要我兼任省府法規會委員，這是求公認識我開始。民國 65 年 7 月，台灣省政府改組，我以 30 出頭的年齡被求公任命為省府新聞處處長。從此，我追隨求公，也踏入政壇。求公可說是我的政治引路人。

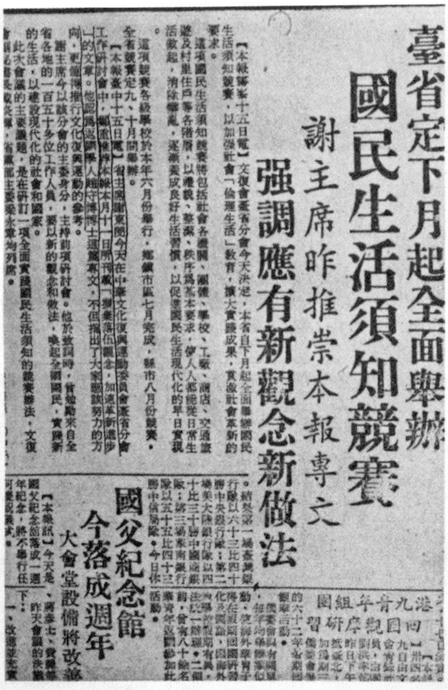
臺省定下月起全面舉辦
國民生活須知競賽
謝主席昨推崇本報專文
強調應有新觀念新做法

國父紀念館
今落成週年
大會堂設備將改善

中央日報 1973 年 5 月 16 日報導謝東閔省主席於 15 日公開推薦作者所撰「摒棄落伍觀念，加速革新進步」專文的情形

事實上，我之被任命省新聞處長，固然由於求公認同和讚賞我的看法，也是他對當年我這個青年人的提攜。但還有一個非常重要的原因，也是以後求公親口告訴我的，那就是由於他青年時代由台灣赴大陸，經歷了

謝東閔省主席（前排中）於 1976 年 2 月對革命實踐研究院國家建設研究班第一期學員講述省政建設後與全體學員合影，三排左二為作者

謝東閔副總統至鹿港鎮草港向作者祖父祝賀滿 90 歲之壽誕（1981 年 1 月）

一段非常困窘必須刻苦求生和求學的日子，因此，他對於像我這樣沒有顯赫家世背景而苦讀出身的青年，特別願意加以栽培。這就是為何他極不喜歡人事關說，而他於省主席任內找了一位也是清寒子弟苦讀出身的許水德兄（現任考試院院長）擔任省社會處處長，又找我出任新聞處處長的原因之一。

作者（右 2）於台灣省新聞處長任陪同謝東閔省主席（左 4）接待來訪外賓，左 2 為南投縣長劉裕猷

作者（右 2）於省社會處長任內陪同謝前副總統東閔（前排左 1）及邱創煥省主席（右 4）至鹿港參加社區媽媽教室觀摩活動，右 1 為鹿港鎮長王福入（1986 年 3 月）

消滅貧窮和破除迷信

民國 61 年 7 月至 67 年 5 月求公擔任省主席時間，是求公一生當中最能施展他政治抱負，也是最能反映他政治理念的時期。這期間他以高瞻遠矚的思維與做法，推展省政，並全力配合中央推動使台灣經濟脫胎換骨的十大建設；其中台中港的開闢、鐵路電氣化、北迴鐵路的興建和蘇澳港的擴建等等，更由他在省府主導。主持省府時間，他以禮運大同篇的「大同世界」理想作為他的基本施政哲學。他推動「小康計畫」大力從事消滅貧窮。當時我們與中共還是處於尖銳對峙的冷戰時期，中央有人基於宣傳上的考量，認為不宜大談什麼貧窮問題，但他認為不必對貧窮問題諱疾忌醫，他說不能消滅貧窮才是可恥。他重視研究發展，主張凡事要從大處、遠處著眼；他提倡並力行「逐級授權、分層負責」，廳處長如果事事請示，或以他認為細節或執行面的問題，向他報告，他總是非常不耐煩，而且形之於色；同時他提倡「客廳即工場」、「化雜草為牧草」、「媽媽教室」、「公墓公園化」等等措施，在在顯示他時時在求變求新。尤其「公墓公園化」的工作，如果不是他當年大力倡導推動，目前在台灣各地幾乎隨處可見的公園式的墓園和美觀莊嚴的納骨塔，就不可能出現了。為了落實「公墓公園化」的主張，他率先在他彰化二水老家的祖墳做起，後來他手被炸傷，民間就有人牽強附會地說因為他將祖墳挖起重建破壞了風水，所以受傷；他聽了之後立即說：「就是因為將祖墳公園化，所以才只手受傷而已！」可見他的豁達成性；他感於民間迷信成風，特別要我與民政廳編撰

作者（中）於省主席任內在 1999 年元宵至彰化二水向謝東閔前副總統（右）賀節，左為東閔先生之令弟謝敏初先生

作者夫婦與謝東閔前副總統合影於台北台灣省主席宿舍（1999 年）

一本有科學根據並以實際事例為內容、旨在破除迷信的專書，以廣泛發行，書成之後，他定名為「迷信害人知多少」。凡此均顯現出他敢於向迷信、向習俗反抗，並突破傳統的施政魄力和勇氣。

存厚與率真

求公為人寬厚，不喜歡麻煩他人，凡事能做的就自已動手。他二水老家的客廳及在外雙溪的住處，都掛著一幅「傳家有道惟存厚，處世無奇但率真」的對聯。年前，我在鹿港鄉下老家新居落成，他也特別撰此對聯相贈。足見他為人處世的風格之所在。

求公在省主席任內也大力倡導凡事自己來，他常常喜歡講一句英文「Do it yourself（自己動手）（即 DIY）」。在他手被炸傷之前，很多人都有領受求公自己倒茶接待的經驗。現在 DIY 已經成了一種風尚，求公可說是國內第一位身體力行並大力推廣 DIY 的政府首長。民國 65 年 10 月，他的左手被王某以郵包炸傷，手掌切除，行動非常不便；他手術治療出院不久，王某的雙親到中興新村向求公致歉，求公以禮接待絲毫未加責怪，還派了專車送他們到台中車站轉車，並交代我儘可能低調處理這則新聞。民國 80 年春，國民黨因為總統候選人的問題釀成政潮，求公是當時出面調處的八大老之一，在那段舉國注目的關鍵時刻，求公最常講的一句話就是「有容乃大，無欲則剛」。他的厚道與包容的本性，表露無遺。

熱愛鄉土偏愛文化

求公是個愛國家、愛鄉土的人，日據時期，因不滿日人統治，他投奔大陸祖國。返台後他時時為台灣打拼，在他任省主席及副總統期間，我常有機會陪他下鄉訪問；每到一個地方，對當地的建設與發展，他都極為關心，也一定提出意見；而當地的沿革、掌故、特色甚或小吃，他也都瞭若指掌，可見他對台灣鄉土的一切，灌注了極大的心力。求公對文化有所偏愛，一直主張建立文化大國，每逢下鄉，他一定設法拜訪當地的藝文工作者，對於沒有什麼大名氣的，他一定會特別加以鼓勵。他時刻以維護鄉土文化為念，所以，像板橋林家花園，就是他於省主席任內指示修復的；我的家鄉彰化鹿港的民俗文化博物館，原是辜振甫先生令尊的故居，之所以改為博物館，據瞭解，求公也有促成之功。另外，彰化秀水鄉的陳益源古厝，極具保留價值，求公也一直努力要加以保存。

求公早年歸返大陸求學就業，並投身於抗日行列，光復後，奉派代表政府返台接收。像他這種本籍台灣、光復前到大陸去打拼的人，早年民間戲稱為「半山」。有「半山」背景的省籍人士，很多在台灣光復初期的政壇十分活躍，對早期台灣地方自治、耕者有其田的推動，有不少貢獻；他們也是民國38年中央政府遷台之後，力促族群融和、穩定台灣局勢的有功者，不少人後來在從政、辦學或經營事業上，都很有成就；求公為其中之翹楚。他們這一代的人，絕大多數已經凋謝。因之，求公的逝世，也象徵著一個相當能刻劃出台灣的命運、而又相當不平凡的世代的結束。

求公雖然已離我們而去，但是他對國家社會的貢獻，和他的高風亮節的典範，將永遠令人難忘。

（撰於民國90年4月11日求公逝世4月9日之第二天，原載90年4月22日中央日報紀念專刊）

作者夫婦應邀在實踐大學參加謝東閔先生110歲誕辰紀念大會（2018年1月25日）

第八章

謝東閔先生「小康計畫」的創意思維

謝東閔先生擔任台灣省政府主席期間最大的成就之一，就是推動一個廣受推崇的「小康計畫」。「小康計畫」的推出及其內涵，展現了東閔先生施政和人格的一個值得探討的特質和特色 ，即創意思維。

「小康計畫」係針對民國 60 年代初期台灣社會仍存在的貧窮問題所擬訂的施政措施計畫。當時，台灣的經濟正逐漸由以農業為主轉化為走向工業化的道路，以改善台灣基礎工程建設（Infrastructure）為主要目標的十大建設工程正開始啟動，而台灣的經濟也剛剛要起飛。處在這樣一個經濟與社會正在急遽轉型的時刻，台灣仍有不少民眾生活於貧窮的環境之中。東閔先生也就於此時接任省主席的職務，他體認到貧窮問題的不容忽視，並且從美國詹森總統的「掃貧之戰」（War against Poverty）得到靈感和激發，乃提出了「小康計畫」，希望透過此一施政措施消滅當年可說相當嚴重的貧窮現象。事後證明，「小康計畫」推動得相當有績效，不僅大大減少貧戶和貧民的數量；更重要的是，此一計畫使台灣的社會福利走向一個具傳統文化特色又強調仁愛與自強美德的發展道路；並有助於開發和有效運用社會的人力資源；同時更帶動了農村家庭工廠的創業風潮。對於台灣社會的邁向均富之路頗具貢獻。現在就從幾個層面來探討「小康計畫」的創意思維。

一、「小康」之命名即極具創意

民國60年代台灣海峽兩岸關係還是相當緊張，反共抗共也還是國家的基本國策。當時，對大陸的文宣戰場主要的訴求主軸之一，即在於強調台灣方面主義與生活的優越性。而「小康計畫」最重要的施政內涵之一即為消滅貧窮。既然要消滅貧窮，就表示有貧窮存在。所以，在當時的中央黨政負責人中就有人深不以為然。他們認為何必敲鑼打鼓地談什麼消滅貧窮，那豈不是在向中共「自暴其短」嗎？豈不是向中共承認台灣還存在著嚴重的貧窮問題嗎？他們認為這將不利於我們對大陸的文化宣傳戰。所以，東閔先生要消滅「貧窮」一開始並不是就得到各方面百分之一百的認同，還是有人持有保留意見。但是，東閔先生並沒有就此退卻。他經過研究之後就提出了「小康計畫」的構想，一方面將掃貧滅窮的工作範圍涵蓋到協助民眾生產、創業；一方面又強調均富的理想目標，另一方面將整個施政措施匯整成一個有體系的施政計畫，而且稱之為「小康計畫」。

為什麼叫「小康」呢？東閔先生曾多次有所闡釋。他提出大同世界的理想是人類社會的最高理想境界，而要走向「大同」，則必須經過「小康」。以「小康」為名可以顯示推動「小康計畫」是為實現「大同世界」理想做準備、奠基礎，表示其有一個明確而崇高的最終目的和理想。其次，他指出，當時擔任公教人員或者到企業機關工作上班往往必須填寫履歷表，而其中常有家庭經濟生活狀況的調查。絕大多數的人都會在這一個調查中填寫「小康」兩字。這表示大家都喜愛「小康」。他以「小康」為名，就是希望每個人都能過大家所喜愛的「小康」生活。「小康」既然有這樣深刻的正面意義，自容易獲得大家的認同，也能消除了當年若干黨政要員的宣傳疑慮。東閔先生能把一個施政計畫用兩個通俗易懂而又具有十分正面且非常重要含意的文字加以命名，的確是一個非常有創意的作法。

二、從基層做起，開透過「草根運動」（Grassroots Movement）解決福利問題之先河

「小康計畫」基本上運用了社區發展工作「自助人助」的精神，但更進一步以基層民眾的組合、參與和訓練來貫徹掃除貧窮、解決社會問題的措施。所以，「小康計畫」強調「從想法做起」、「從家庭做起」、「從社區做起」。目前，台灣城鄉地區各種由基層民眾所自發性組成的福利性、康樂性、聯誼性、保健性、服務性的社團，如雨後春筍，而且大多都非常活躍。但是民國 60 年代初期，基層民眾組織社團的風氣並不盛，民眾各種福利上、服務上的需求，大多仰賴政府的直接提供。由於「小康計畫」的推動，基層民眾組成社團的現象才慢慢出現。在「小康計畫」的推行下，「媽媽教室」、「長壽俱樂部」之類的團體開始在基層民眾中成立了，啟發了基層民眾組織或參與社團及社團活動以改善生活、解決各種福利問題的想法與做法。而「媽媽教室」與「長壽俱樂部」的組織，對於台灣的社會而言，更是一種前所未有的創舉。「媽媽教室」著眼於教育訓練媽媽們現代化的持家和養兒育女的觀念和知能，亦即從想法上改變、導正治家、

養兒和理財、營生之道。東閔先生認為家庭是社會的基礎，媽媽則是家庭的核心，教好媽媽就等於教好家庭，也就等於使社會有健全發展的良好基礎。東閔先生的此一看法與做法，相當具有原創性。所以，東閔先生對「媽媽教室」的推動非常重視，他於副總統任內甚至於離開副總統職務之後，有關「媽媽教室」的活動，可以說只要受邀他一定參加。

長壽俱樂部則是運用社區內老人的組合來提供老人休閒、聯誼乃至於學習的組織和場所，在民國 60 年代老人及老化問題還不是十分嚴重的年代，能夠有此做法，不能不說十分有前瞻性。我們今天只要看台灣的社會，差不多村村里里、每一社區、每一大的寺廟都設有老人會、長壽俱樂部或類似的團體，而且老人們也都踴躍參與的情形，以及各種類型的老人大學如雨後春筍般的出現，就可以體認出此一做法的必要性和當年推動此一組織的有眼光。「小康計畫」也在基層組織「自強工作隊」利用基層的力量協助貧窮民眾自立自強。「小康計畫」另有一個「消除髒亂」的措施，也是一個著眼於基層民眾參與的社會運動。所以，我們可以說，「小康計畫」實開以草根運動解決社會及福利問題之先河。

三、「消滅貧窮」的想法與做法，為貧窮問題的處理找出一個積極的新方向

貧窮問題每一個地方每一個年代都有。傳統對貧民只著眼於救濟，並沒有想到或者沒有辦法根本去解決。但是，「小康計畫」的做法不一樣，提

作者（右 3）於台灣省社會處任內在二水舉辦相關社區發展研習活動，謝東閔副總統（中）應邀指導並與社區童軍合影，左 1 為實踐家專校長林澄枝，左 3 為謝孟雄，左 2 為彰化縣長黃石城（1971 年 12 月）

作者（中）於省社會處長任內在日月潭青年活動中心主持台灣省年度社區發展與媽媽教室業務座談會，右 2 為應邀前來指導之謝東閔前副總統，右 1 為南投縣長吳敦義，左 2 為彰化縣長黃石城（1985 年 3 月）

作者（右 1）於台灣省社會處長任內應邀至 實踐家專參加社區媽媽教室學術研討會，謝東閔前副總統（左 1）於大會開幕式致詞強調社區媽媽教室之重要性，照片左 2 及左 3 為謝孟雄、林澄枝夫婦（1984 年 12 月）

謝前副總統東閔（右 6）應作者（右 5, 時為省社會處長）之邀至花蓮參加及指導花東地區媽媽教室輔導人員座談會，右 1 為花蓮縣長吳水雲，左 2 為台東縣長蔣聖愛（1985 年）

出的主張是「消滅貧窮」，也就是不僅僅止於「救貧」、「濟窮」，而要做到「掃貧」、「滅窮」。亦即從根本來解決貧窮問題。「小康計畫」並不是一個孤立的施政措施，而是整個國家在政府整合力量加速工業化、加強經濟建設追求民眾生活富裕、品質提昇的總體施政中的一環。因此，「小康計畫」一方面配合國家經濟建設的推動，以建立一個安和樂利的均富社會，讓民眾可以享有一個能夠遠離貧窮創造財富的大環境，而避免新的貧戶、貧窮產生；另一方面則透過各種扶貧、幫助貧戶自強的措施，使已陷入貧窮的民眾可以早日脫離貧窮走向自立自強之路。同時運用諸如鼓勵民眾創業、就業訓練等協助輔導民眾可以憑藉自己的力量追求好的生活。如此的做法，與傳統處理貧窮的做法不太一樣，而是一個屬於有積極面意義的新措施。

四、「客廳即工場」為以代工為主的家庭式工廠的普遍化奠下了基礎

當年東閔先生提出「客廳即工場」的運動時，意在推廣家庭副業，使農村中的婦女以及逐漸出現的剩餘勞動力可以投入生產，增加家庭收入，以實踐其「人無一個閒」的勤勞哲學。這也是「小康計畫」的一項重要措施。然而，這樣的一個在當時看來似乎沒有特別令人引人注意的做法，卻對台灣的經濟發生頗為深遠的影響。由於「客廳即工場」的倡導與推動，使原本農村家庭的用電裝置與收費可以比照工業用電的優惠，而在台灣外銷產業隨著十大建設的推動而蓬勃發展的時候，適時地鼓勵農村的民眾投

入代工的行業，許多以代工為主的家庭式工廠隨之如雨後春筍般地在農村出現；不但解決農村剩餘勞動力的出路，也繁榮了農村的經濟；更使台灣的出口產業在相當長的期間內持續為台灣賺取大量外匯，活絡了台灣的經濟。今天回顧起來，當「客廳即工場」剛推動之時，為了怕增加地下工廠，東閔先生還曾在一些公開場合解釋他的「客廳即工場」，是指「工作場所」的「場」，而非「工廠」的「廠」。但是，不管是「場」也好或「廠」也好，他的把副業帶進家庭的想法，卻啟發了不少家庭式代工工廠的在農村出現，農村經濟的繁榮得到了很大的刺激。我們不能不說，此一想法是相當具有創造性、啟發性的意義。

隨處可見的家庭工廠是謝東閔推動「客廳即工場」的結果之一

五、「公墓公園化」以新方法解決了老問題

東閔先生主持省政期間的另一個至今使人感念的措施，就是推動「公墓公園化」。喪葬問題一直是台灣社會一個令人感到難於解決的問題，因

到處可見的美麗的納骨塔是謝東閔倡導推動公墓公園化的成果之一

為這牽涉到民間的習俗，對風水的迷信以及孝道和公共環境的整理問題。在「公墓公園化」推動之前，台灣雖有很多人認為各地公墓濫葬和公墓的環境雜草叢生從無妥善規劃、整理等問題非常嚴重。但從沒人認真地去面對此一問題，更不用說提出具體辦法來解決。東閔先生是解決台灣公墓雜亂不堪、環境不佳、民眾濫葬問題的先驅者。他針對各地公墓民眾爭葬濫葬所造成有時墓墓相疊、並且因為沒有公共設施的規劃和設置以致於往往缺乏通路，同時，又沒有定期整理的雜亂情形，提出了公園化的構想和做法。他融合了整齊美麗的景觀設計和傳統的風水觀念以及現代化的公共設施理念，勾勒出公墓公園化的基本藍圖，供各個地方去做因地制宜地落實。他又以自己在彰化縣二水的祖墳做起，以為民表率引領風潮。今天台灣各地可以見到不少整齊美觀真正公園化的公墓，東閔先生當年的開創之功，實在不可抹滅。

六、學習東閔先生的創意思維解決新的社會福利問題

東閔先生的「小康計畫」事實上是源於禮運大同篇的大同世界理想，

也就是要做到「故人不獨親其親，不獨子其子，使老有所終，壯有所用，幼有所長，矜寡孤獨廢疾者皆有所養，男有分，女有歸。」但是他運用現代社會工作的方法，從事消滅貧窮，進而要使民眾人人至少均生活在小康之中，從而均富社會的理想可以逐步達成。也就是融合傳統理論與現代思維，解決現代社會所面臨的問題。東閔先生是一位喜歡研究創新的政府領導人，也因此常常能提出一些頗具前瞻性、頗能突破傳統思想框架但又兼具固有文化之長處的構想。「小康計畫」就是這種構想的產物。今日我們在此探討「小康計畫」，探討東閔先生的施政理念、風格和貢獻，我們不可忽視「小康計畫」所包括的非常具有創意的措施。也因為其具有突破性的創意，故能完成實現其減少貧窮現象協助貧苦民眾走上自強自立的目標。

台灣在邁入 21 世紀之後，刻正面臨許多新的社會福利問題，諸如人口快速老化、少子化、貧富差距的拉大和社會結構的 M 型化、社會保險的整合及其財務的如何健全、外籍新娘的急遽增加及彼等的社會融合、失業問題的處理、婦女權益的保障和農村社區發展的強化等等即是。我希望我們在探討東閔先生「小康計畫」的創意思維之餘，應好好學習他敢於面對問題並努力解決問題的務實作風，及其創新研究的精神，以創意的思維來解決台灣所面對的新的社會福利問題。

（撰於民國 93 年 3 月，原載實踐大學「紀念謝創辦人東閔先生逝世三週年學術研討會論文集」，後收錄於國史館於 94 年 3 月出版之「謝東閔先生全集」）

第九章

求公的德澤與風範 永遠令人懷念

謝東閔先生（因他號「求生」，所以大家都尊稱他「求公」），是一位十分重視基層又非常有遠見的政治家。

當我們談到台灣工業起飛之始，代工業蓬勃發展，帶來農村地區繁榮景象，並從而帶動台灣工商及外貿的活躍和成長之時，我們自然會想到求公在台灣省政府主席任內所倡導的「客廳即工場」。

每當在台灣各地看到整潔青翠的公墓和造型莊嚴而美觀的納骨塔時，相信大家就不禁會想起求公當年所大力推動的「公墓公園化」。

在我們今天深以台灣的貧窮現象被世界銀行評為幾乎不存在而為榮之

隨處可見的家庭工廠是謝東閔先生推動客廳即工場的成果之一

到處可見的美麗莊嚴的納骨塔是謝東閔先生倡導推動公墓公園化的成果之一

時，我們不要忘記早在 1970 年代，求公就在台灣省政府大力推行「小康計畫」和消滅貧窮。2000 年代初，中國大陸大談大搞建設「小康社會」，我常告訴大陸朋友，1970 年代，台灣的謝東閔主席就已在致力於要使每一個家庭至少都能過小康的生活。

我們可以說，台灣社會之所以能有今天的安定與發展，求公的貢獻是不可磨滅的。求公一生的貢獻是多方面的，他參與民主選舉，長期主持省議會，有功於民主政治在台灣的生根與發展。他創辦今日的實踐大學，造福學子，有助於台灣高等教育的成長和創新。他推崇孔孟之道，提倡建設

1996 年 2 月謝東閔先生之一些舊屬和工商界好友許水德（坐者右 1）、瞿韶華（坐者左 1）、王玉雲（坐者右 2）、吳尊賢（立者左 6）、高育仁（立者右 3）、趙守博（立者右 8）、何景賢（立者左 3）、鄭佩芬（前排最左邊坐於沙發椅者）等慶祝其八八米壽於壽宴後合影，坐者左 2 為東閔先生之令弟謝敏初，立者左 5 為東閔先生之哲嗣謝孟雄

「文化大國」，深深影響台灣文化建設的思維。

求公為人寬厚、率真而幽默，很樂於提拔後進。他最喜歡的一幅對聯是：「傳家有道唯存厚，處世無奇但率真」，可說就是他生前待人接物的最好的寫照。我深受求公之栽培愛護，有幸追隨求公，向他學習很多，對我之為人處世也極有助益。

今年逢求公 110 歲冥誕。雖然求公早已離我們而去，但求公對台灣社會的德澤，以及他留下的風範，永遠令人無限的懷念。

（2018 年 1 月為實踐大學「今日生活」雜誌紀念謝東閔先生專刊而撰）

作者夫婦至總統府向即將卸任之謝東閔副總統致敬（1984 年 5 月）

作者夫婦（左 2 及左 3）與連戰（左 6）、蕭萬長夫婦（右 4 及右 5）、錢復（左 4）、許水德（右 3）、吳伯雄（右 2）、何景賢（右 1）等參加謝東閔先生 110 歲誕辰紀念會後和謝東閔先生哲嗣謝孟雄（左 5）合影（2018 年 1 月）

第十章

回顧我擔任連內閣祕書長的歲月並談連戰先生

擔任祕書長十分意外

1994 年（民國 83 年）12 月 14 日，行政院局部改組，我調任為行政院祕書長，結束了我在勞委會近六年的服務，並使我參政的層次有所提升和擴大，開展我從政生涯的另一個嶄新的階段。

出任行政院祕書長的職務，對我來講，十分意外。1994 年 12 月初，有一次我因公有事向行政院院長連戰先生報告。談話中，連院長突然問我在勞委會服務多久，我向他報告說已快六年了，他接著說，蠻長的嘛！我趁勢報告他，聽說行政院要改組了，可能的話能不能給我調個較不負實際責任的工作。他又問我年齡多大，我說已經 50 出頭了。

作者於行政院祕書長任內在立法院陪同連戰院長備詢時與連院長討論有關事宜（1996 年 2 月）

他說還年輕嘛！還應該多做點事，院裡面還要借重你。我們的談話到此結束。連戰先生是個不喜歡囉唆的人，與部會首長談話，通常都是單刀直入抓重點，而且速戰速決。這一次他與我談話的時間，比平常要長不少，我有些意外，而且覺得他似乎在暗示什麼。事後，我自己解讀為，大概行政院改組時，我可能被調為政務委員。

連院長先談西裝不談職務

沒多久，行政院改組的工作就啟動。12 月 12 日下午 1 時，我接到通知到台北賓館去見連院長。我一到，連院長就拿我穿的雙排扣西裝當話題，開口說主委啊你這套西裝蠻合身帥氣的嘛！我說是老西裝了，他又說那你真是會保養身材，老西裝穿起來還這麼瀟灑！我心想行政院部會首長都知道被請到這裡不是被告知有新職、或繼續連任，就是被通知要離開行政院了，他卻不跟我談職務的事情，而大談我的西裝，真不知葫蘆裡賣的是什麼藥。他大概也看出我心中的疑問。喝了一口茶後就告訴我行政院要改組、為什麼要改組；接著就說：「前幾天我不是說院裡面要借重你嗎？現任的祕書長李厚高先生現在有一個他自己也覺得很滿意的安排（事後我才知道他調任蒙藏委員會委員長），他留下的祕書長職務，我想請你來接任！」我一聽，實在覺得很意外。同時，我馬上想到祕書長是行政院長的幕僚長，通常幕僚長與首長之間關係都要很密切，彼此至少要能相知互信。而我與連先生固然相互認識；但是他擔任外交部長期間，我任勞委會主委，算是同事，然彼此業務上沒有太多的交集。後來，他由省主席轉任行政院長，我仍續任勞委會主委，他變成我的長官。然而，公務上互動並不是非常頻繁。而私交上，我和他一直沒有太多的來往；更何況，我們兩人出身背景相當不同，他出身望族，父祖輩都赫赫有名，而我則來自鄉下，祖父和父親都是很平凡的農民。要我這樣的一個人，去做他的幕僚長，我心裡面第一個反應就是認為不適當。我就這樣答覆他；而且還特別強調我過去十多年來做的都是首長的職務，從未做過幕僚長，恐怕做不好；同時坦白告訴他，我從未很直接、很親近地追隨過他，他對我不一定很瞭解，恐怕很難馬上建立起彼此應有的默契。他聽了之後說：「放心啦！我這個人很好相處！」又說：「你過去的工作大多偏向於社會福利和勞工這一方面。祕書長的工作，舉凡國防外交、財政金融、交通內政、經濟軍事等等，都要觸及，都要過問，是個可讓你擴展視野的工作，也是個可以好好歷練的工作，很有挑戰性！難道你怕挑戰嗎？」後面這句話，有些激將的味道，也的確發生了激將的效果。我開始有些鬆動，但是還是回答：「我不是怕挑戰，但是我直覺上還是認為我做並不適當！」他接著又

作者攝於行政院祕書長辦公室（1995 年 7 月）

作者（右 1）於行政院祕書長任內陪同連戰院長舉行記者會，左 1 為新聞局長蘇起，左 2 為副院長徐立德（1996 年）

作者（左 3）於行政院祕書長任內陪同連戰院長巡視交通部，右 4 為交通部長劉兆玄，右 3 為該部政次蔡兆陽，右 2 及右 1 為該部常次毛治國及張家祝，左 1 為新聞局長胡志強，左 2 為研考會主委王仁宏（1995 年 8 月）

說：「如果你來做，你將是第一個台灣省籍的人士擔任行政院祕書長的工作，也算是一項紀錄。不要再考慮了！就算來幫我的忙吧！」他話中充滿誠懇。至此，我也不便再推辭。

從此，我由行政院勞委會主委，變成了行政院祕書長；並且誠如連院長所說，開始接觸涉及了行政院整體運作的業務，也要參與核議、審批和過問各個部會的工作，並也要參加行政、立法兩院間各式各樣的協調。可以說擴大、提升和深化了我的從政層面、內涵和格局。我和連戰先生也從此建立起相當深厚的淵源和良好的互動關係。

政治急遽變化的時期

在我擔任行政院祕書長期間，一方面，國家正大力推動政治、經濟、社會等面向的大變革，先後推出很多極具關鍵性、重要性而影響又非常深遠的法案和施政措施。另一方面，台灣的政治生態也在急遽變化之中；1995 年 12 月舉行的立法委員選舉，國民黨的席次大為滑落；由國民黨分裂出去的新黨，則大有斬獲，一舉贏得 21 席，成為「關鍵性的少數」；民進黨也略增至 54 席且與新黨合作刻意要造成立法院「三黨不過半」，並經常一起杯葛反對國民黨。首先，逼使立委改選後的立法院院長選舉，國民黨提名的劉松藩先生僅以一票之差險勝民進黨、新黨共同支持的施明德先生。因而，這一時期行政院送到立法院的預算案、法律案或其他需表決事項，常常會遭遇到很大的障礙，要過關必須費很大的心力和功夫去協調、去爭取支持。而就在此一時期，由於政治情勢的改變，不少頗具影響力的重大政治事件也相繼發生或出現。

上述的這些法案、措施和事件中，我印象特別深刻至今仍記憶猶新的計有：全民健康保險的正式實施（1995 年 3 月）；李登輝、連戰兩位先生分別被國民黨提名為第一次直選總統、副總統的候選人（1995 年 8 月），以及此後長達 6、7 個月的總統副總統競選活動；國軍老舊眷村改建案（1995 年提出，1996 年初經立法院通過改建條例並公布實施）；電信法修正案、交通部電信總局組織條例修正案、和中華電信股份有限公司組織條例案等電信三法的立法案（1995 年提出、1996 年初通過）；中共對台灣附

作者於接任行政院祕書長後在行政院院會發言（1994 年 12 月）

作者於行政院祕書長任內代表行政院會見請願之勞工（1995 年 12 月）

近海域進行飛彈射擊演習，及對台灣實施針對性的海空和陸海空聯合軍事演習（1996 年 3 月）；辦理首次總統、副總統直接民選（1996 年 3 月）；連戰先生當選就任副總統後續兼任行政院院長及因而引發的副總統可否兼任行政院院長的釋憲案（1996 年 5 月至 12 月）；核四發電廠案的覆議案（1996 年 5 月）；為改變中央政制及精省而召開跨黨派的國家發展會議（1996 年 12 月）及落實此一會議之決議而進行的修憲案（1997 年 7 月）；和於 1997 年 4 月發生的藝人白冰

作者（前排左 1）於行政院政務委員任內陪同連戰副總統參加中央警察大學校慶，前排右 1 為警大校長謝瑞智（1987 年 9 月）

作者在行政院祕書長任內，作者夫婦（面向鏡頭左 2 及左 3）陪同連院長（面向鏡頭左 1）宴請行政院外籍科技顧問；面向鏡頭右 1 為李國鼎資政，右 2 及 3 為中研院李遠哲院長夫婦（1996 年）

作者（右 1）於行政院祕書長任內陪同連戰院長（右 2）會見法國新聞社（AFP，法新社）社長米歐特（Jean Miot，左 2）（1997 年 7 月）

冰女士之女白曉燕不幸被殺及因而引起所謂「倒閣」的抗爭抗議事件（1997 年 5 月）。在此一期間內，李總統於 1996 年 6 月應其母校康奈爾大學之邀赴美訪問，及連戰院長先後於 1995 年 6 月至奧地利、匈牙利和捷克進行「學術之旅」和於 1996 年 8 月赴烏克蘭訪問，暨達賴喇嘛於 1997 年 3 月首次訪台等等，均引起國人、社會、媒體和中共極大的關注。

連院長出訪歐洲的保密

連戰先生在院長任內的兩度歐洲之行，作業都非常之保密，行前知道的人非常之少，而實際行程知道者更是少數中之少數。記得他到捷克的學術之旅，行前二天他告訴了我，並強調一點消息都不能外洩，否則到不了目的地，即使到了也見不到他想見的人，那一次他要與捷克總統哈威爾

（Vaclav Havel）見面。而他的烏克蘭之行，則在紐約順利搭機要啟程時，透過隨行人員告訴我他目前在何處，並告訴我有重要公事報告時如何和他連絡。當時各媒體無不使出渾身解數要探知連院長到底要去哪裡？準備與誰見面。我不管在辦公室、在家裡或在車上都會不斷地接到記者朋友旁敲側擊地打聽和採訪，但我就是不能講。記得自由時報的負責人林榮三先生，是連戰先生的老友，也是我的舊識，他就親自上陣採訪，打電話給我要我告訴他連院長現在人在何處想去何方，或給他一點暗示也可以，我百般解說就是不告訴他；他雖表示理解但卻不無抱怨。可見當時社會和媒體對連院長出訪的重視與媒體間競爭的激烈！事實上，在那個年代，兩岸關係還是非常之緊張，中共一有機會就要在國際上打壓我們，它豈能容忍一位中華民國現任行政院院長和現任副總統到與它有邦交的國家去訪問並和各該國家的領袖會面？它一定會想方設法地加以阻擾破壞。嚴加保密不使中共事先知道訪問目的地和擬會見之人士，乃是一種不得不做的非常不得已而又很無奈的措施。

現在台灣海峽兩岸的關係和緩並改善了許多。但我們國家和政府類似連院長這樣層級的領袖這種至中共的邦交國訪問的舉措，似乎中共還是非常在意而且很可能還會加以阻撓。中共當局應該了解台灣人民想在國際社會上擴大參與、加強聯繫、增進交流的意願極為強烈，只要不顛覆他們所堅持的一個國家不能同時與中華民國及中華人民共和國維持同等的外交關係的所謂「一個中國」的原則，何妨讓台灣多去拓展各種實質關係而不從中干預、破壞和阻撓？又譬如，目前有些與中共有邦交關係的國家，其元首、副元首或政府首長常常兼有國際非政府組織（NGO）的負責人或領導人的職位，像此類國家的元首、副元首或政府首長，以 NGO 的身分到台灣從事 NGO 的活動，中共就不應加以干涉或阻撓。這樣才能讓台灣人民體會其對台灣人民確具有同理心的善意，也才能進一步有助於兩岸關係的改善和增進。

安排連院長與達賴喇嘛會見

達賴喇嘛 1997 年 3 月的首次訪台之行，中共反應非常之強烈，頗多批判指責。行政院對於應否安排連院長與達賴見面，有兩種正反不同的意見。對於達賴訪台，有關政府應如何因應的問題，我曾多次代表行政院到總統府開會研商，因此也知道李登輝總統決定會見達賴。是以，我建議連院長似也可和達賴一見。連院長同意我的看法並要我安排適當見面地點（即不宜在政府辦公處所）及陪見人士。我安排了文教體育界和宗教界的人士像世界自由民主聯盟理事長趙自齊先生（他與達賴為舊識）、台大校長陳維昭先生、天主教台北教區狄剛總主教、全國道教總會理事長陳萬富先生、佛教淨心法師、中華奧會代表徐亨先生、中華體育總會會長郭宗清將軍、花蓮慈濟醫院院長曾文賓先生和天主教的靜宜大學校長李家同先生等陪同連院長宴請達賴。餐會之前則由連院長和達賴進行會見，我與趙自齊先生、新聞局長蘇起先生及達賴之兄嘉樂頓珠在場作陪。會見及餐會地點則設在台北市國賓大飯店 12 樓。

連院長及達賴見面彼此寒暄互換禮品後就開始交談，連院長讚許達賴在宗教及弘法工作上的造詣，且對於他在台灣為台灣的信眾講述佛教之教義和相關哲理，表示感謝與歡迎。達賴非常健談，一開始就講了一句讓我們甚感意外的話。他說：「我知道你們台灣現在奉行的是反對共產主義的政策，但我並不反共，因為佛教與共產主義有相通相似之處，馬克思的共產主義主張消滅階級且最終要建立一個沒有階級的社會，與佛教所主張的眾生平等，很相似很相近，只是這個世界到現在為止還沒有人真正實施過共產主義！」他頗推崇花蓮證嚴法師所領導的慈濟功德會的作為和貢獻。餐會中，他表示他並不主張西藏獨立，只是希望西藏能享有較大的自治權利。他又大談當年在 1950 年代他於北京和十世班禪喇嘛一起會見毛澤東的經過。他說毛澤東那時已近 60 歲，對於他們這兩位年紀還不滿 20 歲的年輕活佛，相當禮遇也很幽默。他說毛澤東曾問他解放軍軍區司令員有沒有欺負過他？並要達賴如受司令員欺負可隨時打電話給他毛澤東。聽起來似乎他對毛澤東沒有敵意。

以後我自己先後分別在印度與台灣各又見過達賴一次，覺得他是位很幽默、肢體語言很豐富而談起宗教和人生道理則深入淺出相當有說服力的和尚。

海峽兩岸現在的關係和 1997 年 3 月達賴與連戰先生見面時，已大不相同，有了很大的改善。但就與中共的關係而言，達賴是一個身分敏感容易

作者（立者右 5）於行政院祕書長任內負責安排來台訪問之達賴喇嘛（坐者右 3）與連戰院長（坐者左 3）之會見事宜，我邀請台大校長陳維昭（立者右 4），天主教台北總主教狄剛（坐者右 1），世盟趙自齊理事長（坐者右 2），國際奧會委員徐亨（坐者左 1）等文教宗教界領袖陪同連院長會見並一起聚餐（1997 年 3 月）

引爆爭議的人物。那麼，我們政府該不該讓他再來台灣呢？如果來了有關政府負責人又該不該與他見面會談呢？我以為只要達賴不談政治、不進行任何有政治意涵的活動，光談宗教文化，純做他喇嘛分內的事，則讓他到台灣來又有何妨？與他見面也不是什麼了不起的大問題。究竟我們台灣是個高度尊重宗教信仰自由的地方，而我們也有我們自己的立場。

行政院會議議事效率的提升

行政院會議，即俗稱的行政院院會（在行政院內部一般均簡稱為院會），是憲法所明定的重要機關，凡行政院院長、各部會首長應行提出於立法院的預算案、法律案、戒嚴案、大赦案、宣戰案、媾和案、條約案及其他重要事項，或涉及各部會共同關係之事項，須提出於行政院院會議議決之。我參加行政院會議在我接祕書長之前，已經有近六年的歷史。我總覺得院會花在不是前述重要議案與事項的時間太多，以致效率不是很好。因此，如何強化行政院院會的議事效率是我接任祕書長之後首先要思考解決的重要問題之一，因為行政院會議的議事安排議程調度為祕書長的職責；而事實上，連院長在我到任祕書長職務之後就交代我在此一方面多予費心。當時的行政院院會在正式議程討論之前，有輿情反應、大陸情勢和經濟情勢的報告，而此種報告在主管部會首長說明之後，被涉及的部會其首長經常也一定會在會上做說明、解釋，而對上述各類報告有意見、有看法的政務委員和首長也常會於會中做評論。如此，光是此等報告和其所引發的發言，往往就佔去了一、二個小時，不但正式議程的討論時間受到壓縮，也常使院會拖到快近中午，有時還會搞到下午一點鐘左右，需要準備便當供與會人員充飢。因之，我建議將這些報告一律改做書面，不必再做口頭補充與討論，由與會人員攜回參考即可。連院長同意了我的意見並即付諸實施。可是卻因此引發了部分媒體的批評，說什麼行政院特別是我不重視輿論。事實當然不是如此。好在不久新聞界就瞭解體會了我們如此改變的真正用意與苦心，也就不再有所議論了。

行政院長、政務委員和部會首長，都非常之忙碌，而行政院會議是憲法規定必須舉行具有一定功能和權限的會議。不過，事實上重要的議案和事項，在提出於行政院會議之前，都已經過了相當嚴謹的審核和協商程序，到了院會通常都已事先有了充分的共識；因之，除非議案本身極具爭議性而經政務委員或經建會協調審查後雖獲有結論但仍有部會持有特別保留意見時，才會在院會中引發更進一步的討論甚或辯論。但此種狀況並不多。所以，院會基本上可以不必漫無邊際地花費冗長的時間去進行；更不可以使之成為好發議論者或喜歡短話長說者的演講會，而浪費大家寶貴的光陰。因而，我於祕書長任內對於院會議程和時程的安排，原則上都使院會舉行的時間控制在一小時以上、二個小時又三十分以下，這也得到連院長的同意。

「政務會談」的設計與運用

連戰院長為有效掌握重大施政的規劃與執行，指示我設計研擬一個類似小型院會、以專案研商為主而稱之為「政務會談」的機制，並訂定實施辦法使之規範化、制度化，但仍保有適當的運作彈性。

在此依機制之下，凡是院長交辦或相關部會首長認為有必要而提經核准時可以召開「政務會談」，由院長主持針對一至二個重大施政方案（當然包括預算案、法律案）的規劃或執行，提出報告檢討或討論，並只邀請副院長、祕書長暨主管以及有關的部會首長參加，由與會者進行極具深度和廣度地溝通協調和研商。大家以較充裕的時間，集中精神和心力深入地探討相關的問題，以研討出可行的結論。此一也可稱之為「小內閣會議」的「政務會談」，使院長對有關重大的施政可以更加周延而精準地掌握和指導，也對行政院研商決定重大施政的決策效率和品質的提高，及強化各項重大施政的執行績效，甚有助益。頗受連院長的肯定，也經常運用。當年有很重大的施政方案如國軍的精實案、亞太營運中心、老舊眷村的改建，治安工作的加強等都曾經過「政務會談」的研商。

常常挑燈夜戰與立法院進行溝通協調

行政院暨各部會的預算案、法律案及相關議案，都必須提經立法院審議表決，行政院也應接受立法委員的質詢；而在 1997 年修憲之前獲提名出任行政院長的人選，還必須由立法院來行使同意權。所以，與立法院保持良好的協調溝通關係，對行政院來講，至為重要。我在祕書長任內，行政院通常由副院長徐立德先生和我代表和立法院院長劉松藩先生、副院長王金平先生、國民黨中央政策會執行長饒穎奇先生、國民黨立法院黨團書記長曾永權先生進行協調、溝通的工作。有時國民黨中央黨部的祕書長許水德先生也會參與協調。那時，國民黨在立法院所掌握的席次雖然超過半數，但只是勉強過半數而已，稍有差錯就會過不了半數。而且，堅決反對國民黨的民進黨與突然闖起來握有關鍵少數的新黨常會因議題而結合，並且有機會就要聯合刻意營造所謂「三黨不過半」的局面。遇有關鍵性議案時，民進黨有時還會動員群眾阻撓行政院長到立法院議場報告或應詢。而另一方面，國民黨籍的立委，常有一些人因理念關係、地方利益、個人利害甚或個別恩怨情緒，而堅持自主，不與黨團同步；同時，又有若干黨籍立委，由於事業的關係，不常出席，甚至於表決時都不一定到場。因而，行政院在碰到重要議案時，就要特別加強與立法院院長、副院長、國民黨政策會執行長和立法院黨團書記長、副書記長及相關立委等進行溝通、協調。這種協調或溝通會議常常於下班後的夜間舉行，地點大部分在國民黨中央黨部，也有不少次為了保密或避免不必要干擾，就在離行政院、立法院都很近的來來飯店（即現在的喜來登飯店）租個小房間進行。而且好多次的溝通協調都搞到三更半夜。

行政院另設有一個國會聯絡動員會報，由我以祕書長身分召集，各部會的副首長和國會聯絡人為會報成員。遇有立法院就行政院有關的議案進行表決時，我就會事先召集這個會報，說明議案的重要性，並要大家也就是各部會群策群力動員起來，以使立法院的表決結果能符合行政院的願望；在會報中，我們也會進行相當細密的分工，依各部會的工作及情感關係分配其所負責聯繫動員的立法委員，並馬上分頭去進行爭取、說服和「找人」「盯人」的工作，俾與黨部和立法院黨團構成複式動員的網絡，務使獲有足夠的票數來支持行政院。有時碰到較特殊的情況或針對有些對某一法案具有特殊影響力或較難溝通協調爭取的立委，還要由徐立德副院長和我分別出面去聯繫去找人。記得在表決電信三法時，南部有一位黨籍立委因對交通部長有意見，事先公然表示反對的立場並且還要影響其他委員與他結合。我因此特地到他家裡去拜訪、勸說，足足談了一整個下午，才化解他的反對。又有一次為了一個重要議案，有位在中國大陸設廠投資由台中縣選出的立委張文儀先生，幾經周折，才於電話中在福州找到他並請他趕快返台投票；同樣地一位出身香港的僑選立委吳惠祖先生，也是幾經聯繫尋找之後，終於在香港的地鐵車上連絡到他，並請他以最快的方法趕回台北參加表決。可以說在那個反對勢力日益增長而國民黨於立法院又僅有勉強過半席位的年代，任何行政院提請立法院表決的議案，無不是經過非常辛苦而複雜艱辛的協調、溝通、聯繫和動員而獲得通過的。

核四覆議案的風風雨雨

在當年行政院與立法院的互動之中，最使我難忘的是核四的覆議案。

核能發電在很多國家一直很具爭議性，不少環保人士和團體常以反污染和安全的理由，堅決反對。在我們台灣也是如此。

民國 85 年（1996）5 月 24 日立法院第三屆第一會期第 15 次會議突然決議：「應立即廢止所有核能電廠之興建計畫，刻正進行之建廠工程應即停工善後，並停止任何相關預算且繳回國庫」。同日台電公司辦理核四計畫主設備「核反應器含相關附屬系統」及「核燃料」之開標作業，由美商奇異公司以低於底價順利得標。

立法院的決議，引起很大的震撼，行政院連戰院長即召集相關首長決定本案應進行覆議。這就是當年引發朝野強力攻防並歷時五個多月之久始行落幕的核四覆議案。核四電廠興建案於民進黨 2000 年執政後，更因國民黨連戰主席於 2001 年 10 月 27 日，應陳水扁總統之邀赴總統府會見時提出核四應續建的建議而陳總統也允加考慮後、在其返國民黨中央黨部途中，民進黨籍的行政院長張俊雄先生卻突然對外宣布核四停建，而引發了國民黨與民進黨強烈對峙的政治風波。

行政院對立法院的決議案提請覆議，是憲政上的大事，有一定的程序。而行政院負責主導所有覆議案必要憲法程序之運作及應辦公文的準備者，為行政院祕書長。所以，這個核四覆議案，從頭到尾我全程隨時注意，所有必要法定手續、程序和公文書，都與行政院祕書處、經濟部、行政院主計處及台電公司相關人員周密研究並做出結論付諸實施。而為了爭取黨籍及親國民黨的無黨籍立委的支持，副院長徐立德先生與我，也不時與立法院的院長、副院長、黨團，及國民黨中央黨部祕書長、政策會執行長協調溝通，也全力進行對立法委員的爭取和動員。

民國 85 年 5 月 29 日，經濟部正式報請行政院就核四案向立法院提出覆議。6 月 3 日，我召集相關部會副首長開會決定，一俟立法院廢核之決議文到院，即儘速提經行政院會議議決，呈請總統核可送至立法院覆議，並要相關部會特別注意立法院程序委員會的運作，務使提請覆議案送到立法院後可順利排入議程。6 月 4 日，立法院決議案送達行政院。6 月 6 日的行政院第 2483 次會議通過將核四案送立法院覆議，並責成經濟部即就核四興建之必要性、安全性等加強宣導，凝聚全民共識，爭取全民支持。6 月 7

日，行政院依院會決議將提請覆議案報請總統核可。6 月 11 日，總統函覆同意。6 月 12 日，行政院以 85 年 6 月 12 日台 85 經字第 18472 號函請立法院覆議。8 月 27 日經濟部函報行政院請示在立法院覆議前，核四興建案是否仍依進度需要按既定時程繼續推動進行。9 月 9 日，行政院函覆經濟部請依「經濟部與所屬各公司董事會暨經理人權責劃分表」之規定辦理，亦即由台電公司董事會核定即可，不必請示經濟部或行政院。9 月 25 日，台電公司召開第四二五次董事暨監察人聯席會議，決議仍依限發出開工通知書，並經向經濟部報備後將「開工通知書」核發予得標之美商奇異公司。亦即所有興建核四工程依既定計畫進行，不因立法院之決議而停止。

行政院送請立法的覆議案，要先經立法院程序委員會通過方可排入議程。因此，在前述 6 月 4 日我召開有關部會副首長開會研商時，特別提醒應密切注意程序委員會的運作，務使覆議案可順利列入院會議程。那時，程序委員會裡國民黨並未能掌握過半數，必須與無黨籍合作方可過關，任何國民黨籍委員缺席或跑票，就有問題。當時有位在程序委員會的國民黨籍委員，來自北部，經常缺席並對黨部及政府頗有意見，我們很擔心他不來開會。後來經過循各種管道和關係終於找到了他，並於程序委員會開會討論應否將核四覆議案列入議程當天，先請他在來來飯店喝咖啡，由台電公司一位副總經理全程陪同（也就是盯人盯住他），俾他真的去參加程序委員會也投票支持列入議程。然而，這位立委卻藉口小便而溜掉了，使覆議案送到立法院無法於第一次的程序委員會過關。由於有此一委員「尿遁」

的經驗，我們以後倍加小心，終於使覆議案排進了議程。我隨即於 10 月 8 日又召集經濟部政次張昌邦先生、行政院原子能委員會副主委王曼肇先生、主計處副局長李水足女士、台電公司董事長張鍾潛先生及總經理席時濟先生和相關人員等開會研商對策，包括如何準備連院長在立法院有關覆議案的說明文稿、如何預防及回應在野黨對議事的阻撓，和如何全力動員黨籍立委出席立法院院會等。

10 月 15 日，連院長依立法院函請率同經濟部長王志剛先生、原能會主委胡錦標先生、主計處長韋端先生等到立法院說明核四覆議案，我也陪同前往。但民進黨、新黨及反核人士發動抗爭包圍立法院，並堵住立法院的通路，使連院長無法進入立法院做報告；而擁核人士也由台電工會領軍發動了號稱一萬人的群眾對反核抗爭進行反制。惟連院長一行還是不得其門以入立法院，所以連院長在立法院全院會議就核四覆議案的說明被迫停止。

10 月 17 日上午十一時三十分，連院長為使全國民眾瞭解興建核四發電廠的必要性，並彌補未能依憲政程序於立法院作覆議案報告的缺憾，特在行政院廣場，舉行有史以來行政院長在行政院大樓前的首次露天記者會，回答記者的問題，並闡明核四必建應建的道理；同日下午六時三十分，國民黨立法院黨團在國賓飯店舉行核四動員簡易餐會，連戰院長到場說明及請託並強調核四之興建「非為一黨一己之私，乃為全國人民及子孫之福祉」。同一天立法院朝野協商，達成於 18 日對覆議案進行書面審查並於當天下午六時對覆議案做無記名表決投票，下午八時開票的協議結論。

10 月 18 日，民進黨立法院黨團受迫於立法院院外反核人士示威抗議的壓力，開會表決推翻前述協議。當天上午十時四十五分，立法院於國民黨獲新黨支持下表決通過上述朝野協商協議，立即開始就覆議案進行書面審查（表決時計有 108 位立委到場，85 人贊成，8 人反對，15 人棄權）；並決定下午六時改開院會投票，八時截止投票。下午六時四十七分劉松藩院長在一片混亂中宣布投票，七時三十五分開始進行投票。此時立法院外面有反核群眾鼓噪抗議，並於晚上八時二十五分推倒立法院正面鐵門，但遭警察噴水驅離。劉松藩院長於下午九時三十分宣布結束投票，九時四十五分開票。結果發出 114 張票，開出 85 票（民進黨和新黨未參加投票），其中 83 票贊成行政院覆議，（另廢票 2 張），已逾憲法規定通過覆議案所需之逾出席人數三分之一（即 39 票）；換言之，未達憲法所定立法院如欲維持原所作廢核之決議需有出席人數三分之二的支持的標準。我立即將表決結果以電話報告在家等候消息的連院長，時已近深夜，他謝謝我及相關同仁的辛勞。我相信他一定有如釋重負之感。

11 月 7 日，立法院正式函覆行政院覆議案已獲表決通過。11 月 14 日，我以祕書長身分將立法院有關覆議表決函提報行政院會議核備。11 月 18 日，行政院將立法院就覆議案結果覆行政院函及行政院會議就立法院函核備情形函復經濟部。至此，喧騰一時的核四覆議案終告落幕。

但是如前所述，核四案的爭議還是持續延燒。2000 年 10 月，執政的民進黨政府突然宣布核四停建，造成國家財務的重大損失，並引發了藍綠的激烈抗爭和對決。此後經過立法院泛藍陣營的提案罷免陳水扁總統及提案通過移請監察院彈劾行政院，暨司法院大法官會議於 2001 年 1 月 15 日的解釋認行政院片面突然宣布停建核四與憲法規定不符，民進黨執政的行政院，始於 2001 年 2 月 14 日宣布核四復工。

由於日本本州東北地區宮城、岩手、福島等縣於 2011 年 3 月 11 日發生芮氏九級的大地震並引發了極強的海嘯，造成福島核能發電廠的毀損及爆炸。且引起核輻射外洩的恐慌。核能發電是否可再強化其安全性以及應否使用之問題，再度受到矚目，也掀起新的一番爭議。2014 年 3 月，面對排山倒海的反核聲浪，馬英九總統領導的行政院由院長江宜樺宣布核四暫時封存，是否續建由公投決定。2016 年 5 月標榜非核家園的民進黨蔡英文總統就任。2018 年 3 月起台電開始逐批將核四燃料棒運出台灣，至 2020 年 10 月全數運走，核四重啟無望，核四興建案至此已宣告休止符。但是經過這一折騰，也就是興建、停建又復建又封存相關機具設備的耗損、工程介面的銜接、合約違約金的賠償以及建置費用與未能如期營運所造成的有形損失，據估計至少約達新台幣三千多億元。全國的納稅人對此恐怕也只能徒呼負負莫可奈何了。

核能發電，在自然資源日益缺乏的情況下，當然是一種很重要的替代能源，也已廣被使用。因此，有關其各項重要爭議，應該以科學論證和實務經驗嚴謹而理性地去探討。如果經理性嚴謹的探討之後，發現核能發電的安全性，已無再予加強的可能，又不能得到明確而合理的保障時，則核能發電當然應該停用。對於我們這個自然能源資源幾乎沒有的台灣，對於核電問題，我認為應持此一立場。

不過，我還是深以為任何重大施政，一經依憲政及法律程序決定並編列預算且付諸實施後，除非發現嚴重缺失或重大問題，實不應貿然叫停，更不宜以意識形態做政治操弄而造成無謂的對立，使國家財務蒙受重大損失，社會也付出極大成本。所有負有黨政決策之責的人，不問屬於何一政黨，都應將此一核四案無謂的反反覆覆引以為鑑。

連院長的參選副總統與中共的軍演

民國 84 年（1995）8 月 22 日至 23 日，國民黨舉行第十四全第二次大會，提名李登輝、連戰兩先生分別擔任第九屆也是首屆直選的總統、副總統的候選人。同一年 12 月立法委員改選。連院長因此經常下鄉競選或為國民黨籍立委候選人助選；為連院長準備必要的競選或助選講話參考資料，以及有時陪同他下鄉，也成了這時我的一項重要工作。

民國 85 年（1996）2 月 1 日，新改選的立法委員就職，連院長在其前依例於元月 25 日率全體閣員總辭，李登輝總統隨即任命連戰院長續任院長並咨請立法院同意。而中共為圖干擾我方之總統選舉，自 84 年 7 月開始，不斷在台海地區進行針對性頗大的軍事演習。行政院為因應台海新情勢，於 85 年 2 月 12 日正式成立「行政院臨時決策小組」，由連戰院長擔任召集人，其成員包括行政院副院長徐立德、總統府祕書長吳伯雄、國家安全會議祕書長丁懋時、台灣省長宋楚瑜、內政部長黃昆輝、外交部長錢復、國防部長蔣仲苓、經濟部長江丙坤、財政部長林振國、大陸委員會代主委高孔廉、以及行政院祕書長趙守博、新聞局長胡志強和國家安全局長殷宗文等先生。因為台海情勢的緊張、加上連院長於 2 月 1 日新的立法院成立後必須重新經過立法委員同意投票。所以，我記得 85 年的春節期間，行政院祕書長、副祕書長辦公室照常派員輪流上班，徐立德副院長和我與也與相關人員利用春節期間向立法委員拉 票，特別是針對可能有問題之委員，還另行登門懇託。連院長也向國民黨籍及親國民黨的無黨籍立委一一電話拜票。最後在那由於民進黨與具關鍵性少數的新黨策略性合作而刻意要營造所謂「三黨不過半」的新的立法院中，連院長仍然得到了 85 張的同意票，獲得 51.8% 立委的支持。

中華民國第九屆總統副總統選舉，於民國 85 年 3 月 23 日舉行投票。中共當局在 3 月 5 日宣布將從 3 月 8 日至 15 日在台灣東北及西南附近海域進行地對地導彈發射訓練，及規模不小的軍事演習顯係要對於 3 月底舉行的大選造成影響，也意在對台灣警告示威。一時之間，台海緊張情勢大為升級，美國總統柯林頓因而命令出動獨立號（USS Independence CVL-22）及尼米茲號（USS Nimitz CVN-68）兩艘航空母艦開至台灣海峽臨近海域。在此緊張情勢籠罩之下，總統副總統的競選活動照常舉行。其間，連院長除於必要時返回行政院主持行政院院會及前述的臨時決策小組的會議外，大部分時間都下鄉競選，因此，他特別交代我於他在外競選期間坐鎮行政院，有緊急情況時立即向他報告，他如有重要指示也隨時通知我。在這一段期間，與我保持最密切最頻繁聯繫的就是參謀總長唐飛先生。唐總長每於中共軍事部署和飛彈部隊有新的動態時，就會用電話通知我詳情，我馬上據以報告在外縣市的連戰院長。當然，連院長如有關於中共軍事方面動態的問題時，我也立即聯繫唐總長尋求必要的情報。

副總統兼任行政院長的爭議

民國 85 年 3 月 23 日總統副總統選舉投票結果，李登輝、連戰這一組的總統副總統候選人以高達百分之五十四的得票率獲得當選。新當選的總統、副總統並訂於 5 月 20 日宣誓就職。這一來就引發了一個涉及憲政的問題：即於 2 月甫經李登輝總統提名並經立法院投票同意的連戰院長，要不要因為當選副總統而辭職？我與祕書處的相關同仁研究之後，認為憲法並無應辭之規定，依憲法之精神，也無必辭之義務。而行憲以來，則有陳誠和嚴家淦兩先生於行政院院長任上當選副總統並於當選後向總統請辭行政院長職務未獲同意的往例。我將此一情形向連院長報告，他指示行政院應循此往例提出總辭以示對總統職權的尊重。行政院乃於五月十六日提出總辭。

總統副總統就職後，對行政院的總辭，李登輝總統並未立即處理。五月下旬的一天上午，我接獲總統府的通知，要我將陳誠及嚴家淦兩位行政院長當選副總統後請辭院長的相關公文檔案帶往總統府向李總統報告。我向李總統說明時，當時的總統府祕書長吳伯雄先生也在座；我特別將蔣中正總統在陳誠及嚴家淦兩位院長的請辭公文上的批示「著勿庸議」送給李總統過目。他問我這個批示的意涵是什麼？我說意思應該是說辭職的事不必談了，也就是不同意他們辭職，要請他們繼續擔任行政院長。我並就行政院內部有關在憲法上原行政院長當選副總統後沒有應辭職的規定的研究結論向他報告。李總統聽了之後表示：「我知道了！」5 月 31 日，他終於在連院長總辭的公文上批了「著勿庸議」四個字。

但這卻在立法院引發一場「副總統可否兼任行政院長」的爭議，並導致立法院於 85 年 6 月 11 日決議：「咨請總統儘速重新提出行政院院長並咨請立法院同意。」同時拒絕連院長在立法院進行施政報告，使朝野因之處於嚴重的對峙僵局之中。也因此引發了四組立法委員向大法官聲請釋憲的舉措。

對於「副總統可否兼任行政院長院長職務」，當時的行政院經內部審慎研究後，認為應可兼任，並根據此一立場成立法律研究專案小組進行蒐集資料和研究的工作，由政務委員馬英九先生主持，提供法務部作為在司法院大法官會議審查此一釋憲案時的辯論參考。此一釋憲案歷經半年之久，其間副院長徐立德先生和我分別代表行政院向各有關專家學者請教聯繫，希望能使行政院的立場更為強化。徐副院長與我都認為，這個釋憲案事關國家憲政之推動，並非僅係連院長個人能不能繼續擔任行政院院長的問題，所以應該周延而審慎的處理，這也是我們在這一段期間內勤於聯繫請益的原因。

司法院大法官會議終於在 85 年 12 月 31 日就本釋憲案做出釋字第 419 號的解釋：（一）副總統得否兼任行政院院長憲法並無明文規定，副總統與行政院院長二者職務性質亦非顯不相容，惟此項兼任如遇總統缺位或不能視事時，將影響憲法所規定繼任或代行職權之設計，與憲法設置副總統及行政院院長職位分由不同之人擔任之本旨未盡相符。引發本件解釋之事實，應依上開解釋意旨為適當之處理。（二）行政院院長於新任總統就職時提出總辭，係基於尊重國家元首所為之禮貌性辭職，並非其憲法上之義務。對於行政院院長非憲法上義務之辭職應如何處理，乃總統之裁量權限，為學理上所稱統治行為之一種，非本院應作合憲性審查之事項。（三）依憲法之規定，向立法院負責者為行政院，立法院除憲法所規定之事項外，並無決議要求總統為一定行為或不為一定行為之權限。故立法院於中華民國 85 年 6 月 11 日所為「咨請總統儘速重新提名行政院院長，並咨請立法院同意」之決議，逾越憲法所定立法院之職權，僅屬建議性質，對總統並無憲法上之拘束力。

對於這樣的解釋，各方面當然有見仁見智的反應，行政院以及多數的專家學者認為解釋的意旨為「副總統兼任行政院院長並不違憲」。至此，有關連戰副總統可否兼任行政院長的爭議，總算告一段落。回想過去這近半年來，我因釋憲案為了向有關的學者專家及相關人士溝通、請教，常常於下班之後約請對方在咖啡廳討論或登門請益，有時不免有所爭論，過程艱辛而複雜，感觸良多。有相同經驗的徐立德副院長當有同感。

白曉燕命案的衝擊及連院長的請辭

民國 86 年 4 月 14 日，知名藝人白冰冰女士之女白曉燕於上學途中遭綁匪綁架勒索，後不幸被撕票並於 4 月 28 日發現屍體。案發後造成社會極大的轟動及震驚。由於兇手遲遲無法落網，加上之前半年之內連續發生了桃園縣縣長劉邦友在官邸被槍殺的血案（85 年 11 月 21 日凌晨發生），及民進黨婦女發展部主任彭婉如於 85 年年底在高雄市離奇失蹤其屍體旋被發現的不幸等兩個轟動一時而迄今未偵破的重大刑案，使社會和輿論界對治安的敗壞和政府破案的能力，有了極為強烈而負面的反應，批評指責之聲紛至沓來，聲浪愈來愈高。行政院馬英九政務委員因而於發表一措辭相當強烈的聲明後辭職而去。反對勢力要求連院長和連內閣辭職下台的言論和動作，也日益激烈。這時的連院長對於此一重大刑案未能儘速完全破案將所有綁匪繩之以法，深感憂心及關切，他除了於上班時間通過行政管道瞭解案情的發展情形並督促警方傾全力儘速破案外，在白曉燕案的綁匪全部落網之前，經常於案情有所變化或從不同管道獲有相關意見或訊息時，在三更半夜打電話找我要我詢問內政部長、警政署長及有關單位有關案情狀況，並轉達他對加速破案的指示和要求。5 月 14 日及 18 日，在有關社運團體和反對黨的策動下，先後在台北舉行兩場以抗議治安敗壞要求總統及行政院長負責並撤換內閣為主軸的大遊行；5 月 18 日那場叫「用腳愛台灣」的遊行，並以雷射光束投影認錯的腳丫圖案於總統府塔樓之上，引起了各界極大的注目。

事實上，連院長這個時候面對來自各方的壓力，自始至終都表現了「一切責任一肩挑」的氣度，不但早已口頭向總統表達了辭意，並於 5 月上旬由我帶著他的辭呈送至總統府，只是他的辭呈並未獲准。對於那時黨內黨外不斷向他表達應撤換這個部長那個部長的反映和建議，他總是儘可能地為被點名應撤換的部長開脫，並表示一切應由他自己負責，充分顯現他的厚道本質。不過，今天看來，對於這個不幸的命案，連院長由於厚道而沒有於案發初期尚未累積極大民怨之前就在人事上作追究責任的斷然處置，無可諱言地，對他個人的聲望和威信，的確造成了一定程度的傷害，也或多或少間接對他 2000 年的總統選舉產生不利的影響。

連內閣的最後總辭

連戰先生於民國 82 年（1993）2 月經總統提名立法院同意，擔任行政院長組閣之後，至民國 86 年（1997）8 月 31 日為止，一共擔任院長長達四年六個多月。其間分別於 85 年元月、85 年 5 月和 86 年 8 月提出內閣總辭，這三次的總辭都是我以行政院祕書長的身分負責辦理必要的憲政總辭程序；而 86 年 8 月的這一次是連內閣的最後一次總辭，我也從此卸下了行政院祕書長的職務。

連戰內閣之畢業照，前排右 9 為連戰，右 6 為作者（1997 年 8 月）

民國 85 年 12 月 23 日至 28 日總統府召開國家發展會議，針對中央政制及地方自治制度的變革和相關修憲問題，進行研討並做成結論。比較重要的結論為仿效法國雙首長制，決定行政院長僅由總統提名後任命，不必再經立法院之同意，並規定解散立法院及立法院對行政院院長提出不信任案的機制；同時決定對台灣省政府進行功能的緊縮和凍結即實施所謂的「精省」；而國民大會的職權也最終要予以完全凍結，另一方面則強化立法院的功能。這些結論於民國 86 年 7 月舉行的國民大會完成必要的修憲程序後一一付諸實現。

連戰院長於前述國家發展會議順利完成後，即透露將於實現國家發展會議的修憲工程完成後離開行政院長的職務。民國 86 年 5 月 12 日他於接受 TVBS 電視台「2100 全民開講」節目專訪時，公開表示：「俟國民大會完成憲改實施新憲法時，即是辭去所兼行政院院長的時刻。」而國民黨也訂於 86 年 8 月 24 日至 28 日舉行第 15 次全國代表大會，決定未來的發展方向、政綱並重組黨的權力結構。因之，早在 5、6 月間，我就奉命就行政院改組即連內閣總辭之時機進行研究。經過參酌當時之政治情勢及相關人員之建言，我研究出來認為行政院改組最佳的時機應該是在國民黨第 15 次大會舉行之前後，即 8 月下旬。由於我在 7 月上旬將研究結論送總統府參考時，有關行政院長不必經立法院同意任命的修憲案尚未通過，所以，我所提出的研究結論有兩種假設：

（一）、如相關憲改案順利通過，則新任行政院長不必經立法院同意即可任命。於國民黨十五全大會之後行政院始行改組，可與新的黨發展方向及政綱暨新的權力結構相配合。

（二）、如有關憲改案仍未順利通過，即行政院長仍需經立法院同意後任命，則利用十五全之機會凝聚黨內共識，使新院長人選可在立法院順利過關獲得同意。

結果，國民大會於 7 月中旬就完成必要的修憲案，我所提出的研究結論也獲府院雙方的同意。行政院乃決定在 86 年 8 月提出總辭。

連院長的自我考評

民國 86 年（1987）7 月底，有一天，連院長交給我一篇題為「辭卸行政院長重任有感」的長文，歷述他四年半院長任內的心路歷程、重大措施和他感到有所遺憾的一些事件和現象。他要我仔細閱讀看一看有沒有必要公開發布。由於這一篇文章有些地方在敘述他內心的實際感觸和對若干事件的批評，用語相當坦率和直接，我在詳讀之後建議是否可以稍加修改之後再予對外刊行。以後他經過考慮，決定不發表。不過，這篇東西到底真誠地流露出他擔任行政院長四年多的感觸；尤其有他自己對行政院長任內的自我考評，在當時及今天看來，都是相當平實、切合實際和恰如其分，並有參考價值。所以，我特地在此做部分的引述。他在「全方位施政，現代化期許」的標題下，列舉下列他施政的重點和績效：（一）實施振興經濟方案，（二）推動亞太營運中心，（三）調適國建計畫，（四）有效節制財政度支，（五）開拓全民福祉（開辦全民健保，規劃國民年金制度，發放老農年金），（六）全面推動行政革新，（七）改革教育文化基礎，（八）專注科技發展（推動建立台灣為科技島、發展網際網路、籌劃推進國家資訊基本建設），（九）改善治安及環境安寧，及（十）提升國家競爭力。

上述的這些措施和成就，以今視之，很多都頗具前瞻性、開創性，並且已對台灣的經濟和民眾的生活產生了相當深遠的良好影響。可以說是連戰院長和他領導的行政院，對國家和人民的重要貢獻。至於他深以為憾的現象和事件則包括了當時海峽兩岸情勢的演變、立法院議事效率的不彰、反對黨為反對而反對及因而多次阻撓行政院院長至立法院作報告或備詢，以及部分媒體的扭曲事實和譁眾取寵等。應該說都是一針見血的看法。

卸下祕書長的擔子

民國 86 年 8 月 21 日，連院長率同行政院副院長、全體政務委員、八部二會首長向總統請辭，這是連內閣任內的最後一次總辭。接著李登輝總統准辭並提名蕭萬長先生繼任行政院長。蕭院長所領軍的蕭內閣於 9 月 1 日就職，我改任新內閣的政務委員，從此卸下了任職 2 年 8 個多月的行政院祕書長的重擔。

行政院祕書長的重點工作之一，在於溝通協調各部會以及中央與地方之間在推動行政業務上所存在的不同看法和相互之間的要求協辦事項。同時，也要處理民意代表或民眾對行政院的重大陳情事件，另方面，也負有與立法、司法、考試和監察等四院的協調之責。在此一部分，我直接處理解決或協助促成的案件很多，其中我印象較深的有：勞

作者夫婦（左 1 及 2）與行政院副院長徐立德夫婦（右 1 及 2）共同為連戰院長夫婦慶生

基法的擴大適用案、警政署保七總隊籌建大型警察巡邏船計畫案、法務部調查局與警政署刑事警察局監聽權責爭議案、交通部民航局小港機場土地徵收補償案、嘉南三縣市海埔新生地所有權問題案、高雄市南區資源回收廠興建請求補助及西青埔垃圾衛生掩埋場延長使用案、僑委會在美國華府籌設華僑文教服務中心案、中央圖書館台灣分館遷建與籌設民族音樂中心案(設在中和)、台南科學工業園區籌備處設置案、南投縣瑞竹等三合作社土地放領案；暨司法人員優遇案，考試委員、大法官及監察委員公務車案，行政院部會首長因公務需求攜同配偶出國案，以及卸任行政院院長因特殊需要配置隨扈案等。至於與立法院的協調，前已詳述，茲不重複。

在行政院祕書長任內，使我對於中央政府這一部大的行政機器的運作情形，有了頗為深入的體驗和瞭解，也讓我認識知悉各部會的明確職掌分工和業務推動的實況，可說學習很多、收穫不少。而與立法院之間的密切而頻繁的溝通協調，更使我深切體認民主政治、議會政治、國家立法工作的複雜性、必要性、可貴性和其影響的深遠性。當然，我更加體會到在政治工作上，溝通、協調與相互的尊重和必要的妥協是不可或缺的。

談我認識的連戰先生

雖然早在1970年代（民國60年代）初，我自美返國服務不久，我就知道那時在台大任教的連戰先生也見過幾次面；後來連先生擔任我國駐薩爾瓦多大使、國民黨青工會主任、交通部長、行政院副院長、外交部長和

作者（坐者左 3）於國民黨中央組發會主委任內陪連戰主席（坐者左 5）與全體直轄市、縣市黨部新任主委合影（2000 年 7 月）

台灣省主席期間，我和他就有公務上的接觸，彼此也認識，但並沒有什麼太多私人的交往。一直到我出任行政院祕書長擔當他的內閣的幕僚長才真正開始去認識和瞭解連戰先生。在我擔任行政院祕書長期間，與連先生有非常密切的接觸，上班期間只要他在行政院，我就會向他報告相關政務，或奉召到他辦公室接受有關公務問題的詢問或聆聽他的相關指示。下班後，也常會因相關政務的問題互通電話；也常常陪他到相關部會去聽取簡報、巡視或下鄉到地方去瞭解地方施政和探求民情。

連戰副總統率部分前連戰內閣之閣員及黨政人士至鹿港鎮草港作者鄉下住家探視作者之父母時與作者之父母和家人合影（1998 年 2 月）

連戰主席（右 4）為作者（右 2）之長子世聰（右 5）證婚，右 3 為介紹人桃園縣吳志揚縣長（2013 年 3 月）

2000 年國民黨在總統敗選之後，進行改組，連戰先生出任黨主席，我被他任命為他當黨主席之後的首任國民黨中央組織工作會（組工會）主任和中央組織發展委員會（組發會）主任委員。之後他指派我為中國廣播公司董事長。2004 年春，他首訪中國大陸進行「和平之旅」，我也是訪問團的成員之一；以後也多次追隨他到大陸從事參訪活動。所以，從 1994 年 12 月開始迄今長達 26 年多的時間之內，我與連戰先生一直有相當頻繁而密切的接觸與交往。

連戰先生於 2000 年及 2004 年兩次代表國民黨競選總統，但不幸都未能當選。對他個人而言，自然是「壯志未酬」，不無遺憾；對台灣和中華民國來講，我認為更是一大損失，因為以我長年追隨他及和他互動接觸的觀察與體會，他具有台灣發展所需要的優異的治國能力及領袖特質。如果他獲選為總統，我深信他一定可以為台灣開創一個與現在迴然不同的好局面。他的這些能力與特質，可以概括說明如下：

（一）**穩重冷靜**：連戰有非常穩重的性格，考慮事情面面俱到，處理政務不慍不火，遇事不慌不亂；他對人不疾言厲色，我從未看到他暴怒狂喜。於擔任他的內閣幕僚長二年多以及國民黨中央組織工作會主任和組發會主委的期間，不論在會議上或到地方巡視，遇到他不滿意的人或事，我從沒有看到他出口罵人或對人對事厲聲指責。穩重冷靜，正是我們這個充滿挑戰、國際處境非常艱困，與大陸之關係又無可避免但卻極其敏感的國家的領導人，所必須具備的人格特質。連戰的人格特質之一就是穩重穩健，冷靜而不衝動。

（二）**知識廣博**：連先生出身台大和美國有名的芝加哥大學，有很好的學養；擔任過台大政治系教授和系主任，有很深厚的學術基礎與背景。他對各種學問和知識，也有很廣闊的涉略，也不斷在吸收新知，是台灣政壇上國家領導人層級的極少數有極為廣博知識的人物之一。

（三）**經歷完整**：連戰先生先後擔任過台灣大學的教授和系主任、中華民國出席聯合國大會代表、駐薩爾瓦多大使、國民黨副祕書長和中央青年工作會主任、行政院青年輔導會主委、交通部長、行政院副院長、外交部長、台灣省主席、行政院院長、副總統。放眼台灣近半世紀以來之政壇，他的此種從政經歷，可說空前。有此種頗為完整的經歷和歷練，對整個政府的運作和國家社會的處境以及所面對的問題與挑戰暨應有之對策，非常之清楚，更富行政經驗，當然極具強而優的治國能力。

（四）**富國際觀**：連先生留學美國，在極負盛名的芝加哥大學獲政治學博士，又曾在美國任教，代表國家出席過聯合國大會，擔任過駐外大使和外交部長，對各項國際問題都有深入認識，也直接體認到今日台灣的國際處境，並從事必須與他國進行折衝樽俎的外交工作，是個極富世界觀和國際視野的政治領導人。

（五）**重視人才**：連先生長期在政府工作，不問在交通部、外交部、台灣省政府或行政院，從未被人指責過用人不當，因為他是一位非常重視人才、愛惜人才也很會用人才的領導人；他所任用、晉用的人，不管是部會的司處長、省府的廳處長或行政院的部會首長，都是學有專長，而能做事又有好表現的人才。就以連內閣來說，他所任用的閣員無一不是一時之選而學有專精對所任職務都很有抱負、很有見解的才俊之士，而且都很有國際觀。在連戰重視人才及起用人才方面，有三點可以在此提出進一步說明：

1. 連戰的「博士內閣」：

連戰在四年半的行政院長任內， 在他內閣服務過的閣員計有 63 位之多，其中有國外學歷者有 45 位，而於國外學府獲有博士學位者更高達 35 人，故有人稱其為「博士內閣」。連戰能網羅如此之多的人才參加其內閣，說明他很會賞識人才，也很會晉用人才。（連內閣全部閣員名單請見本文附件）

他在用人方面，完全做到「用人不疑，疑人不用」，也能充分授權。我擔任行政院祕書長期間，就注意到他非常尊重部會首長的職權，也很會傾聽各相關首長的意見，部會首長簽請他批准的有關人事任命，他很少不予同意的。

2. 政務副首長之任用暨吳榮義任交通部政次之臨時生變和許介圭之入選：

民國 85 年（1996）6 月行政院局部改組，更動了幾位部會首長和政務次長。連先生因欣賞當時台灣經濟研究院院長吳榮義博士，乃請他擔任交通部政務次長，吳榮義自己也欣然答應，新任的交通部長蔡兆陽也接受。政務次長的任用手續一向都是由行政祕書長負責，當時我就依連院長之命進行所有政務副首長（包括政務次長及一些委員會的副主委、副委員長）的任命和發布工作。按當時的做法，政務副首長要事先由行政院長簽報總統，然後提報執政黨（國民黨）中常會核議，最後再提經行政院院會正式通過任用並發布。

吳榮義的交通部政務次長的任命，沒想到在 6 月 12 日提國民黨中常會核議的當天清晨突然發生了變化。原來台灣經濟研究院的實際支持者和掌握者辜振甫先生和辜濂松先生家族的中信集團，對於吳榮義之出任交通部政次有意見不肯放人，理由是台經院很難找到適合的新的院長。那天上午七時左右， 我先接到辜濂松先生來電表示無法放人，沒多久又接到辜振甫先生做同樣表示的電話。辜振甫先生非常懇切地要我轉達連院長說，台經院要找一位院長很不容易，但連院長要找一位交通部政次並不太難；他一方面說很對不起連院長，一方面要我請連院長無論如何能體諒他們的難處。上午七點三十分左右，我將兩位辜先生的意思報告連先生，連先生回答說那我們只好尊重辜家了。接著他要我和蔡兆陽部長商量推薦幾個人選給他。八點鐘以前，我把和蔡部長研商後的幾個人選一一在電話中報給連先生，但是他分別以此人他不瞭解或此人似乎不合適為由而未表同意；就在這時，他要我幫他也想想一位適當的人選，我突然想起有一次在談及交通部的業務時他對交通部郵政總局長許介圭讚譽有加，於是我問他許介圭如何，他聽了之後馬上說許總局長他瞭解，應可以勝任，並表同意。經我向蔡兆陽部長轉達，蔡部長也欣然接受。於是我馬上到國民黨中央黨部借用許水德祕書長的辦公室用手寫把許介圭的資料連同原所提的政務副首長任命的議案重加改動整理後一併提報當天的國民黨中常會並獲通過。這就是許介圭出任交通部政務次長的經過。差不多近一年之後，連戰先生任命許介圭接任行政院勞委會主委。至於吳榮義這一次雖沒有做成交通部的政次，但後來在民進黨執政時期，他擔任過行政院副院長。許介圭和吳榮義之被連戰賞識以及後來他們的公務生涯發展，可以說明連戰有識人之明，懂得欣賞人才並樂於進用人才。

這一次部會政務副首長同時被任用的有外交部政務次長程建人、財政部政務次長顏慶章、經濟部政務次長張昌邦、僑務委員會副委員長葛維新及洪冬桂、行政院經濟建設委員會副主任委員劉玉山、行政院國家科學委員會副主任委員蔡清彥，和行政院大陸委員會副主任委員林中斌及許惠祐，都是很優秀的人才。上述的這些經連戰院長批准任用的政務副首長中，程建人後來當了外交部長和駐美代表，顏慶章做到了財政部長和駐世界貿易組織（WTO）代表團常任代表，蔡清彥後來當了行政院政務委員及工業技術研究院董事長，劉玉山以後曾擔任行政院祕書長和行政院政務委員，而許惠祐則做到國家安全局局長。顯見連院長當年所進用的這些政務副首長都很有發展潛力，說明他很識才、能用才。葛維新副委員長任用的經過值得特別提一提。他本未在原要提國民黨中常會的政務副首長的名單之內。但當我如前所述在許水德祕書長辦公室用手補寫許介圭的資料時，許祕書長突然要我把葛維新的名字也寫上以添補僑務委員會副委員長仍有的一個空缺，並說這是潘振球先生所力薦的，我說沒有連院長的同意我不能這樣做並請他先向連院長推薦，他卻一直要我向連院長報告，我只好用電話報告了連院長。連院長說有這麼急嗎並說他對葛維新並不太熟，我答以既然政務副首長的任命案可說都在此次提出，所剩僑委會一個副首長就一併提報算了，我也向他報告葛維新的學經歷並指出葛為現任國民黨中央海工會副主任而過去不少海工會的副主任都轉任僑務副委員長，我並強調葛曾追隨過潘振球先生而此次是潘先生所力薦的。他一聽既然是潘先生所推薦就說那就一起簽報好了。潘先生那時是國史館館長，歷任要職，他是教育界出身，頗受敬重。連戰先生曾在台北成功中學讀初中，潘先生則於連先生畢業那年接任成功中學的校長，連院長對潘先生自然也敬重有加。就這樣，葛維新先生當上了僑委會副委員長。

3. 行政院祕書處組長的遴選：

另有一個連先生重視人才進用人才的例子，是關於行政院祕書處相關組長的任命案。當時行政院祕書處的內部共分有七個組，作為院長和祕書長的幕僚單位，實際上是由祕書長直接負責指揮調度。我擔任行政院祕書長期間，先後有主管內政、法務、勞工的第一組組長，主管財政金融業務的第四組組長，主管經濟貿易和農林業務的第五組組長，主管教育、文化及環保、衛生和科技的第六組組長出缺，必須另找人來填補。事先我請示連院長問他有沒有屬意的特定人選，他說沒有並要我負責去物色。不過，他指示我找行政院祕書處的組長要特別注意幾個原則：（1）行政院的組長是培養部會的副首長、次長甚至於部會首長的一個相當重要的職務，要找具有可能成為部會的次長、首長的潛在能力的人充當；（2）要儘可能找年輕最好不要超過 45 歲而有高學歷的人；（3）要找對相關工作與業務已有歷練並有看法的人。這三項原則我完全認同。以後我先請各有關部會首長推薦適當人選，我自己也基於工作的關係去物色合格的人選。各方推薦或自薦的人選每一組組長至少都有四位，其中四組組長和六組組長都多達五位。經過我一一約談有關人選之後，我最後把建議名單簽報連院長，他完全同意。我所簽報並經連院長同意的各組組長人選分別為一組組長杜善良（原任行政院經建會處長，1995 年 4 月就任組長）、四組組長陳裕璋（原任行政院公平交易委員會處長，1996 年 9 月就任組長）、五組組長何美玥（原任經濟部工業局副局長，1997 年 4 月就任組長）和六組組長吳清基（原任教育部技職司司長，1997 年 8 月就任組長）。這幾位以後在職務上都有很好的表現，對我個人在行政院祕書長和政務委員任內的工作幫助很大。後來他們都出任相當重要的職位，其中陳裕璋先後擔任過台北市政府祕書長、副市長及行政院金管會主委，吳清基當到教育部長，何美玥擔任過經濟部長和經建會主委，杜善良則做了監察委員和監察院祕書長，他們都對國家和社會做了貢獻。他們之被任用在行政院服務以及以後他們在重要部會首長職務的表現，也說明連戰先生重視人才和喜歡培植人才，並懂得用好人才。

作者（左 1）於台灣省主席任內陪同連戰副總統（左 2）在南投訪視 921 地震災區小學生露天上課情形（1999 年 10 月）

何美玥組長和吳清基組長任用得過程

值得特別提一提。

何美玥長期在經濟部工業局服務，她之所以任五組組長是曾任工業局局長的政務委員楊世緘所推薦的。當我與連院長討論她的任用時，連先生特別強調行政院的組長中他們的所學幾乎沒有人有理工的背景，是個缺憾，而何美玥台大農化畢業長期在工業局工作，又是女性，非常適合。能找到她擔任組長，他很滿意。吳清基是台灣師大栽培的優秀教育行政人才，民國七十年代他在擔任政務委員郭為藩兄的機要祕書時我就知道他，所以雖然當時

作者於國民黨中央組發會主委任內陪同連戰主席訪問美濃紙傘文化村

自薦或他薦想當六組組長的人有四、五人之多，但我一開始就鎖定他，且事先向當時的教育部政務次長楊朝祥打聽也徵詢意見，楊次長非常贊成吳清基出任組長；之後我即和當時的教育部吳京部長情商要人，可是吳部長最初就是不肯放人，說他正需要吳清基留在教育部幫忙。經過多次以電話和當面磋商，最後我並強調吳清基在行政院工作對教育部可以幫忙更大，吳京部長才勉強同意。

（六）**有前瞻性**：連先生對於國事政務相當有前瞻性。他在行政院院長任內完成全民健保制度的實施，推動亞太營運中心，實施眷村改建，啟動老農津貼方案，以及 2005 年春至中國大陸進行兩岸關係破冰式的「和平之旅」，都十分且具有前瞻性。

以上這些特質和優勢條件，如果使他有機會領導中華民國、 帶領台灣，一定會使台灣走向更為安全、繁榮的康莊大道及和平昌盛的局面。可惜，兩次總統大選，他都因客觀環境的衝擊，馬失前蹄而未能獲勝。使我們台灣未能擁有一位有極強治國能力又極富國際觀的國家領導人。

結　語

我有幸能受連戰先生之器重而出任他的行政院祕書長，並開始與他有長期的互動和交往，是我一生中很難得的機緣與機遇。現年逢八十，回憶往事，我對他實心存感激，我也非常珍惜這一段追隨他並長期和他交往的機緣。連戰先生現也已八十五歲，不過身體健康很好，實可賀可喜。自2005 年春他率團至中國大陸進行「和平之旅」以來，連先生一直為兩岸關係的改善，以強化兩岸的互信、互利和互惠，及和平互動而奔走努力。我謹衷心祝福他的此一努力順利成功。

（原載作者所著《任憑風浪急——趙守博人生回顧暨論述、散文自選集》一書，2021 年 1 月增修）

作者拜訪連戰先生（2017 年 11 月）

連戰先生（中）參加作者（左 2）著作《現代國際刑法專論》之新書發表會並講話（2019 年 11 月）

作者向連戰先生贈送其新出版之兩本著作《世界童軍運動之理論實際與體驗》及《21 世紀台灣的問題與對策》（2020 年 1 月）

附件

連戰內閣全部閣員名單

連戰先生係於 1993 年 2 月出任行政院院長並組閣，於 1997 年 9 月 1 日正式辭卸院長職務，前後擔任行政院長計有四年半，為自 1987 年解嚴以來迄今任期最長的行政院長。以下為其擔任行政院院長期間曾在其內閣任職過的閣員及應列席行政院院會的中央機關政務首長的全部名單；首長後面括弧的數字係指該首長任該一職務的時間，因有些首長係於連內閣成立之前就擔任該一職務而被連內閣留任，而部分首長則於連內閣辭職之後續為新內閣所留任，故此類首長之任某一職位之期間與連內閣之任職期間並未完全一致。

行政院院長：連戰（1993-1997）

行政院副院長：徐立德（1993-1997）

行政院秘書長：李厚高（1993-1994）、趙守博（1994-1997）

行政院副秘書長：廖正豪（1993-1995）、張昌邦（1995-1996）、張哲琛（1996-1997）

不管部政務委員：郭婉容（1990-2000）、王昭明（1990-1996）、丘宏達（1993-1994）、蕭萬長（1993-1995）、黃石城（1990-1996）、夏漢民（1993-1996）、孫　震（1994-1996）、張京育（1994-1996）、馬英九（1996-1997）、林振國

（1996-1997）、涂德錡（1996- 1997）、楊世緘（1996-1999）、蔡政文（1996-1997）、葉金鳳（1996-1997）、趙守博（1997-1998）、蘇　起（1997 年 5 月 -8 月）。

內政部部長：吳伯雄（1993-1994）、黃昆輝（1994-1996）、林豐正（1996-1997）、葉金鳳（1997-1998）

外交部部長：錢復（1993-1996）、章孝嚴（1996-1997）

國防部部長：孫震（1993-1994）、蔣仲苓（1994-1999 年）

教育部部長：郭為藩（1993-1996）、吳京（1996-1998）

法務部部長：馬英九（1993-1996）、廖正豪（1996-1998）

財政部部長：林振國（1993-1996）、邱正雄（1996-2000）

經濟部部長：江丙坤（1993-1996）、王志剛（1996-2000）

行政院經建會主委：蕭萬長（1993-1994）、徐立德（1994-1996）、江丙坤（1996-2000）

交通部部長：劉兆玄（1993-1996）、蔡兆陽（1996-1998）

蒙藏委員會委員長：張駿逸（1993-1994）、李厚高（1994-1997）

僑務委員會委員長：蔣孝嚴（1993-1996）、祝基瀅（1996-1998）

行政院新聞局長：胡志強（1991-1996）、蘇起（1996-1997）

行政院主計處主計長：汪錕（1993-1996）、韋端（1996-2000）

行政院人事行政局長：陳庚金（1993-1997）

行政院勞工委員會主委：趙守博（1989-1994）、謝深山（1994-1997）、許

介圭（1997-1998）

行政院環境保護署長：張隆盛（1992-1996）、蔡勳雄（1996-2000）

行政院衛生署署長：張博雅（1990-1997）

行政院陸委會主委：黃昆輝（1991-1994）、蕭萬長（1994-1995）、張京育(1996-1999）

行政院退輔會主委：周世斌（1993-1994）、楊亭雲（1994-1999）

行政院文建會主委：申學庸（1993-1994）、鄭淑敏（1994-1996）、林澄枝（1996-2000）

行政院農委會主委：孫明賢（1992-1996）、邱茂英（1996-1997）

行政院青輔會主委：尹士豪（1993-1996）、吳挽瀾（1996-1997）

行政院研考會主委：孫得雄（1991-1994）、王仁宏（1994-1996）、黃大洲（1996-1997）

行政院國科會主委：郭南宏（1993-1996）、劉兆玄（1996-1998）

行政院原能會主委：許翼雲（1990-1996）、胡錦標（1996-2000）

行政院公共工程委員會主委：陳豫（1995-1996）、歐晉德（1996-1998）

行政院原民會主委：華加志（1996-2000）

第十一章

我三度追隨和落實本土化政策的李煥先生

也是我的政治引路人

李煥先生，亦即當年中國青年反共救國團（現已改稱為中國青年救國團，一般簡稱之為救國團）的同仁和政壇中人口中的「李錫公」或「錫公」（因他字錫俊，故有此稱），也是我的一位很重要的政治引路人。他在我於民國 60 年代初剛剛回國服務的時候，給我一個可以歷練，可以學習，可以和政治圈接近，可以被人認識，可以建立關係的職位。對於我的開始從政，幫助很大。

我有幸曾三度追隨過李煥先生。他任救國團主任時，我是救國團總團部一級主管學校青年服務組組長；他做國民黨中央黨部祕書長時，我是國民黨中央社工會主任；他擔任行政院院長時，我是行政院勞工委員會（現已改制為勞動部）主任委員。

我是於大學時代參加救國團的活動時，知道和認識李煥先生的。那時，蔣經國先生是救國團的主任，李煥先生是主任祕書。印象中，李煥先生行事非常低調，對學生很親切、很隨和，每次和蔣主任或其他黨政要員合照的時候，他總是站在最旁邊、最不顯眼的角落。這大概就是那時候很被強調、很被重視的只管認真做事不強出頭、不出風頭的救國團作風吧！

李煥先生真正知道我、認識我，應該是在我自美回國服務之後。那時，經國先生正在大力提拔任用青年才俊，中央警官學校兩位前後任校長梅可望先生與李興唐先生，介紹我與李煥先生認識。一般人只知道李煥先生有復旦大學的學士和美國哥倫比亞大學的碩士學歷。但其實，他也唸過中央警官學校，與李興唐先生同是正科四期的同學，梅可望先生是他正科五期的學弟。他們兩位是李煥先生的長期好友。可能因為這個緣故，李煥先生和我第一次見面談話時，就談得特別多、特別久。之後，李先生向很多人「推銷」我、介紹我。據高育仁先生告訴我，他於台南縣長任內，有一次去看李煥先生。李煥先生特別跟他提到說有一位叫趙守博的年輕學者，剛

作者於救國團總團部學校青年服務組組長任內與參加大專社團負責人歲寒三友會研習之大專文武青年合影（1976 年 1 月）

從國外回來，很優秀，你要和他認識、認識。後來，高育仁縣長因此請我到新營對台南縣政府的員工和台南縣各界人士演講。

他找我到救國團服務及選派我參加國建班第一期受訓

民國 63 年秋，李煥先生要我去參加救國團總團部的工作，先發表我兼任海外青年工作組副組長（因我本職還是中央警官學校的專任副教授）。第二年年初改派我為學校青年服務組的組長，這在當時的救國團是一個比較吃重、比較重要的職位；這一個職務負有大專青年和各地學校青年的連繫服務之責，也要與學校的軍訓業務相互密切配合，常常必須與各大專院校的訓導長（現在的學務長）、課外活動主任、軍訓總教官，以及各地的高中職校長連繫來往。李煥主任要我認真去做、放手去做。這個職務，就是前面我提到的對我的開始從政很有幫助的工作。

救國團李煥主任（左 9）及作者（左 3，時為救國團總團部學校青年組組長）與參加台灣史蹟研究會之部分學員合影（1976 年年初）

65 年年初，李煥先生以革命實踐研究院主任身分奉國民

革命實踐研究院國家建設研究班第一期結業，蔣經國黨主席（前排左 8）與全體學員合影，前排左 6 為中央組工會主任李煥，二排右 4 為作者（1976 年 5 月）

黨蔣經國主席之命在革命實踐研究院開辦國家建設研究班，調訓具潛力可培植的年在 40 歲左右的政、學界人士，第一期調訓二十八位。他把我也列入第一期參加研究，當然意在培植。這也是我說他是我的重要政治引路人的原因之一。

65 年 6 月，台灣省政府主席謝東閔先生找我擔任省府新聞處處長，這在當時也是很受矚目的一個任命。謝主席告訴他後，他很高興，勉勵了我一番，還在任命沒有正式發布之前，就在救國團總團部的主管會報向大家宣布。

回憶他與我在救國團的工作

我在救國團擔任學校青年服務組組長期間，李煥先生除了救國團主任的職務外，還同時擔任國民黨中央組工作會的主任，這是在當時非常重要而責任極其重大的職位，另外他又是前面所提的革命實踐研究院的主任，當時大家都認為他是蔣經國最倚重最信賴的黨政要員，可說權傾一時極為忙碌。因此，在救國團日常的業務都交由執行長宋時選先生負責，但他還是每週四上午會到救國團主持主管會報對工作做政策上的決定與裁示，當然每一年救國團辦理的幹部講習與寒暑假全團關於策辦青年自強活動的會議，他也一定參加並講話；有必要時他還會到救國團主辦的各種青年自強活動的營隊去探視或講話。

我記得他非常重視自強活動的教育意義，經常強調不能為活動而活動，必須透過活動給予參加青年正確的教育尤其是愛國教育。因此他很重視思想和三民主義的教育，學校青年服務組所主辦的自強活動中有兩個營隊他一定會前來探視並講話，即三民主義研究會及台灣史蹟研究會。他還負責召集和主持一個由相關政府主管參加的校園安定會報，我身為學校青年服務組組長奉命兼任此一會報的執行祕書。會報每週四上午七點半開會，屬於早餐會報的性質，邊開會邊用早餐。每次會報討論的重點顧名思義就是如何確保學校尤其是大專院校的安定，以使學生有一個可以專心和安心求學、精進學問充實知識的好環境，而不受不必要的干擾。我擔任此一會報的執行祕書期間，記得參加會報的人員有教育部朱匯森政務次長、國安局宋公言副局長、警備總部阮成章副總司令和調查局趙作棟副局長等人。根據我個人的體驗，此一會報幫忙政府預防和解決幾個當年可能釀成大風波的校園問題，確發揮不小安定校園的功能。

辦黨風格與染色理論

我在台灣省新聞處服務期間，李煥先生常到中部地區巡視。由於新聞處辦公廳在台中市，所以，他到台中的時候，我常去接送。有時，他不坐黨部的車子，而乘坐我的公務車。因此，我常常可以近距離地觀察他如何指導地方黨務，如何與地方人士打交道，又如何去協調地方上的派系和人事上的爭執糾葛。

那時，李煥先生身兼組工會主任、救國團主任和革命實踐研究院主任三要職，又極受經國先生的倚重和信任，可說權傾一時。地方上有頭有臉或想爭取黨內提名或想謀得一官半職的人，無不想盡辦法要接近他，要獲得他的認識、重視和青睞。我看他周旋於這些人之間，一副氣定神閒成竹在胸的樣子，講話不多，但人家講話時他會耐心傾聽，時而會記下要點。我印象最深刻的是，他會隨時隨地把握機會探詢地方政情和民眾對黨政作為的反應，也就是他十分努力地不偏聽一方之言。我也注意到他似乎有一套很獨特的「握手政治學」。在一群迎送的人士中，他第一個握手的，或握手時他表現特別親熱者，或於握手時交談較久的，並不一定是官位最高的人，往往是他所要重用、提拔、栽培或特別要加以關切、重視的對象。他似乎要藉握手來向大家暗示或傳達他要表達的信息。

有一次我在車上問他，有人批評國民黨招募黨員過於浮濫，以致於有人為黨帶來負面的影響，也有人入了黨之後因所求不遂而退黨並反過來罵黨，為什麼黨在入黨這一關不可以更嚴格地把關。他說，國民黨號稱全民的黨，菁英份子固然要爭取，但人數更多的一般民眾也不可缺；而且入黨就像染顏色，不管誰一旦入了黨，就會或多或少受黨的影響，就會被染上國民黨的色彩，這種色彩是很難完全清洗掉的。即使有一天他退黨、反黨、叛黨，人家永遠會知道他曾經也是個國民黨員，到時候他就必須要好好解釋當初他為什麼會加入國民黨，又為什麼會退黨，恐怕必須費一番唇舌。至於他的說辭有沒有說服力，社會自有公評。

他的這一番染色理論，對於後來我的從事國民黨組織工作，也起了一些啟示作用。

風風雨雨的國民黨祕書長

1987 年（民國 76 年）7 月 2 日，李煥先生從教育部長轉任國民黨中央黨部祕書長。那時我已在社工會擔任主任快 5 個月。他的祕書長任期一直到 1989 年 5 月為止。這一段期間，蔣經國先生宣布解嚴、社會運動興起、蔣經國逝世、李登輝接班、國民黨權力重組，可說風風雨雨。李煥先生身為祕書長，很多重大事件，他都首當其衝，必須處理，可說處於風雨之中，然他都平穩度過。

（一）老兵的到中央黨部抗議請願及工農問題

我先談他與我所主管的社工會的關係。民國 75、6 年間，大陸老兵（即於民國 38 年在國軍充當士官兵而與部隊隨國民政府由大陸撤退來台灣後來退伍的人員），對政府提出兩大訴求：（1）開放准許他們返鄉回大陸探親，和（2）早年政府所發給他們的戰士授田證應折合現金發放予他們。他們因此到處請願抗議，國民黨當時為執政黨，所以國民黨中央黨部，也是他們常常前來抗議請願的對象。處理社會運動和民眾的請願抗議相關事宜，為國民黨中央社工會的 職責之一。所以，我曾多次會見請願抗議老兵的代表。民國 76 年 7 月 7 日因逢七七對日抗戰紀念日也是國民黨每週三例行中常會的舉行之日，他們號召二、三百名的老兵又到國民黨中央黨部請願（中央黨部當時位在台北市景福門對面目前張榮發基金會現址，那時為日治時期所建三層樓西式紅磚建築）。最初他們只在大門外舉布條抗議，秩序還好，但不久由於有人鼓譟叫囂，乃群情激昂地往黨部裡面衝一直衝到黨部一樓的大門口。當時蔣經國主席正在二樓主持中央常會，李煥先生非常關注，不斷以便條紙向我詢問事態發展及指示應儘速設法疏處。事實上，我已不斷地一面參加中常會一面處理此一抗議事件。李煥先生有於會議中以便條紙寫上探詢或指示事項的習慣，我於社工會主任任內收到他不少此種便條。抗議的老兵最後在我力勸和疏導下，離開了中央黨部，沒有衝上中常會會場。終於可說在千鈞一髮之際，使危機化解，而沒有釀成老兵衝進中常會包圍蔣經國主席的難以收拾的局面。所謂「戰士授田證」亦稱「戰

作者（右 2）於國民黨中央社工會主任任內陪同黨祕書長李換（右 3）歡宴全國好人好事代表

士授田憑據」，指的是中華民國政府撤退來台灣後，為鼓舞軍隊士氣安定軍心，於 1956 年（民國 45 年）7 月 10 日依 1951 年（民國 40 年）10 月 18 日所制定的「反共抗俄戰士授田條例」之規定，對服役滿兩年以上戰士或遺眷，按該條例所定未來待光復大陸後每人將授予年產淨造稻穀二千市斤面積之田地的證明憑據。但由於反攻大陸遙遙無期，事實已不可能，退伍老兵乃紛紛要求政府將前述憑據折發現金，因而有上述的抗議請願。政府被迫於 1990 年 4 月制頒「戰士授田憑據處理條例」，做為折現發放被稱為補償金的現金的依據，並於 1990 年 1 月 3 日起發放。迄今發放金額已達新台幣 752 億元。至於老兵回大陸探親之請求，蔣經國於 1987 年 10 月 14 日主持國民黨中常會通過開放老兵回大陸探親的決議，翌日行政院院會通過《台灣地區民眾赴大陸探親辦法》，終於正式開放老兵返鄉回大陸探親。

李煥先生對於勞工和農民問題，非常重視。他到任不久就指示我邀請有關從政主管、學者專家、從業人士代表研擬此一方面的國民黨政策綱要。民國 76 年秋，我負責邀集相關從政、從業同志及有關學者專家集會研商，先後主持擬訂了〈中國國民黨現階段勞工政策綱要〉及〈中國國民黨現階段農業政策綱要〉，提經國民黨中央常務委員會通過，並送請從政主管同志執行。這兩個政策綱要，是為了貫徹蔣經國主席「中國國民黨永遠和民眾在一起」的宣示，本諸政黨政治的原理，基於執政黨的負責立場而提出的。目的當然是在於加強爭取廣大勞工和農民對國民黨的支持與認同。

（二）蔣經國去世後國民黨代理主席推選的風波

1988 年元月 13 日，蔣經國先生逝世，其所遺黨主席一職，究應由誰繼承，李煥先生於 2002 年 5 月 27 日在與我的長談中回憶說，當時黨內有兩種意見，一是主張採集體領導，即由中常委輪流主持中常會會議及黨務，他自己不贊成；二是推舉代理主席。他與幾位包括俞國華先生（時為行政院院長）在內的資深中常委討論後，認為以推選代理主席的方式為宜，並決定推李登輝先生為代理主席。他說他之所以主張由李登輝代理主席，主要有三個理由：（1）國民黨一向採黨政合一，李登輝既已依法接任總統，由其兼代理黨主席，乃順理成章之事；（2）李登輝為台籍人士，如不由他代理，易為人作為國民黨排斥台灣人之攻擊藉口；（3）李登輝既由經國先生提拔擔任副總統，表示經國先生心目中有培植其接班之意，由李登輝兼代，應可符合經國先生之意。李煥先生說他與相關中常委作此決定後，即指派當時黨部高銘輝等三位副祕書長分頭拜訪所有中常委說明並尋求支持。經溝通協調後，大致上沒有什麼問題，同時決定於元月 27 日的中常會由俞國華先生作提案人提出。一切安排後，他報告了李登輝先生並請登輝先生不要出席 27 日的中常會。不料，26 日半夜，他經由經國先生的三公子蔣孝勇先生收到蔣中正夫人蔣宋美齡女士的信，對推代理主席一事另有意見。接信後，他即與俞國華先生連繫，經兩人討論後決定還是照原訂計畫進行。27 日一大早，李煥先生約請俞國華、中常委余紀忠（當天的輪值主席）兩先生在黨部開會，後來中常委王惕吾先生（聯合報創辦人）也參加。大家的結論還是依原所做決定（即推由李登輝代理黨主席）行事，並備好俞國華先生的書面提案，置於常會廳李煥祕書長的座位前的桌上。

我身為中央社工會主任，也必須列席參加中常會。常會開議的時間，為上午九時。27 日那天，我於八點四十五左右抵達會場的時候，覺得氣氛有些不尋常，只見有些資深中常委在李煥辦公室進進出出，一直到快十點鐘，才正式開會。會議進行沒多久，副祕書長宋楚瑜進場，稍後就發生了媒體所報導的所謂「臨門一腳」的事件。李登輝於當天會議中，經中常會無異議通過出任國民黨的代理主席。

李煥先生回憶說，他曾寫好二封信，一致蔣宋美齡女士，表示致歉和請罪；一送李登輝先生要請辭祕書長職務，並準備於中常會選出李登輝為代理主席後寄出。這兩封信，最後有沒有寄出，我沒有問他。不過，他告訴我從此蔣夫人對他很不諒解，出國送行及祝壽，都不通知他。

從上述這一段李煥先生的回憶，可見那時他的工作頗艱鉅，所面臨的考驗非常之大。不過，幸而有李煥先生的策劃使李登輝當上了代理主席，

青年工商負責人研討會第一期結業，作者（前排右 3，時為社工會主任）與李煥祕書長（前排右 5）陪同李登輝黨主席（前排右 6）與全體學員合影（1988 年 7 月）

否則非常可能會引發一場爭奪國民黨領導權的政爭，而影響台灣政局的安定。

（三）力挺我開辦青年工商負責人研討會

國內現在有一個頗有影響力廣受各界所重視的工商團體叫「中華民國青年工商建設研究會」，其會員必須是國民黨革命實踐研究院（現已改稱為國家發展研究院）「青年工商負責人研討會」的結業學員。這個「青年工商負責人研討會」是我擔任國民黨中央社會工作會主任期間所開辦的。

加強與工商業者的聯繫結合，也是我擔任社工會主任後的一大工作重點。因此，我到任之後曾多次與工商團體的負責人和工商界領袖座談並向他們請教。經過這些討論與請教之後，我得到的重要結論之一如下：那就是由於工商業發達，青年創業有成或擔負企業主管者日增，而他們與國民黨的接觸、聯繫卻不多，對國民黨的政策與做法的認識也不是很深入；而他們對政府的工商政策也有很多很寶貴的意見，可是卻往往有建言無門之感，執政的國民黨實有必要對這批可說是工商界新一代的菁英之士加強去聯繫、結合。民國 77 年春天，我將社工會的此一想法，報告了那時的中央黨部祕書長李煥先生。他馬上認同了我們的看法，並要本人好好規劃具體的辦法。我想來想去，決定要在那時仍設於陽明山的革命實踐研究院（現已改稱為國家發展研究院）辦理一個以青年工商負責人為對象的研討訓練班並定名為「青年工商負責人研討會」；此一構想，並即簽經李煥祕書長轉奉黨主席李登輝先生同意。

有關決定於陽明山革命實踐研究院辦理「青年工商負責人研討會」一事，我們在作業規劃時，確立了四個基本原則：（1）招訓對象不以黨員為限，非黨員而認同本黨基本主張者即所謂「黨友」者，亦加列入；（2）由於工商業者事業繁忙，訓練時間不宜太長，前後不以超過四至五天為原則；（3）課程應偏重與工商業者有關者，並以政府相關部會之部次長為主要講師，同時應有討論時間，俾使受訓者感受黨政方面對彼等之重視。並可使黨政負責人瞭解工商業者之問題，而工商業者又能明瞭政府政策之方向及其主要著眼點；（4）青年工商負責人以兩方面為主要來源，一為各大工商業者之第二代或青年企業接班人，一為參加中華民國青年創業協會之創業楷模或青年創業者。除由中央社工會洽請全國工業總會、商業總會推薦或社工會自行遴選外，並由各縣市黨部就上述兩類人員加以舉薦。

前述四個原則，在中央黨部相關協調會討論時，第一項引發討論最多。主要由於那時的革命實踐研究院的實際負責人魏鏞副主任及一、兩位與會人員認為革命實踐研究院就是國民黨的中央黨校，既是黨校顧名思義應該以黨員為招訓對象，非黨員實不宜列入招訓。當時，我深以為國民黨的工作，特別是國民黨的社會工作，就是為國民黨「廣交明友，廣結善緣」，只要不是反對國民黨的，只要基本上認同國民黨的，就可以來參訓，何況革命實踐研究院也好，國民黨也好，沒有什麼見不得人的祕密，沒必要還故做神祕，應該秉持蔣經國先生「開大門、走大路」的主張，讓非國民黨黨員的青年工商負責人也參加。幾經折衝協調特別是李煥祕書長的力挺，最後主持會議的李登輝主席裁示同意非國民黨員也可以列入招訓的對象。今天工商建研會的朋友，也有不少非黨員的成員，就是這樣來的。

非常使我高興的是這個研討會到現在一直廣受工商青年所嚮往，至民國 109 年年底已經辦到第 37 期，更使人欣慰的是，此一研討會結業學員所組成的「中華民國青年工商建設研究會」，會務和業務蒸蒸日上，對國家經濟建設的改革創新和投入，頗有績效與貢獻，現已成為國內一個非常重要的工商團體，而且一直和國民黨走在一起，認同和支持國民黨的基本立場和主張。

「青年工商負責人研討會」第一、二、三、四期受訓學員的名單是我選定後再層送李煥祕書長轉呈李登輝主席核定的。並且馬上開始招兵馬買。

記得在招募第一、第二期的學員時，為了擴大影響，我個人親自拜訪國內幾個大企業負責人，要他們的第二代或企業接班人能報名參加。我找的對象，有的談得很好很順利，有的企業主則以事業繁忙或不願沾上政治而婉謝。記得我曾拜訪過辜振甫、許勝發、高清愿、焦廷標、陳江章、張國安、蔡萬才、侯政廷、蔡光職等當時的工商先進，說明開辦青年工商負責人研討會的用意，請他們支持，並指請他們的第二代或企業接班人報名參加。很高興他們都對此一構想極為認同肯定，而且也都表示一定全力配合。所以，像辜啟允（已往生）、黃茂雄、張安平、許顯榮、林蒼生、焦佑鈞、陳敏賢、張宏嘉、蔡明忠、侯博文、蔡昭倫、林鴻道、洪敏昌、韓家寰、韓家宸、吳東瀛、吳東賢、陳何家、陳田圃和高志尚等兄都因此分別參加了一至三期各期或以後相關各期的研訓。

而在自行創業有成的青年工商負責人的遴選方面，主要則藉由中華民國青年創業協會的協助，由該協會提供參考名單並幫忙查核。一至四期，以自行創業有成而參加研討的，像黃枝樹、何語、林飛龍、鄭經勝、葉崇堅、李登元、章金元、吳思鍾、許培勳（已故）、李乾龍、施義銘、賴本智、廖萬隆、朱志成、陶君亮、黃昭夫、蕭登斌、王鎮皇、張正亮、沈慶京、張越長、徐煒略、蔡志弘、邱炳煌、唐力行、陶學燁、簡榮炘、熊俊平等兄以及劉美芳女士等都是。

青年工商負責人研討會第一期是在民國 77 年 7 月 18 日至 24 日開辦的，參加的有林蒼生、吳東賢、焦佑鈞、苗豐強、孫道存、辜啟允、施義銘、林池、張宏嘉、陳瑞榮、紀蔡月仙等五十九位先生女士。第二期是在民國 77 年 7 月 25 日至 29 日辦理的，參加者有何語、許培勳、高志尚、李乾龍、陶學燁、陳何家、徐正冠等五十三位工商負責人；第三期是在民國 77 年 8 月 1 日至 8 月 5 日辦理，參加者包括尹衍樑、張安平、黃茂雄、洪敏昌、胡定吾、蔡明忠、侯博文、朱志成等七十三位人士。一至三期是密集辦理的。

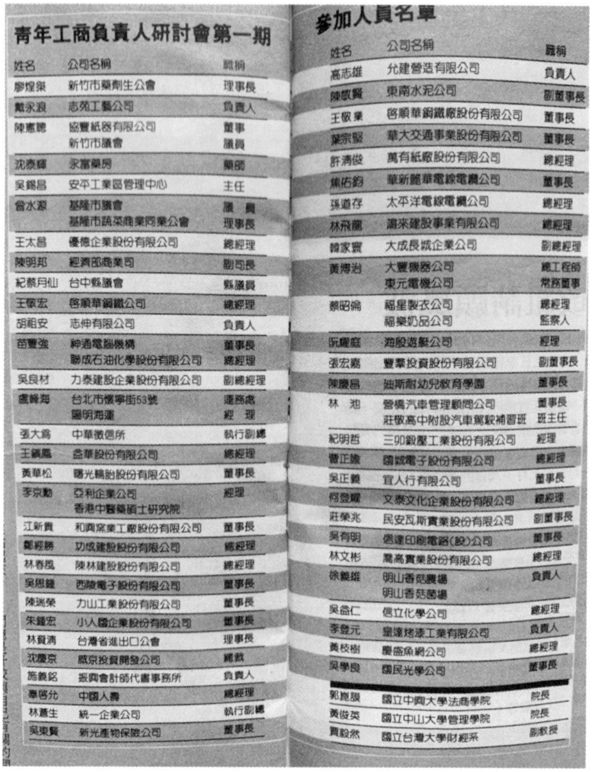

青年工商負責人研討會第一期

姓名	公司名稱	職稱
廖煌棨	新竹市藥劑生公會	理事長
戴永浪	志苑工藝公司	負責人
陳憲聰	協豐紙器有限公司 新竹市議會	董事 議員
沈泰輝	永富藥房	藥師
吳錫昌	安平工業區管理中心	主任
曾水源	基隆市議會 基隆市蔬菜商業同業公會	議員 理事長
王太昌	優德企業股份有限公司	總經理
陳明邦	經濟部商業司	副司長
紀蔡月仙	台中縣議會	縣議員
王敬宏	啓順華鋼鐵公司	總經理
胡昭安	志伸有限公司	負責人
苗豐強	神通電腦機構 聯成石油化學股份有限公司	董事長 總經理
吳良材	力泰建設企業股份有限公司	副總經理
盧峰海	台北市懷寧街53號 陽明海運	運務處 經理
張大鵬	中華徵信所	執行副總
王鎮鳳	益華股份有限公司	總經理
黃華松	曙光輪胎股份有限公司	董事長
李京勳	亞利企業公司 香港中醫藥碩士研究院	經理
江新貴	和興窯業工廠股份有限公司	董事長
鄭經勝	功成建設股份有限公司	總經理
林春風	陳林建設股份有限公司	總經理
吳思鐘	西陵電子股份有限公司	董事長
陳瑞榮	力山工業股份有限公司	董事長
朱鍾宏	小人國企業股份有限公司	董事長
林賢濤	台灣省進出口公會	理事長
沈慶京	威京投資開發公司	總裁
施義銘	振興會計師代書事務所	負責人
覃啓允	中國人壽	總經理
林蒼生	統一企業公司	執行副總
吳東賢	新光產物保險公司	董事長

參加人員名單

姓名	公司名稱	職稱
高志雄	允建營造有限公司	負責人
陳敏賢	東南水泥公司	副董事長
王敬秉	啓順華鋼鐵廠股份有限公司	董事長
葉宗聖	華大交通事業股份有限公司	董事長
許清俊	萬有紙廠股份有限公司	總經理
焦佑鈞	華新麗華電線電纜公司	董事長
孫道存	太平洋電線電纜公司	總經理
林飛龍	遠來建設事業有限公司	總經理
韓家寰	大成長城企業公司	副總經理
黃博治	大豐機器公司 東元電機公司	總工程師 常務董事
蔡昭倫	福星製衣公司 福樂奶品公司	總經理 監察人
阮耀庭	海鯨遊艇公司	經理
張宏嘉	豐峯投資股份有限公司	副董事長
陳慶昌	迪斯耐幼兒教育學園	董事長
林　池	營橋汽車管理顧問公司 莊敬高中附設汽車駕駛補習班	董事長 班主任
紀明哲	三卯鍛壓工業股份有限公司	經理
曾正雄	國城電子股份有限公司	總經理
吳正義	宜人行有限公司	董事長
何登耀	文泰文化企業股份有限公司	總經理
莊榮兆	民安瓦斯實業股份有限公司	副董事長
吳有明	信達印刷電路(股)公司	董事長
林文彬	鴻高實業股份有限公司	總經理
徐鵬雄	明山香菇農場 明山香菇園場	負責人
吳崙仁	信立化學公司	總經理
李登元	皇達烤漆工業有限公司	負責人
黃枝樹	慶盛魚網公司	總經理
吳學良	國民光學公司	董事長
郭崑謨	國立中興大學法商學院	院長
黃俊英	國立中山大學管理學院	院長
賈毅然	國立台灣大學財經系	副教授

革命實踐菸舊院青年工商負責人研討會第一期參訓學員名單，黃俊英，郭崑謨及賈毅然三位為輔導員（1988 年 7 月）

我是於民國 76 年 2 月至中央社工會服務的，78 年 2 月轉任行政院勞工委員會主任委員。一至四期的名單都是在我任內挑選決定的。而一至三期的辦理，則是我親自主持負責的。到了第四期於民國 78 年 3 月底開辦時，我已離開社工會，此後青年工商負責人研討會的辦理，我就沒有再參與了。雖然如此，由於此一研討會是我親自負責策劃開辦的，因而我始終對於此一研討會以及由其衍生出來的青年工商建研會，抱著非常深厚的感情。

記得第一至第三期每期研討時，當時的國民黨主席，也就是中華民國的總統李登輝先生都親自前來主持座談，一方面有所提示，一方面也聽取學員的建言，對於參與研討人而言，頗有激勵的作用。

（四）策劃李登輝當選國民黨主席

李煥以黨的祕書長身分所領導策劃的國民黨第十三次全國代表大會於1988年7月7日召開，期間李登輝先生正式當選為國民黨黨主席。會中李煥先生不看稿地發表了一個有關黨務工作報告的長篇精彩演說，深獲讚賞；他並以最高票當選排名第一的中央委員。這應該是他長期從事黨務工作的最高峰。

行政院又相逢

1989年2月，我離開國民黨中央黨職，轉任行政院勞委會主委。5月底，行政院改組，李煥先生出任行政院院長，我留任勞委會主委，於是開始了我對他第三度的直接追隨。

李煥先生擔任行政院院長不滿一年，時間很短，實在難有發揮。加上任內後期又發生了所謂「二月政爭」，即關於1990年（民國79年）第九任總統、副總統選舉國民黨候選人人選問題的爭議，而李煥先生剛好站在

作者（左 6）於勞委會主委任內，李煥行政院長（左 5）巡視勞委會聽取業簡報，左 4 為行政院施啟揚副院長，左 2 為行政院研考會馬英九主委（1989 年 8 月）

作者於勞委會主委任內迎接蒞臨第二次全國勞工行政會議之行政院李煥院長（1989 年 11 月）

作者（前排左 3）於勞委會主委任內陪同行政院李煥院長（前排左 5）訪問桃園新光紡織廠向勞工祝賀五一勞動節，新光集團負責人吳東進董事長（前排左 2）及吳東亮董事長（前排右 2）親來歡迎（1990 年 4 月）

作者於勞委會主委任內與行政院李煥院長訪問桃園勞工休閒活動中心時合影（1990 年 4 月）

李登輝先生的對立面，兩人的關係陷入了低潮，政務的推動自然受到影響。不過，他還是很認真地想有一番作為，他曾請新聞局將他施政理想印成一套小冊子送給立法委員及相關單位和人員參考，展現了他的雄心壯志。不過，到底時不我與，形勢比人強，1990 年 6 月 1 日，他就交出了院長的職位。

在他短短的一年任期中，他跟我講過一句我印象很深刻的話：「勞委會不是總工會，不能什麼事都站在勞工的立場講話。」這是他的好意，但也可能是受工商界人士及財經部門首長影響的結果。勞委會當然不是總工會，而是推行勞工政策的政府機關，我們不會也不應什麼事不管三七二十一只站在勞工的立場講話，但我們有義務為勞工發聲。我曾把此一意思向他報告。基本上，他在行政院長任內的短短一年時間內，對我的勞工政策與諸多勞工行政措施，是相當支持的，從未有所干預。

作者（右 2）於勞委會主委任內與行政院李煥院長（左 3），外交部長連戰（左 2），交通部長張建邦（右 3）陪同來訪之瓜地馬拉總統席雷索（Marco Vinicio Cerezo Arevalo，左 4）遊日月潭，在文武廟前合影（1989 年 8 月）

1989 年 8 月，瓜地馬拉的總統席雷索（Marco Vinicio Cerezo Arevalo）來訪，李煥先生率同外交、交通等部會首長和我一起到中部陪同。在日月潭省主席邱創煥款待席雷索總統的晚宴中，李煥先生的心情看來十分愉悅，曾高唱「綠島小夜曲」，很感性、很動聽，這是我第一次聽到他在公開場合唱歌。

本土化政策的執行者

李煥先生於 2010 年 12 月過世之後，我曾對媒體推崇他執行經國先生用人本土化政策的貢獻。我認為經國先生的本土化政策有兩個層面，一為施政措施的以建設台灣為優先的本土化，十大經濟建設的推動就是一個指標；另一為重要黨政人員進用的本土化。李煥先生自己接受訪談時，曾否認有所謂本土化政策。經國先生或國民黨確從沒有正式明文制定一個本土化政策，但經國先生的確從掌權開始，就一方面大力推動十大經濟建設，同時一直注意大量引進大批台灣本地人進入黨政機構。內閣閣員及台灣省政府主席和廳處首長，因而逐漸地變成多數由台灣本省人擔任；黨政方面也透過選舉使本地人更加廣泛地參與。這就是用人的本土化。而李煥先生就在這一方面負責為經國先生發掘、培植、訓練和進用台灣籍的人才。可以說，經國先生和李煥先生推動一個「有實無名」的本土化政策。他們這樣做，對於中華民國政府和國民黨之受本地人接受、認同和支持，有很大的貢獻，也使中華民國能在台灣生根。光就此而言，李煥先生對於台灣的族群融合、民主政治的推進和國民黨在台灣的生存發展，及中華民國在台灣存在的合理性與合法性的強化，有其不可磨滅的功勞。

李煥先生由於長期主管黨務，肩負培植人才的責任。可以說，今天年齡在 70 歲以上的眾多國民黨菁英和擔任過黨政要職的人中，沒有或多或少，直接間接受過李煥先生提携、協助、推荐或照顧的人，為數很少。

在孔孟學會相處的日子

2000 年國民黨喪失政權後，李煥先生大部分的精神和時間，主要放在領導太平洋文教基金會和中華民國孔孟學會的業務推動上。在他過世前的差不多十年的期間之內，李煥先生一直以理事長和榮譽理事長的身分積極領導和參與孔孟學會的工作，我恰也在此一時期於孔孟學會先後擔任理、監事，因而常有機會和他碰面向他請益。2002 年 5 月他率領一個孔孟學會代表團訪問中國大陸，到過北京、曲阜、武漢、上海和廣州等地。這是他隨政府來台之後首次返回大陸。他曾向我暢談他此次參訪的經過與感想。

2007 年 3 月，家母過世，為了為其增添哀榮，我敦請李先生擔任家母治喪委員會的榮譽副主委之一，他立即答應，並表示出殯時他要親自前往致祭。我以他年歲已高，路途又遠，一再懇切婉辭婉謝。沒想到 4 月 15 日先母公祭那天，已九十高齡的李煥先生，竟遠從台北趕到彰化鹿港鄉下參加先母的公祭儀式。我實在感動不已、感激不已。

李煥先生過世前，孔孟學會與大陸的宋慶齡基金會常有來往。每次宋慶齡基金會的重要負責人到訪，李錫公一定設宴款待。席上已八、九十歲的他還會與客人乾杯，可見他身體之健康。

去世遺言「三不」料理喪事

大概在 2008 年前後他因在家中書房跌倒住院，我曾到榮總探視，他精神甚好，還與我有說有笑。不料，2009 年他又因病入院治療，這次較為嚴重，醫院要大家不要去打擾。不想，他就此未再出院，並在 2010 年 12 月 2 日與世長辭。生前他遺言，往生後不發訃告、不設靈堂、不辦公祭，只要大家在心中記得他就好。此種灑脫、不願麻煩親友、不重形式排場的做法，令人敬佩；也讓我想起初次見到他時他所展現的救國團平實作風。

對於這位當年也曾大力帶引我走入政界，曾歷任救國團主任、國民黨中央組工會主任及革命實踐研究院主任、國立中山大學創校校長、教育部長、國民黨中央黨部祕書長及行政院院長等黨政要職，對國家社會很有影響很有貢獻的老長官，我非常懷念、非常感激。

（轉載自作者所著之《任憑風浪急——趙守博人生回顧暨論述、散文自選集》一書並於 2021 年 1 月增修）。

第十二章

極具領袖魅力與草根性又以乾杯聞名海內外的林洋港先生

與洋港先生的美國初相見

我第一次與林洋港先生認識是在美國的首都華盛頓，時間是民國 59 年（1970）的 6 月。那時我恰代表伊利諾大學的外國留學生到華府參加一個由美國「外籍學生服務協會」（Foreign Student Service Council）所主辦的「當代美國研討會」（Seminar on Contemporary America）。林洋港先生當時為南投縣長，正與台東縣長黃鏡峯先生及彰化縣選出的省議員蕭錫齡先生應美國國務院之邀到美國訪問，也到了華府。我們駐美國大使館的文化參事張乃維先生特請我與他們聚餐，並要我向他們介紹我所瞭解的美國。餐後，他們原本另有行程。可是，洋港先生對於我的介紹很感興趣，一直在他們所投宿的旅館（後來成為中共與美國建交後的第一個大使館所在地）附近散步來回聽我說明有關留美學生和美國的概況。記得洋港先生對美國正在大力推動的都市更新特別留意，問了很多問題。他還要我多談談留學生的種種，尤其是留學生的處境和對政府的觀感。他說：「當今的蔣總統（中正）常到日月潭來，我可以向他反映轉達報告。」這次見面後我並沒有繼續和他聯繫。直到我回國服務，在台灣省政府新聞處長任內，他那時為台北市長。有一次他於前往成功嶺慰問台北市的役男途中暫在位於台中的省新聞處休息，我們聊天時他說怎麼他覺得我很面善，好像以前在那裡見過。我就把華府的那一段告訴他，他恍然大悟地說：「原來你就是那個瘦瘦的留學生！」

極具草根性而又精明幹練辯才無礙

我與洋港先生真正的相識，應該從民國 67 年 6 月他接替謝東閔先生出任台灣省政府主席開始。我那時在省府的小內閣留任，繼續擔任省新聞處長。68 年 10 月，我轉任省府委員。在洋港先生三年半的省主席任內，我始終追隨他，而且經常陪他接待外賓，常常擔任他的傳譯，也不時陪他下

1979 年 9 月作者（左 2）於省府委員任內陪同台灣省主席林洋港（左 1）會見來訪之美國阿肯色州州長柯林頓（Bill Clinton，後為美國總統）

作者（左）於台灣省省府委員任內陪同省主席林洋港接待美國聯邦參議員早川一會（Samuel Ichiye Hayakawa）

鄉，有相當近距離的機會觀察他。

我對他最深刻的觀察印象，就是他是一位非常有行政處理能力的極為精明幹練、辯才無礙而又極具草根性與領袖魅力的省主席。

洋港先生的草根性，可以從他對基層的深入瞭解、能說基層民眾聽得懂的語言，與基層民眾的容易打成一片，以及他還保有農民純樸、誠懇與好客的習性等方面看出來。愈是基層的民眾他愈能與他們喝成一片、打成一片。而他出身農家，並且當年在南投縣政府擔任科員、課長、祕書和科室主管的時代，還過著一面上班一面下田耕作的生活，應該是使他始終有強烈鄉土氣息和草根性的原因吧！

洋港先生是一位很幹練的行政長才，對主管的業務非常嫻熟，分析事情條理分明。而他主持會議的乾淨俐落，不拖泥帶水、能掌握時間，頗有效率，令人印象深刻。直率地說，他在主持會議時，常會流露出一點當首長、當主管的「霸氣」。譬如，我記得他主持每星期一下午舉行由省府委員和廳處首長參加的省府委員會議時，於議案開始討論前，他常常會於有意無意之間，先說出他自己認為對的看法和結論，然後再說出這樣的開場白：「各位委員、各位首長，關於這個案子，洋港以為應該這樣子（即他已表明的看法和結論）處理比較妥當，不知大家的意見如何？請大家踴躍發表高見。」當然，很少人會有意見。有一次，時也任省府委員的余學海先生，在一個應酬喝酒比較輕鬆的場合中，就把此一現象向洋港先生反映說：「主席。你都把結論做好了，我們怎麼還會有意見呢？」洋港先生聽了之後笑笑說：「有這回事嗎？！」儘管如此，洋港先生主持會議的風格，並未改變，碰到有委員或首長，短話長說，發言太過冗長時，他總會很客氣與果決地予以打斷。有一位主管地政的首長，每次發言，不問議題如何，總要話說當年，從孫中山先生在檀香山創辦興中會提出平均地權的主張談起，常常是短話長說，因而他的發言也常被洋港先生打斷。說實在的，我滿欣賞洋港先生處事的明快果斷和主持會議的效率。我認為一個有擔當有作為的首長，理當如此。

洋港先生的辯才無礙，在他於省議會省政總質詢時與省議員的針鋒相對，得理不讓，以及所發言論的有理有據、具體充實和引喻正確又生動，而充分顯現出來。洋港先生接任省主席之後所面對的省議會，正是在野勢力大為興起、黨外優秀而年輕的省議員席位激增的省議會，如果沒有洋港先生這樣一位對省政業務極為熟悉又能言善道，敢於為政策辯護，而又有好人緣的人來當省主席，恐怕很難穩得住陣腳。

洋港先生的口才，配上他那很特殊有很重南投鄉音的國語，是台灣政治上的一絕。他在從政的歲月中留下有很多名言，例如，有人批評政府法令多如牛毛時，他答稱：「健康的牛毛比較多」；於替司法威信辯護時，說：「司法的威信像皇后的貞操，不容懷疑」；以及在顯示要肅清竊案的決心時，他說：「保證要讓鐵窗業三個月後就蕭條」等等，都是很生動，令人印象深刻。有一次我聽他談人才時，他說真正的人才就像竹筍一樣，即使上有巨石壓住，也會想辦法冒出來。真是很形象化的比喻。

不過，洋港先生之全國成名，很大部分雖來自於他在省議會的優異表現及媒體的大幅報導，但也是因為他在省議會的爽快承諾將新竹市、嘉義市升格，讓他在政治上更上層樓接班的機會大受影響。關於這一點，很多當年很接近蔣經國先生的人士就這樣子告訴我，李煥和宋時選兩位先生就是持這種看法。

應付外賓的機智與得宜

洋港先生擔任省主席期間，是外賓到省府訪問或受省府接待非常頻繁的時期。絕大多數有外賓的場合，洋港先生都要我陪同接待，並且要我擔任傳譯。關於由我擔任他的傳譯一事，洋港先生常常語帶抱歉地跟我說：「實在不好意思。你是廳處首長、政務官（指我擔任省府委員），卻要麻煩你替我翻譯。不過，我就是喜歡你做我的翻譯！」事實上，省府設有外事室，主任都是由外交部借調而來，接待外賓替主席傳譯，為其職責。不過，我到省府服務之後。謝東閔先生就常要我為其傳譯。洋港先生沿襲著這個做法。但是，我想洋港先生認為我比較瞭解他的出身，與他同是農家子弟，又相當程度地知道他的一些從政經過、抱負和想法，又是留美，由我翻譯會比較傳神，以及他總以為，我在場對熱鬧氣氛的營造有所幫助，可能是他要我陪他接待外賓並替他傳譯的原因。

這種應付、接待外賓的場合，洋港先生充分展現他殷勤好客能讓客人「賓至如歸」的魅力，及他常識的豐富和應對的得宜與機智。

台美斷交後作者於 1980 年 7 月在台灣省政府委員任內陪同省主席林洋港訪問美國時會見田納西州州長亞歷山大（Lamar Alexander），亞歷山大以後曾任美國教育部長及聯邦參議員

1978 年 12 月，我們與美國正式斷交，洋港先生於斷交前每次接待美國的賓客，不論參眾議員、州長、副州長或國會議員助理，他總是不厭其詳地強調美國何以必須與我們維持正式的外交關係。而於美國與我們斷交之後，他與美國人見面時，則努力說明台灣何以必須有美國的軍事協助，以及美國又何以應該與台灣加強雙方的實質關係。可以說，洋港先生在省主席任內，善盡了他做為政府首長為國家強化對外關係的責任和角色。

要我去兼黨職

1979 年年初，我自美參加中華民國與美國斷交後新關係調整的談判回來之後，蔣經國總統曾交代應好好重新安排我的職務。為此，國民黨中央黨部祕書長張寶樹先生特別召見我告訴我說，會遵照蔣主席的指示就我的出路好好去研究，並對我勉勵一番；不久，省黨部主委宋時選先生通知我，因一時沒有適當職務可資安插，就請我暫時委屈仍續任新聞處處長，但要請我出任屬於政務官職務的省政府委員。因而，在 6 月發表我為台灣省政府委員並仍任新聞處處長。然而，不到 2 個月，省府方面就有人放話說從來沒有省府委員兼新聞處處長的往例，言下之意要我辭掉新聞處長，另安插他人來接任。其實，歷任新聞處長是沒有人又擔任省府委員又擔任新聞處長。但是省府的非政務官性職的首長，還是有人以省府委員兼任的。譬如，以前李連春先生任糧食局長時就有省府委員的頭銜。而就在發表我以省府委員兼新聞處長的時候，省府早有秦祖熙先生以省府委員兼任省訓練團教育長，及鄒文謙先生以省府委員兼省府法規會主委的事例。所以，我聽到此種放話之後，心裡很不平衡，就向主席洋港先生表示我要把省府委員及新聞處處長同時一併辭掉。他一再勸我，說新聞處長要安插他人並非他的意思；並懇切表示他還需要我在省府幫忙；也說明如果我不能以省府委員繼續兼任新聞處長職務的話，則所有以省府委員兼任省府機關首長者也必須二選一。我說不能這樣子做，否則這些人會因此而怪罪於我。他說，這是他基於公平的考慮，與我無關，也沒有什麼怪罪不怪罪的問題。不久之後，我辭掉新聞處處長專任省府委員。10 月，國民黨中央又發表我為國民黨中央文化工作會副主任，並仍任省府委員。發表之前，洋港先生先告知了我此一任命。我問他這是徵求我的意見呢，還是在告知我中央的決定。他笑笑說：「你就這樣子調皮！好了，算是我替你決定的吧！你就不要再問什麼徵求不徵求意見了！接受了就是。」這是我以省府委員身分同時兼任國民黨中央文化工作會副主任的由來。我雖未去查問，但我想這應是洋港先生到中央黨部安排的結果。

何以男人走在女人之前？

1980 年 7 月，我以省府委員的身分，陪同洋港先生訪美，訪問了加州、猶他州、亞里桑納州、奧克拉荷馬州、德州和田納西州等地。同行的，還有柯明謀、藍榮祥和林佾廷三位省議員。記得，當我們到亞里桑納州下飛機後，因趕時間，洋港先生疾走在前，洋港夫人則在後面跟隨。不料，在該州接待的記者會上，有位記者半開玩笑地問他：「林主席，我們西方人有『女士第一』（Lady First）的禮儀，但剛才下機時，我看到你走在前頭，夫人跟在後面，好像你們有不同的習慣，不知你對此有何看法？」洋港先生聽了之後，馬上跟我說：「趙委員，這件事情，也可以說事關國格，請你仔細地翻。」接著他對「婦女第一」的禮儀及西方的女權的尊重，大加肯定，並表示台灣也是個尊重女權保障婦女的地方。然後他帶著幽默地解釋，男人走前女人走後，在台灣有很好的傳統起源。他說：「我們華人地區包括台灣在內，以農立國，大多數人住在農村。當年的農村有很多阡陌，也就是台灣人所稱的田岸。在田岸上及其兩旁常常會有蛇出沒，所以我們男人走在前面打蛇，以保護女人。這就是我們有時還會有男走前女走後的現象的原因。」洋人聽了之後，哄堂大笑。

與黑人市長交換領帶，和柯林頓頻頻乾杯

洋港先生的喝酒爽快乾脆及其很會勸酒和很能乾杯的本事，久為人們

所熟知，真正「頂港有出名，下港有名聲」。對本國人如此，對外賓也不例外。

洋港先生之能酒並喜歡以酒作為應酬交際的媒介，應該跟他的農村出身、長期在基層服務與民眾打成一片有關。他有一套的喝酒哲學，就是孔子在論語所說的：「惟酒無量，不及亂！」。不過，他應該不是李白「古來聖賢多寂寞，唯有飲者留其名」的信徒。他敬酒、勸酒時自己乾杯，客人也要乾杯。他的乾杯也有規則，那就是：（一）凡因宗教信仰跟身體健康原因不可喝酒者，絕不勉強，完全可以不喝。（二）敬酒時，主客雙方都要乾。（三）乾杯要真乾，不可「偷工減料」。話雖是這樣說，有時他也會「網開一面」，不百分之一百地執行。

我多年陪同洋港先生招待外賓與客人把酒言歡，發現他的的確確把喝酒的交際助興、營造氣氛和增進情誼、結交朋友的功能，以及他勸酒的本事，發揮得淋漓盡致。很多原本滴酒不沾的人，因他而開懷暢飲；很多從未乾過杯的人因他而乾杯連連；很多本有酒量的人，因他而盡歡帶醉以歸。有幾個例子，我留下很深的印象。

1978 年春天，洋港先生於台北市長任內陪同洛杉磯黑人市長布萊德雷（Tom Bradley）到省府及日月潭訪問，由我代表省府在中午接待宴請。席間洋港先生向這位市長頻頻敬酒、勸酒，布萊德雷市長也是來者不拒，每杯都乾。餐後，布萊德雷市長一行前往日月潭。但我稍後卻在中興新村大門口看到他的坐車停了下來，原來他不勝酒力在路旁大吐一番。當天晚上，南投縣長劉裕猷先生於日月潭設宴款待，洋港先生和我都參加。布萊德雷市長又和洋港先生頻頻乾杯、開懷暢飲。後來我才知道，他們兩位已經是老友，而且曾有喝到當場交換所結領帶的紀錄。也因此，當布萊德雷於洛杉磯市長任內，凡是「乾杯市長」、「乾杯主席」（指洋港先生）的朋友，他都特別殷勤接待。1980年7月，洋港先生訪美路經洛杉磯時，布萊得雷市長特別從外州趕回來，並在洛杉磯最好的墨西哥餐廳設宴款待洋港先生伉儷及所有隨行人員。

作者（左1）於省新聞處長任內陪同省主席林洋港（左6）接待來訪之美國中國問題專家團（1978）

作者（坐者右1）於台灣省新聞處長任內主持省主席林洋港（中間講話者）就職後之第一次記者會（1978年6月）

另外，有一次一位麻州副州長率工商考察團來訪。洋港先生在圓山飯店宴請他們。同樣地他以主人身分殷勤勸酒、敬酒，客人也很高興地一杯一杯地暢飲。最後這位愛爾蘭後裔的副州長竟高興地跳上餐桌大跳踢踏舞。

美國加州選出的聯邦參議員日裔美國人早川一會（Samuel Ichiye Hayakawa），也是洋港先生接待過的客人。可能都是東方人的緣故，早川先生與洋港先生也是一杯一杯地乾，極為盡興，話也特別多，不僅談他的家世，也大談他的專長語言學。後來聽交際科的人員說，餐後當他們去送水果時，這位參議員還醉到一絲不掛高高興興地在房間裡哼哼唱唱。

作者於台灣省新聞處長任內陪同林洋港省主席參加慶祝 91 記者節園遊會（1978 年 8 月）

作者（右 1）於省新聞處長任內陪同省主席林洋港接待來訪之美國國會議員助理團

作者（左 1）於省新聞處長任內陪同林洋港省主席（右 2）會見全國廣播電視負責人代表團（1979 年 4 月）

作者（左）於省新聞處長任內陪同省主席林洋港（中）聽取省電影製片廠相關省政宣導簡報，右為省府祕書長劉兆田（1979）

洋港先生接待過的外賓中，在喝酒方面被報導得最多的莫過於前美國總統柯林頓。但是對於乾杯的杯數好像沒有人報對。1979 年 9 月，柯林頓第一次當選阿肯色州州長不久，就來台灣訪問。洋港先生是出面邀訪的主人，於圓山飯店設宴招待，我當時擔任省政府委員，陪同洋港先生接待並擔任翻譯。席間洋港先生對柯林頓能以卅三歲的年齡當選為美國最年輕的州長，一再推崇；並表示柯林頓將來一定前途無量。接著他要我向柯林頓說明他的敬酒規則，並特別強調，主人及主賓都要向席上的每一位陪客，不問來自美國或台灣，至少要敬一杯乾杯，被敬者也必須乾掉。柯林頓聽了之後，回答說：「fair enough ！（意即很公平）。」於是開始一邊用餐一邊喝酒。洋港先生不但自己敬，也鼓勵同桌的台灣和美國陪賓敬，而且以主賓柯林頓為主要對象。那時還沒有那種小小的所謂洋港杯出現，用以乾杯的杯子至少有五十毫升的容量。柯林頓每喝一杯，就在一張紙上按美國人先劃四豎再劃一橫那種計量方式，統計他所乾的杯數，一共足足有二十三杯之多。那時賓客和主人大多都已有點微醺，我還算清醒，還特別問柯林頓計算的結果，因而還留有印象。

從蔣經國的日記再談何以林洋港沒有被選為接班人

林洋港先生在擔任南投縣長任內因老總統蔣中正常常到日月潭度假，有機會時常見到蔣中正據說也頗為蔣中正所賞識喜歡。民國 61 年（1972）蔣經國出任行政院長實際掌權之後，林洋港一路為蔣經國所提拔，從南投縣長而台灣省政府建設廳長而台北市長而台灣省政府主席，在他那一輩的台灣人中，仕途之順利可說無人可及。他於省主席任內在省議會對省議員尤其是對黨外議員的答詢，更是辯才無礙令人折服，其在民間所享有的聲望，可說如日中天。

照說這樣的人才應為蔣經國所喜愛並選作接班人才對，然事實並非如此。根據去年（2020）7 月由資深媒體人黃清龍所著《蔣經國日記揭密》一書透露，蔣經國在其日記中，對林洋港幾乎都是很有保留而非很正面的批評。例如，1978 年 6 月 27 日，他在日記中就提到「林洋港之為人，逐漸可以發現其好名善變，不可不防。」這時林洋港剛當省主席不久。接著在 7 月 29 日蔣經國於日記中又有如下的記載：「林洋港初任省主席，由其言行可以發現，此人沽名釣譽，好大喜功，不但難成大事，恐將害事，密切加以注意。」到了 8 月 12 日，蔣經國的日記關於林洋港是如此的描述：「林洋港有才能，但是在品德方面不夠正直，在緊要關頭恐怕把握不住，應深加注意，時加考核。」可見蔣經國對於接任省主席不久的林洋港並不怎麼放心，還在觀察他，考核他。但是，蔣經國對林洋港的這些評論，並未提出什麼具體的事證，也未說明有什麼依據。那麼，蔣經國何以有這些印象呢？我想這很可能由於林洋港接省主席後關於一些施政的看法及少數人事的安排，太有其個人的意見及堅持而招來中央相關長官的不滿、不快而向蔣經國反映所致。有兩件事特別可以提出來說明。

當時的行政院院長孫運璿先生堅持要省府做兩件事：砍掉德基水庫上

游集水區的梨山上榮民所種的果樹，以免造成水庫的淤積；其次為拆除台北縣（現新北市）五股洲仔尾一帶村落並進而在該處闢建二重疏洪道防止台北水患。林洋港對此有不同的看法。他認為要防止德基水庫的淤積不必一定要砍掉榮民辛辛苦苦所種的果樹，而二重疏洪道也非防範台北水患的最佳良策。記得他就任省主席不久就發表過此種與孫院長不同調的言論。印象中他還率同一大推記者到梨山去實地勘查並就地表示他是農民出身知道要防止土壤流失多種有固沙土功能的草類就可以，不必去砍果樹。這等於公開和行政院孫院長「叫板」、挑戰孫院長，孫院長和他的團隊能保持緘默不找機會向蔣經國有所反映嗎？另外當年省府廳首長的任用，並非省主席一個人完全能做主，有些還必須先跟相關的中央部會首長協商之後才能定案，譬如，財政廳長的人選往往應先與中央的財政部長或中央銀行的總裁商量後決定，事實上他當時省府小內閣中的財政廳長徐立德、建設廳長楊金欉和教育廳長謝又華就是中央派給他的。而省府的人事處長和主計處長，基於所謂人事主計一條鞭的說法和傳統，一直以來更是由當時中央的行政院人事行事局局長和行政院主計處主計長直接從他們各自的體系中擇人推薦指派。但林洋港為了省府新任人事處長的任命案卻和當時的行政院人事行政局陳桂華局長鬧得不很愉快。而這件事的經過碰巧讓我知道了。原來林主席到任不久我有事向他報告，剛要進他辦公室時我發現他正在打電話，於是我馬上要退出，他用手示意我不必退出並捂住話筒先跟我說你也聽聽沒關係。然後他繼續通他的電話。我在他辦公室坐定後一聽，原來他正在與人事行政局陳桂華局長討論省府新任人事處長的人選，他堅持要用他的台大同學兼好友曾任台北市政府參事而當時在省府擔任副祕書長的蔡經先生，而陳局長則以蔡經非人事系統出身未做過人事行政工作為由另推他人而且也很堅持。我聽到他對陳局長說過這樣一句話：「你推的人是台大畢業的，蔡經也是台大畢業的，為什麼你就不用蔡經呢？」後來應該是陳局長讓步，因為不久蔡經就被發表為省人事處處長。民國 70 年年底台灣省政府改組，李登輝取代林洋港擔任省主席。沒多久我乘坐火車由台中北上，剛好與人事行政局陳桂華局長隔鄰而坐，他一見到我馬上跟我說你們新任的李主席很好，不像前面那一個不顧體制太有意見只知道用自己人。我因為聽過林洋港在三年多前和他的有關省人事處長的電話，我馬上體會到對這件事他心中是相當不舒服的。陳局長曾在國防部追隨過蔣經國，是蔣經國信賴的幹部，也是可以向蔣經國反映事情的人，他會在蔣的面前講林洋港的好話嗎？

至於蔣經國說林洋港「好名」、「沽名釣譽，好大喜功」，不知根據什麼？我猜這可能跟林洋港從當台北市長起就在台灣民間享有很高的人氣、人望，以及他有很好的媒體關係幾乎天天有媒體對他的言行有所報導並常有好評有關。林洋港身為台灣人而如此鋒芒畢露光芒四射並有很高的聲望，這在當時的國民黨中央不少黨政要員看來，是有些難以接受甚至於是令人有所疑慮的。

我想，上述林洋港擔任省政府主席初期的這些言行和表現，應是使蔣經國在日記中對林洋港有所批評的重要原因。

蔣經國在日記說林洋港品德不夠正直，不知意何所指實令人困惑。因為眾所周知，林洋港的品行操守一向受人肯定敬佩，他從未鬧過緋聞，對他的只有小學畢業的夫人，敬愛有加始終如一；而他不貪不取，雖位居要津多年卻未能在台北購置房產。如果他的品德操守有問題，蔣經國怎會一直用他最後並讓他當上了主管社會正義與司法公平的司法院院長呢？我想蔣經國的所謂品德不夠正直，可能指他的「不聽話」、「太有意見」；而「太有意見」方面，應也包括他於接省主席之後，在國民黨中央關於縣市長和省議員的提名作業上，往往勇於表示看法並常常和相關地方黨部的意見相左且又很堅持己見的表現在內。

林洋港一生堅信三民主義，熱愛中華文化，不主張台獨，有很強烈的中華民族意識，而且始終一貫。在國家民族的大是大非與認同上未曾有過動搖。因此，現在很多國民黨人認為當年蔣經國沒有選擇林洋港做接班人是錯誤的。

那麼，林洋港為何最後沒能為蔣經國所看上而當他的接班人呢？

我以為洋港先生當年犯了一個大忌，那就是身為台灣人而太有意見、太堅持自己的看法，而且民間聲望又太高，使人有難於駕馭的疑慮。除了前述的梨山果樹案和二重疏洪道案以及人事案外，他在事先未和中央商量的情況之下，在省議會公開承諾讓新竹和嘉義升格為省轄市的做法，更是使蔣經國十分不悅。在蔣經國身邊，願意和能夠替他講話的人除了謝東閔先生之外，大概再也找不出其他的人了。所以，他最後無法接班，也就不那麼令人意外了。

有人說洋港先生喜歡用「自己人」。其實，依我的觀察，他除了進用一、二位他的台大同學和幾位他於南投縣縣長任內的老同事外，他每到一個崗位大多是就地取材；也許他有他的用人主見，但好像並沒有像中央有些大員所認為的那樣，在人事問題上不能配合。我長期觀察的印象是，他愛熱鬧，喜歡請媒體工作者和一些老同事、老朋友喝喝酒聯誼聯誼，但他似乎沒有什麼「班底」，沒有組成什麼「團隊」，也沒有專門為他出謀畫策的「智囊團」。可以說，在政壇上，他是個獨來獨往的「獨行俠」。而與他有瑜亮情結的李登輝，則常有一些學者專家做他的顧問，為他的施政作為獻計獻策；而且李登輝擅打高爾夫球並常與一些可在蔣經國身邊講話的老中青黨政要員一起打高爾夫聯誼。相較之下，會在蔣經國面前替李登輝講好話的人，顯然不少。這應該也是在蔣經國接班人的角逐中，李登輝獲勝而林洋港出局的原因之一吧。

令人懷念的長官

洋港先生離開省主席職務之後，我再也沒有機會直接追隨他。以後，雖然他在總統選舉的政治立場上，一度和我的有所不同，但我與他的聯繫和接觸，並未因此而有所中斷。他搬到台中大坑之後，我曾多次到他府上去拜訪、問候請安。

洋港先生對國家社會的付出與貢獻，有目共睹。他的愛鄉愛國、他的平易近人和他堅決果斷有擔當敢言能說的行事及從政風範，令人敬佩。晚年他住在台中大坑，他找人和人找他都不是那麼方便，他又是一位愛朋友愛熱鬧的人，相信他應該有寂寞之感；另一方面他身體健康情形並不好，飽受腸疾之苦而不能久坐。可以說他的晚年過得似乎並不是很快樂。民國 102 年 4 月他往生，享年 87 歲。我應他的家屬之邀，在他的追思會講述他的生平（講述全部內容請見本書《永遠的阿港伯》），頗感光榮。

洋港先生是我永遠懷念的一位長官、一位台灣人中的傑出領袖。

（轉載自作者所著《任憑風浪急——趙守博人生回顧暨論述、散文自選集》一書並於 2021 年 1 月有所增修）。

作者於就任台灣省主席之後拜訪林洋港先生（1999 年 1 月）

林洋港先生夫婦應邀至鹿港鎮草港作者之鄉下住宅餐敘時與作者之父母合影（1997 年 1 月）

第十三章

永遠的「阿港伯」

林洋港先生出身農家，來自基層，自台大畢業後即返鄉服務桑梓，從最基層的南投縣政府課員做起，歷任縣府課長、祕書、台灣省政府祕書、國民黨雲林縣黨部主委、南投縣長、台灣省政府建設廳長、台北市長、台灣省主席、內政部長、行政院副院長、司法院長及國民黨副主席、總統府資政等黨政要職，對人民、社會和國家貢獻卓著，大家有目共睹，也是眾所皆知。

儘管他一生擁有許許多多非常顯赫的頭銜，但在許許多多人民的心目中，他是永遠的「阿港伯」或「港伯啊」。這「阿港伯」的稱呼，代表著廣大民眾和社會對洋港先生的認同、肯定、愛戴、親近和尊敬。

守博有幸曾在台灣省政府追隨過洋港先生，而且長期與他有很好的互動。因此，在此追思懷念他，以十分不捨和感傷的心情來談談我所認識的阿港伯：

一、他是一位非常具有中國傳統美德、清廉自持而為人又十分寬厚的「人格者」

「人格者」是台灣話當中對人品極好、品性極高的人的一種描述。洋港先生事親至孝，廣受稱許；在家族、家庭中他完完全全做到了父慈子孝、兄友弟恭；他與他那位同樣出身農家的夫人數十年來相互扶持，鶼鰈情深，始終如一。他儘管位居要津，對人始終客客氣氣，禮節周到，時時替人設想，為人厚道，而重誠信；特別非常難能可貴的是，在充滿爾虞我詐的政壇裡，他有絕對的智慧和能力去玩弄權謀，但他不耍權謀。他非常喜歡提拔、鼓勵部屬與後進。對此，他曾很謙虛地跟我說：「真正的人才，就像被巨石所壓住的竹筍一樣，自己總有辦法冒出來的，我只是幫助把巨石移開，讓他長得更快更好而已。」他從政數十年，為官清廉，操守極好，沒有假藉權勢累積財富；他曾擔任過台北市長、台灣省主席和內政部長，在這三個職務中的任何一個，只要他願意稍為運用一下關係，想在台北很便宜地買一棟房子，可說輕而易舉；然而終其一生，他沒有在台北買過房子，他的孫子在台北就學時因而必須住校或租房子住。洋港先生一生，其操守和私德從未受到任何的質疑，始終深受肯定和推崇。「人格者」他實在當之無愧。

二、他是一位極具說服力的重要黨政政策的主要辯護人

民國 60 年代和 70 年代，是國家面臨內外衝擊、挑戰與考驗最為嚴酷的年代。很多非常重要的黨政議題，諸如戒嚴、黨禁、報禁、台美斷交、美麗島事件、國民黨改革、國會全面改選等等，都是為各方所重視。洋港先生由於來自基層、土生土長，說一口具十分親和力的台灣國語，有很高的民間聲望，為台灣人民所認同，而且辯才無碍、條理分明，十分有說服力，因而常常出自於最高當局或上級的要求，或本於權責、或出諸他愛鄉愛國的熱誠，出面站在第一線為重要的黨政政策做說明、做解釋、做辯護，不但有助於化解民眾的疑慮，也為政府和執政黨爭取到民眾的支持。可以說，他極大程度地協助強化了國民黨在台灣執政的正當性，也加強了民眾對很多具爭議性的重要政策的接納和支持。在那個年代，他更常向當局反映、要求應善待寬容政治異議人士，其涉案被捕者，他也多方設法請求當局從輕處置，他在做這些請求或反映時，好幾次我都在場或居中聯繫。他更是那時強化台灣與美國關係的一張很重要的王牌，每一位到訪的美國重要外賓，他都奉命出面接待，我也大多奉命作陪並為他擔任傳譯；招待這些美國外賓時，他一定發揮他國內外聞名的「乾杯」魅力，使舉座盡歡，也一定非常明確而堅定地表明國家的立場以及美國與台灣維持友好關係的重要性。聞者無不非常為之折服和感動。

三、他是一位堅持原則，立場堅定，不見異思遷，始終一貫的政治家

洋港先生篤信三民主義，以身為炎黃子孫為傲，奉行中華文化，堅持台灣 2300 萬人民的福祉應加確保，以及不認為台灣獨立有其可行性，主張在「一中各表」的原則下，改善兩岸關係，在這些大是大非的問題上，他沒有改變過，沒有因為民粹或個人政治利益而有所動搖。不少從政者充其量只能算是政客而已，因為他們不講原則，時常為個人的政治利益而變來變去，今是而昨非。洋港先生，始終一貫，是一位有原則的政治家。

四、他是一位有主見、能言敢言、能做敢做、能爭敢爭的政府首長

洋港先生不論在哪一個崗位上擔任首長，負責領導的工作，他都是一位有自己見解、肯負責、有擔當、能作為、敢決斷、有魄力的首長。對上他敢據理力爭，對下他能容忍或

作者（立者）於台灣新聞處長任內陪同省主席林洋港（坐者右 2）接待來訪之美國外賓，後排左 1 為省交際科長傅瑞拱，後排左 2 為省建設廳長楊金欉（1979 年）

1980年春，作者（右3）於省府委員任內陪同省主席林洋港（右7）會見即將出國之中山獎學金海外留學錄取青年詹火生（右6，後曾任勞委會主委），葛永光（右1，後曾任監委，現任救國團主任），吳永乾（左4，現任世新大學校長），葉明德（右4，現為文大教授），鍾蔚文（右5，現為政大教授），劉志攻（左3，現任外交官）及藍三印（左2，現為政大教授）等人

台美斷交後作者（右2）於1980年7月在台灣省政府委員任內陪同省主席林洋港（左2）訪問美國時，林主席與田納西州州長亞歷山大（Lamar Alexander，左3）簽署姊妹州結盟書，亞歷山大以後曾任美國教育部長及聯邦參議員

採納不同意見。在台灣省建設廳長任內，他為二重疏洪道案，與經濟部長爭辯過；於台北市長任內，他為翡翠水庫的興建，與很有影響力的老立委辯論過。在擔任台灣省政府主席時，他曾為人事案，與行政院人事行政局長爭論過；也因為德基水庫果樹砍伐案及二重疏洪道案，和行政院長爭辯過。他更在最高當局面前，力爭新竹和嘉義兩市的升格。有人曾說洋港先生如果不為這些政策上或人事上的問題去爭去辯而給上面、上級很可能留下「不聽話」、「不配合」的印象的話，他的仕途的發展可能就不一樣。我因而曾私下問他對這些爭論、爭辯他後不後悔，他回答說：「有什麼好後悔的！」這就是洋港先生的風骨。

洋港先生家庭非常幸福美滿，四位兒女和所有媳婦及女婿，都卓然自立，他有內外孫十一位，不久前又升格為曾祖父，享年 87，在世俗的眼光中，他可說是「福壽全歸」。但更重要的是他有非常精彩的一生；他的一生，是奉獻的一生，是為國家服務報效的一生，是為人民造福的一生。

我深信，洋港先生的風範與貢獻，一定會在台灣的歷史中留下非常突出的篇章，也會長留於人民的心中。

今天我們追思和送別洋港先生，我們身為洋港先生的親友故舊，或身為愛台灣，愛中華民國的一份子，更應該牢記和發揚光大洋港先生孝悌、清廉、愛國、大是大非上始終一貫、肯擔當、能負責、敢決斷而又敢作敢言的風範。

（2013 年 5 月 25 日在林洋港先生追思會上應其家屬之邀做洋港先生生平介紹之講話全文，並擇要發表於同日之聯合報）

作者至林府拜訪林洋港先生，此為兩人之最後一張合照（2009 年 9 月 24 日）

林洋港先生追思會（2013 年 5 月 25 日）

作者於林洋港先生追思會向其致祭（2013 年 5 月 25 日）

作者於林洋港先生追思會講述其生平（2013 年 5 月 25 日）

第十四章

師恩難忘
——談我這一生教導過我的老師們

前　言

我這一生影響我最大的，除了我的父母親之外，應該是我從小學以至於留學的求學過程中，那些曾教過我、指導過我的老師們，這些老師除了為我啟蒙、傳授我知識，並教我為人處世的道理。我對他們始終懷著感恩之心。算起來，教過我的老師，應該有四、五十位之多。在我屆滿 80，對人生滿懷感恩的現在，特別就記憶所及談談這些老師，尤其是那些對我影響很大或與我頗有互動給我指導、激勵而使我難忘的老師們，以表達我對他們的懷念與感謝。

我的鄉下小學的校長和老師們

我出生於彰化縣鹿港鎮一個叫做「草港」的農村地區。民國 36 年（1947）我滿 6 歲就進入草港國民學校（現稱草港國民小學）就讀。我在草港國校求學的六年當中，一共換了兩位校長。從一年級到二年級的校長是來自鹿港鎮街上丁家的丁瑞雲校長。四年級至畢業的校長，是與我同村（草港九甲村）的族親，我稱他為伯父的趙水蛋校長。丁校長離開草港的時候，我還小，以後也沒有機會再見到，所以，比較沒有什麼特別的印象。只記得他身材不高，他的家族是鹿港的望族，前清時代曾出過進士。以後知道他的少爺也從事教育工作也當上了國小的校長，就是後來自文開國小退休的丁禎祥先生。趙校長因為是來自同村，所以，在他擔任校長前後，我就常常看到他在上班前或下班後趕回村中下田工作的勤勞情形。以後，我從美國留學返台在政府部門服務的時候，每次返鄉，我總會去探望他。趙校長退休之後，就在草港慶安宮擔任志工服務工作。我在民國 87 年年底

1953 年 6 月作者（第 3 排右 3）小學畢業的團體照，第一排為老師，文中所提的老師大多在照片裡

就任台灣省政府主席時，他還特別前往中興新村觀禮。不久之後他就因病去世，令人十分不捨。

作者（右 1）於台灣省主席任內應邀回小學母校鹿港鎮草港國小參加建校 70 週年慶祝活動，並特邀請在其國小時期對其影響最大之黃慶明、洪寬志、陳清庭及施寶梅（自左至右）等老師亦返校同慶並合影留念（1999 年 5 月）

草港國校六年的學生生活中，所有教過我、擔任我們級任的老師，我都留下非常深刻的印象。有的迄今我還保持聯繫，而且只要有機會，我都會特別登門去探視問候。因為，在我這一生從小學到留學所有的老師中，他們可說是對我影響最大、最深的一群。是他們把我從一個懵懂無知的農村小孩，塑造成為一位對讀書有濃厚興趣和十分渴望的少年。他們幫我啟蒙，在我幼小的心靈中，灌輸我教育和努力上進的重要性，也帶領我這個鄉下孩童去接觸和走進外面的世界。

一、我的啟蒙老師

施寶梅老師是我的啟蒙恩師。她來自鹿港街上，嫁給草港我們隔壁村的中庄黃開老師。她是我們國小一、二年級的級任導師，教我們的時候還不滿 20 歲。那時，似乎還沒有科任老師制，因此不論國語、算術、常識、音樂等等都是她一手包辦。所以，我會識字、寫字和講國語、背國語版本的九九乘法，是她第一位教我的。我因功課表現好，施老師指定我擔任班長，讓我從小就體會「領導」的滋味，也強化我的榮譽心。而我也從此一直到畢業都是班長。那個年代，家長們常常拜託老師們對他們的子弟要嚴教嚴管，並且常常請老師們在子弟調皮不聽話時，不妨打手心或用細竹枝體罰以收管教之效。在此種風氣之下，老師們不但認真教學，對學生也非常注意言行的管教。施老師就是如此，她對我們的管教相當嚴格，使我們這些 6、7 歲的小朋友從小就知道規矩的重要性並且了解言行舉止都要遵守規矩。這樣的管教，對我是有很大的影響的。

施老師的先生黃開老師很早就因病過世，留下兩位兒子，靠施老師拉拔養育長大，都受大專教育，現在也都有很好的事業。因此，施老師不僅是一位良師，也是一位良母。施老師後來轉到台北縣板橋埔墘國小任教，並在那裡退休。因為都在北部，所以

2005 年 12 月作者的啟蒙老師，國小一年級及二年級的級任老師施寶梅女士（中）參加作者著作《歐洲日記》新書發表會時與作者夫婦合影，施老師現年已 94 歲

我也比較有機會與她見面。民國 88 年 5 月母校草港國小舉行創校七十週年慶的時候，我時任台灣省主席，特別商請母校邀請施老師和在六年級教我們升學班的黃慶明、陳清庭及洪寬志三位老師一起返校聚會，並且和他們合影留念。民國 94 年 12 月，我出版了兩本新著，在台北舉行新書發表會，特別邀請施老師參加，也特向在場貴賓介紹她是我的啟蒙老師。施老師生於民國 17 年（1928），照民間的算法，今年應該已經 94 歲，但她身體依然非常硬朗，講話聲音還是中氣十足，頗為宏亮；她有六個曾孫，目前的施老師正過著快樂幸福的退休生活。

二、我最早的外省老師：一位由匪諜嫌犯變成童謠專家並以 95 高齡獲博士學位，另一位來自中國東北其兒女均留美

我國小三年級的級任老師是王富興先生，也是來自鹿港街上。我們升四年級時，他就調回鹿港，但不久就傳來他英年早逝的噩耗，實在令人哀痛。我們剛升上四年級時，有一位叫熊智銳的外省籍老師來教我們這一班，他是草港國校第一位大陸籍的老師，也是我這一生所碰到的第一位大陸籍的老師；鄉音很重，聽起來頗吃力。不過，他教不到一個月，就和他的也是外省籍的太太一起被警察帶走。據說是牽涉到匪諜案。那時是民國 39 年秋，也是台灣面對中共隨時可能武力來犯的風雨飄搖時期，更是一個抓匪諜也就是共產黨間諜，相當積極的年代。我們不敢問我們新來的級任老師到底發生了什麼事，學校也沒有告訴我們這位大陸籍老師為何一去不復返。

大概十五、六年之後，我到日月潭無意之間發現日月潭國小的校門口掛著一塊大招牌上寫校長熊智銳，當時沒有機會查問這位熊校長是否就是我小學時代所碰到的熊老師。民國 70 年代我擔任台灣省政府社會處長期間，為籌備擴大慶祝台灣光復四十年，召開主持了一個由各廳處代表參加的籌備會，我發現教育廳的代表有一位熊智銳專門委員。可惜因出席人員很多，散會後熊專門委員早已離開，我未能查證他是否就是那位在國小曾短暫教過我的熊老師。以後因公務繁忙及職務調動離開省府，我就沒有再想到查對熊專門委員的事了。一直到幾年前我看到曾任僑委會主任祕書的老友趙林教授在他的臉書提及他在文化大學有一位 90 多歲名叫熊智銳的博士生，我出於好奇，請他側面打聽一下這位熊智銳是否曾於民國 39 年在鹿港一個鄉下小學教過書。趙林兄很快就告訴我熊智銳曾在我們那個鄉下國小任教過，他並把熊的經歷也介紹了一下。原來這個熊智銳與前述日月潭國小的熊校長及省教育廳的熊專門委員都屬於同一個人，亦即他就是在我們國小與他的夫人因匪諜嫌疑被警察帶走的熊智銳老師。兩年前熊老師以 95 高齡之年獲文化大學博士學位。媒體有不少報導，原來他還是一個有名的童謠作家，「大頭大頭，下雨不愁」就是出自他手。他的五個兒女都獲有博士學位，被稱為「博士家庭」。他當年只教我們不到一個月而當時我們年紀又小只有九歲上下，他一定不知道他那時曾教過誰，不過由於他是我此生的第一位大陸外省籍老師又有被警察帶走的經過，我始終記得他的大名。我很慶幸他終於沒事而且家庭美滿，也於教育崗位上有所貢獻。我本來想去探視他，但聽說他最近記憶力衰退並出現一些失智的癥候，也就不想去打擾他，但衷心祝福他康寧平安。熊智銳老師早年的遭遇，也可算是台灣當年「反共抗俄」時代的一個小插曲。

民國三十九年熊智銳老師被警察帶走之後，不久又來了一位外省籍教員來接替擔當我們的級任導師，他就是尚永祥先生。尚老師長得很胖，同學們背後都用台語稱他「大塊的」。他是東北人，日語講得很流利。因而很能與那時大多不會講國語而於日據時代受過日本教育的家長們溝通，並且很快地彼此建立起感情。尚老師常常跟我們講他東北家鄉及大陸的種種，為我們這些鄉下小孩開啟了對中國大陸一些初步而具體的認識。他的東北腔的普通話，也使我的國語發音或多或少受了影響。尚老師一直就在鹿港地區任教，離開草港國小後就轉到頂番國校。他也與一位本地的女士結婚並且生了一男一女。他的兩個小孩後來都到美國留學，也在美國成家立業。很可惜，在尚老師退休不久正可以赴美與他子女團聚的時候，他卻在鹿港鎮頂番國小附近散步時被摩拖車撞倒碰上電線桿，而不幸腦出血去世，令人十分惋惜。他的兒子有相當長的時間跟我有所連絡。

三、使我們興奮的級任老師

民國 40 年 9 月，我升上五年級後，剛剛於那一年教畢業班，並且創下草港國校歷年來畢業生參加中等學校升學考試及格率最高的兩位明星老師之一的黃慶明先生，出任我們班的級任導師。我們都非常興奮。黃老師跟當時大多數的老師一樣，才 20 幾歲，教學極為認真，數學是他的最強項。他這時就開始為我們的升學考試做準備；常常會教我們像大全科之類的課外教材。五年級時還有一件往事，我仍留下深刻的記憶。那就是有一次草港地區在警察派出所前廣場搭了一個臨時舞台舉辦聯歡會。黃老師指派我上台表演獨唱。這是我這一生第一次上台公開表演。記得那時每一班好像都要有個節目，我是班上的班長，成績又最好，黃老師事先用風琴指導我練唱一首大陸民歌（歌名好像叫「傻大姐」），就這樣我就上台演唱了。

2011 年 4 月作者在鹿港鎮草港老家舉行 70 歲感恩餐會，與其夫人和應邀參加餐會之黃慶明老師（中）合影，黃老師為作者國小五年級和六年級的級任老師，他指定作者報考台中一中，改變作者的人生，黃老師現年 92 歲

作者（前排右 1）小學六年級的躲避球隊與指導老師黃慶明（後排右 1）合影（1953 年 5 月）

四、升學班和我升學班的老師們及影響我人生走向的黃慶明老師

升上六年級後，所有應屆畢業生，就編成升學班與非升學班兩班。我父母和我自己一直就有我要繼續升學的打算，所以，我就編在升學班。

談到這裡，應該先回顧說明當時的學制。那時，還沒有今天的國中。所有省立中學（那時並未精省，高中、高職還不是國立）都設有高中部和初中部，省立職業學校也都有高級部（高職）和初級部（初職）。另外又有一些縣立的中學（當時的鹿港中學就是縣立，而且最初只有初中部）和初級職業學校（像秀水農工的前身秀水初農即是）。要進入初中或初職，都必須先經過升學考試一關，經錄取之後才能就讀；而且錄取率不高，因而升學競爭很激烈，尤其好學校更是如此。高中部和高職部，也是要經考試錄取才能入學。

我們六年級升學班，有三位老師教我們。除了黃慶明老師教算術和自然科外，國語文由陳清庭老師教，而洪寬志老師則教常識和社會科。這三位老師都以教學認真管教嚴格而著名。而且在正常上課時間之外，還義務為我們做免費的補習，常常要到晚上六、七點鐘才下課回家。同學們和家長們對他們，都非常之感激。畢業後參加升學考試，我在黃慶明老師的指導和安排下，分別報考省立台中一中初中部、省立彰化工業職業學校初級部和縣立鹿港中學初中部，我全部考取。最後我選擇就讀台中一中。黃老師可說也是一位影響我人生走向的老師。

黃慶明老師來自鹿港鎮頂番地區廖厝里的農家，一直都是一位明星級

老師。離開草港國校後，他轉往頂番國小服務，直到退休為止。他對自己子女的教育也很成功，有二位公子留美獲有博士學位。曾任國立台灣師範大學校長的黃光彩博士，就是他的長公子。黃老師與畢業學生頗有互動，有一年在頂番國小舉行他的學生聯歡，記得有數十人參加。黃老師的兒子都在美國定居就業，女兒女婿則在台灣。所以，他一度美國、台灣兩地跑得不亦樂乎。現在他選擇住在台灣，雖已年逾 90（他出生於 1930 年），除了略有重聽外，身體健康情形還是相當不錯。

陳清庭老師是草港本地人，來自於頭庄；多才多藝，學校的疊羅漢體操表演和鼓笛隊，都是他負責指導的。後來搬往和美。洪寬志老師國學造詣很好，那時我們最喜歡聽他講歷史故事和時事分析。他講的三國演義，尤其引人入勝，讓當年我們這些小學生百聽不厭。洪老師退休之後住在鹿港街上，是每年一度的鹿港元宵節燈會的靈魂人物之一，因為很多燈謎都是他出題的。我曾多次到鹿港拜訪他。洪老師於 2020 年 7 月過世，享年 95 歲，出殯時我特地從台北趕回鹿港弔祭為他送行。

五、我還記得的其他老師

我在草港國校就讀時代，除了上述直接教導我的老師之外，我還記得的有黃呈誌老師（以後從政，曾任縣議員、鎮公所祕書等職；一直到過世為止，他一直跟我有互動，我於他的公祭儀式中講述他的生平）、黃白守老師（書法很好，草港人）、黃石武老師（也是草港人，很喜歡釣魚）、葉潤堂老師（鹿港街上的人，後來搬到台北，熱心於社區服務與寫作，我曾在台北見過）、李繁祜老師（山東人，也是娶鹿港地區女士為妻，他的兒子我在擔任行政院祕書長時曾來見我）和鄭萬春老師（也是草港人，來自頭庄）。另有一位姓沈的退役老兵分發到學校當工友。這位老兵負責上下課打鐘和打雜；人很靜，話不多，鄉音很重，工作認真，對學生很好。他孑然一身，住在一個小房間，自己燒飯，做的都是那時我們十分好奇的外省菜。後來，他就在草港老死，由學校替他料理後事。

上述的這些師長們，不問是教過我或沒教過我的，都很愛護我。在我那個為學習和讀書奠下最根本的基礎的兒童時代，他們

1976 年 7 月作者（中）就任台灣省政府新聞處處長，9 月其國小母校草港國小之師生代表及地方士紳特至作者草港老家慶賀，趙水蛋老校長（左）亦趕來祝賀，右為當時之草港國小校長張瑞鵬

黃呈誌老師（右 1）於作者（左 3）在台灣省社會處長任內偕同鹿港鄉親郭柳（右 2，鹿港鎮前鎮長及草港國小前校長），謝式錦槐（右 3，鹿港鎮農會總幹事），許志錕（右 4，前國大代表），施惠洲（左 2，前鹿港鎮長）及黃文憲（左 1，鹿港鎮民代表）等至社會處探視（1982 年 3 月）

都曾無私地幫助我、引導我。到現在事隔六、七十年、我都還記得他們。對於他們，我心中始終充滿懷念和感激。

我在台中一中的老師們

民國 42 年我國民學校畢業，由老師安排指派參加台中地區的中學聯合招生考試，考取了台中一中初中部。三年之後，我又考上台中一中高中部（那時全台灣所有中學分為省立和縣立，多數的中學屬於同時辦有初中部和高中部的完全中學；當時台中一中全名叫「台灣省立台中第一中學」；2000 年因精省，校名改為「國立台中第一高級中學」；現因台中升格為院轄市，校名又改為「台中市立台中第一高級中等學校」；不過一直以來，社會上各界及師生、校友均稱之為「台中一中」或「中一中」）。台中一中是頗具歷史、頗有名氣的好學校，一直以來都有極堅強的教師陣容。我在一中六年就讀期間，一共經過兩位校長，我初到一中就讀時的校長是金樹榮先生，他是一位相當受師生崇拜的老師，我升上初二時，他被調離領導將近九年的台中一中而改任省立虎尾中學校長，以後先後擔任屏東中學及台南一中校長。接金樹榮先生之後出任一中校長的是宋新民先生，他在民國 48 年我高中畢業後調職。後來出任省立台中圖書館館長，他退休不久，我恰在省府擔任新聞處長，曾多次與他見面，宋校長對於我這位「一中人」的學生特別地親切，也給我很多指導。

2000 年 2 月作者應邀回母校台中一中參加慶祝改名國立之典禮

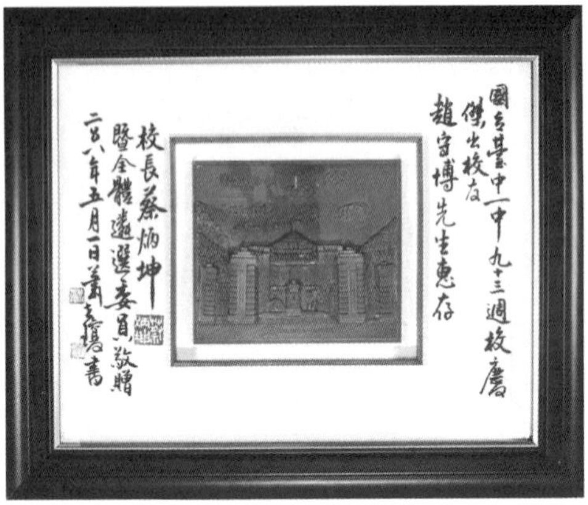

2008 年 5 月作者獲頒台中一中傑出校友獎

作者（第 3 排右 4）就讀台中一中於高三時全班合影留念，王伯英（前排右 7）與白尚勤（前排左 7）兩老師受邀合照（1959 年春）

一、堅強的教師陣容

我在一中時，老師的陣容，如前所述，極為堅強，可說是一時之選，論品質應該也是第一。很多老師都出自大陸名校，有不少老師在大陸時期，或任過中學校長、師範學校校長，或擔任過大學教授，或曾任教育廳長，或曾任高級官員及外交官。例如高一教我們國文的郭大鳴老師，就曾任北京大學的教授和北洋政府的高官，中國東北奉系高級將領最後舉兵反叛軍閥張作霖的郭松齡，就是郭老師的兄長；記憶中，郭老師身材高挑，很講究衣著，經常西裝革履，冬天還會穿著那時在台灣仍然很少見到的高級毛料大衣。另還有幾位老師在大陸時代就頗有名氣，如程東白老師，他是東北人，留日唸過明治大學，做過遼北省和大軍閥盛世才統治新疆時期的新疆省的教育廳廳長；後來曾做過清水中學的校長。有一位來自山東的數學老師霍樹楠，當年在大陸被稱為「山東數學八大金剛之一」，1949 年國民政府撤退來台，時任山東昌樂中學校長的霍老師曾帶領該中學學生 600 名一起到台灣。一位以後出任逢甲大學校長的廖英鳴老師，那時在一中教英文，在大陸時期就擔任過中山大學的教授及報社的社長。程、霍、廖三師，我在一中就讀期間都沒教過我，但他們那時在學校就很有名氣。

我就讀時台中一中年輕一輩在台灣畢業的老師，也都是各校學有專長的高材生。有好多老師成了同學們崇拜的偶像。我在校時，老師大多數是福州人、東北人、山東人和湖北人。所以，直到現在，對於帶有福州腔、東北腔或湖北腔的國語，我聽起來很感親切，也最能辨識。

教過我的老師，很多直到今天，我還留有很深刻的印象，例如陳聯璋、楊慧傑、余又健、郭大鳴和白尚勤老師（國文，指所教科目，餘類推），趙德銘老師（博物），雷洪音老師（地理），吳冰亮老師（童軍），羅時釗、齊邦媛、李德馨、馬廣亨、李升如和祖餘生老師（英文），王伯英老師（歷史），林丙丁和林照熙老師（體育），王孟仁老師（理化），鄭嘉苗、陳炳霖和吳博厚老師（音樂），劉蘭秀老師（地理），何祥墀老師（生物），陳國成老師（化學），王固盤老師（物理），陸費明珍、陳鞏、段紀堂和陳雪林老師（代數、幾何）以及皮立生和陳錫品教官，都是直到如今，他們的風采及認真教學的情形，想起來，始終有歷歷在目之感。

二、幾位我特別難忘的老師

有幾位老師特別要在這裡提一提。

陳聯璋老師是我們初一到初三的級任老師，福州人，他教國文，同時也是圖書館的主任。他對我們寫的週記批閱得很仔細，記得有一次我於週記中談到為我那時性格很內向而感苦惱的問題，他在批答中，一方面鼓勵我多交朋友，一方面也勸我可多看古書，多與古人神交，為我這位那時只有十幾歲的少年指點了迷津。我的國文的精進，陳老師的教導，給了我很多打穩基礎的幫助。

李德馨老師教我初中三年級的英文，是我在一中六年中影響我最大的老師之一。我在初一和初二，一直視上英文課為畏途，英文能考個七十分，就很高興。到了初三，李老師教我們的時候，她告訴我們，學英文沒有什麼訣竅，只要苦背、肯背單字和課文就可以；背熟了自然會發生「熟讀唐詩三百首，不會做詩也會吟」的效果。而且她很會鼓勵學生，文法的解析也講得很好。可以說，我學英文，是她替我開了竅。在她教導下，我英文成績突飛猛進。到了高一，我自己就完全能看懂原文的實驗高級英文法。使我對英文一科信心大增，替我以後到美國留學，奠下了很好的基礎。

何祥墀老師教我們生物。也是我們高一的導師，那時他剛從大學畢業不久，很年輕，經常鼓勵我們有機會一定要出國唸書，並且要跟我們比賽誰先出去。後來我在美國留學時，跟同學聊起來，聽說他去了南美，以後再也沒有他的消息了。

葉子忠老師擔任過訓導主任，教我們高一的公民。很會講課，聽他談法政問題和國內外現勢，非常引人入勝，是一種享受。記得他曾以台中市自由路來比喻法治；那時自由路南端是監獄，北端則是公園，他說，法治就像自由路，守法的人可以到公園去逍

1979 年 10 月作者由省新聞處長調為省府委員，於移交前至省電影製片廠辭行，製片廠廠長葉子忠老師（左）與該廠主祕楊宣勤（右）送行

作者（後排右6）於台灣省主席任內邀請當年就讀台中一中時的部分老師訪問中興新村省政府時合影，前排齊邦媛（左2）、李德馨（左3）、陳鞏（右1）、廖英鳴（右4）、後排陳國成（右3）、段紀堂（右4）、林照熙（左2）及一中校長蔡瑞榮（右7）（2000年4月）

遙自在，而法律的另一極端，即是違法，違法的人就要到監牢去。葉老師後來到省政府服務，擔任替省主席撰發新聞稿的工作。我擔任省新聞處處長時，特別請他出任省電影製片廠的廠長。他早已退休，以後移民美國。

陳國成老師是教化學的明星老師，當時很年輕很受學生歡迎。以後他轉至中興大學任教，並編印很多科學期刊和讀物，做事很執著。我在省府新聞處服務期間，給我很多指導、協助。李升如老師很愛好文藝，曾擔任省文藝協會理事長，他出過詩集。我當省新聞處長時，他常請我去為文藝協會頒獎。

馬廣亨和齊邦媛老師，都在我高中時教我們英文，兩位對學生的要求都很嚴格。馬老師以後擔任省立台中圖書館館長時，我在省府任社會處處長，經常在台中圖書館辦理活動和開會，承他幫助不少。

作者（左 2）應邀參加關於其台中一中時期之英文老師齊邦媛（左 4）的自傳《巨流河》一書的回應專輯《洄瀾——相逢巨流河》一書的新書發表會，與齊老師、郝柏村院長（左 3）、白先勇（左 5）、陳文茜（右 4）等合影（2014 年 2 月）

齊邦媛老師，中英文俱佳，不但教英文，也教我們做人，她上課時非常注意同學的舉止應對，如有不對之處，她會隨時嚴加指正。她曾告誡我們說，人在 25 歲以前還可以靠父母，過了 25 歲還要靠父母就不應該了。以後她先後在興大、台大任教。2000 年代初期，我常常有機會與她相聚，她也常常將她的大作和所編的中英雜誌送我。給我很多鼓勵。2009 年 7 月，齊邦媛老師出了一本書名叫《巨流河》的自傳，非常轟動，廣受好評，出版後非常暢銷。我曾應邀在她的新書發表會講話。以後她的出版商，又將她的各界友好及門生故舊就《巨流河》一書寫給她的讀後心得的書信和相關評論等輯成一書，稱之為《洄瀾——相逢巨流河》，裡面也收錄了我寫給齊老師有關我閱讀《巨流河》之後的一些感想的信。2014 年 2 月《洄瀾》一書舉行新書發表會時，我也應邀參加，並和齊老師及一些與會貴賓合影留念。齊老師於 2009 年以後，由於她在中書西譯以及中文文學創作的成就，先後獲中興大學、佛光大學、台灣大學及美國印地安那大學（Indiana University）頒贈榮譽文學博士的學位；也得過我們國家的總統文化獎和行政院文化獎，馬英九總統於2015年11月也頒給齊老師景星一等勳章。齊老師之得到這些榮譽，可說實至名歸，身為她的學生，我也與有榮焉。齊老師一度住在長庚養生村，我曾攜同我也曾在齊老師的美國母校印第安那大學就讀過的女兒趙婉寧一起到養生村拜訪她。齊老師出生於1924年，照中國人的算法，今年已高齡98歲，身體健康還不錯，還會出來演講，令人敬佩。她也是當年在台中一中教過我的老師中極少數還健在的一位。我祝福她松柏長青、福壽康寧。

作者與其女兒趙婉寧至長庚養生村探視齊邦媛老師（中）（2010年8月）

白尚勤老師是我們高三的導師，教我們國文和論語、孟子，對我們這些大孩子循循善誘，非常寬容。我在高三，因為家境問題而為了升學選擇感到何去何從時，他曾給我指點了迷津。我在任職省府期間，他在省立台中圖書館服務，曾見過幾次面，但是沒有多久，他就過世了。

另外有一位在訓導處工作的女職員張桂貞女士，也必須提一提。她負責登記學生的上課、缺課與是否準時到校的紀錄。我從初三至高三，是由鹿港鄉下的草港先搭客運汽車到彰化、再由彰化搭火車到台中的通學生。由於當時草港至彰化的路況很不好，一遇大雨車子就會誤點，而彰化到台中的火車也常會有未能準時開車的情形；雖然我們這類的通學生獲有免參加升旗的「優待」，但仍然不時會有遲到而趕不上第一節課的狀況發生。碰到此種情事，我總找這位張桂貞女士請她通融不要登記我遲到或缺課以免影響我的操行成績而使我申請不到清寒優秀的獎學金。她幾乎百分之一百照辦。我實在很感激她。這位張女士當時大概只有 4、50 歲，常常穿旗袍，舉止端莊，來自中國東北，她的先生是一中一位很受學生歡迎的國文老師李鼎彝先生。李老師在我們初二時過世，張女士就被安排到訓導處工作。後來我才知道，相當有名氣的李敖就是他們的兒子。

民國 89 年（2000）4 月，我於台灣省政府主席任內，特別邀請廖英鳴（如前所述，我在一中就學時 他是英文老師但沒有教過我，以後他任逢甲大學校長與我常有來往）、齊邦媛、陳鞏、李德馨、陳國成、林照熙和段紀堂等當年的一中老師到中興新村省府作客，與他們共敘當年一中的種種，很感興奮。這些老師那時絕大多數都還很健康，不過現在多數已經往生，實在令人不捨。

中央警官學校的師長們

我於民國 48 年至 52 年（1959-1963）在中央警官學校（現中央警察大

學）就讀。

那時中央警官學校（以下簡稱中央警校或警官學校）的校長為趙龍文先生、教育長為梅可望先生。學校的師長可分為三大類，一為行政主管；一為教授警察專業課程的教官，都係具有官職官階的警官。另一為教授法律和其他專業科目的教授。

一、警官學校影響我最深的趙龍文校長和梅可望教育長

趙龍文校長及梅可望教育長可說是我在警官學校就讀時對我深有影響的兩位師長。趙校長曾任浙江警官學校校長，曾追隨胡宗南將軍（為蔣中正極器重之黃埔軍校的學生，對日抗戰期間率重兵坐鎮西安，有「西北王」之稱；也負有監視在陝北之中共的任務）與戴笠將軍（蔣中正在大陸時期最有權勢的情報負責人）多年，到台灣後擔任過海軍總司令部的政治部主任；於中央警官學校校長任內同時兼任台灣省警察學校校長。他國學與史學根底很好。在領導警官學校期間，他推動一個「行道」的運動，意思是要大家行孔孟之道，他還寫了一首「行道的人」的歌，每天我們集合晚點名的時都要唱（那

作者就讀警官學校時獲大專學藝競賽冠軍，該校趙龍文校長特召見勉勵並合照（1962 年 10 月）

1963 年 6 月，作者（右 2）自警官學校（現中央警大）畢業和部分同學與警官學校趙龍文校長合影

時警官學校實行軍事管理，學生作息起居都要遵守嚴格之規律，每天早上晚上都要集合點名）。趙校長每週有二次對全校師生講述論語，每次大概一個小時，而且還會發問。由於我學業成績一直不錯，所以他在我入學不久就認識我，也多次單獨召見我有所勉勵。他在講述論語時，用了很多現實的例子來闡釋，也會說明如何運用孔孟之道來為人處世，對我頗有啟發和影響。我大三時曾代表學校參加青年救國團舉辦的大專學生學藝競賽，獲得「匪情問題（即大陸中共政情）」問答競賽的冠軍，得到當時的副總統陳誠的親自頒獎。校方認為我為校爭光，特在全校的週會公開表揚。趙校長事前找我談話，先是讚許我一番，接著說他要送我一句話，即孔子講

過的「有周公之才之美，使驕且吝，餘不足觀也。」趙校長說孔子的意思是要人不可驕傲。他又說，尚書有「謙受益，滿招損」的話，也是在教人要懂得謙虛而不可驕傲。趙校長又告訴我說：「等一下週會，我要為你這次代表學校競賽而獲獎公開表揚你：你自入學以來，各方面都有很好的表現，我希望你繼續努力。不過，不能自滿，不能產生驕氣；所以，我事先跟你談不可驕傲，要知道謙虛的道理。你應該會瞭解我的苦心。」我聽了之後，非常感動。趙校長的這一番教誨，我從此時刻牢記在心，也常常自我提醒，對於我的為人處世，有很大的幫助。我出國前曾去探望他並向他報告，那時他已退休，我們談了很多，他一再勉勵我並送了一本他點閱過的有關孔孟之學的書。這是我最後一次見到他，因他於我還在美進修時就過世了。

至於梅教育長對我的影響，則是他的一席話使我最終選擇在警官學校就讀，而改變我人生的方向。事情的經過如下：

民國 48 年（1959），我台中一中高中畢業考入中央警官學校正科二十八期大學部，同時在大專聯考中，也被台灣大學理學院所錄取。那一年夏天，台灣中部地區遭受了一個前所未有的大水災，即「八七水災」；我在彰化縣鹿港鎮鄉下的老家，也是受損嚴重的災戶。為了減輕家庭的負擔，我在父母、親友的勸說和自己的考慮下，放棄了台大，而進入警官學校。那時的中央警官學校，剛在台復校不久，一切都還在草創階段，不但校舍簡陋狹小，重要法律課程的師資大多為兼任；而且畢業之後授與學生法學士學位的必要立法，也還未完成；知名度也甚低。因之，我報到入學不久，在接受新生訓練期間，還在猶豫是否應照我在台中一中的幾位同班同學的一再勸說，從警官學校退學，而改到台大報到就讀。

就在我傾向於至台大報到的時候，有一個週末，時在國防研究院受訓的梅教育長可望先生，向我們這些新生作精神講話。梅教育長在講話中，以他非常之好的口才滔滔不絕地描述中央警官學校未來發展的美景、在警官學校就讀有那些其他大專學校所沒有的優勢條件（如重視外文教育、領導統御訓練、法律課程、體格鍛鍊及培養團隊精神，和一切公費等等），他並且現身說法，談他當年如何放棄大陸當時有名的湘雅醫學院而改入警官學校就讀，如何獲高考狀元及如何到美國留學等等個人的經驗。他同時樂觀地表示，我們畢業之後，不是僅僅能當警官，也可以去考外交官、法官、律師，也可以出國留學深造回國當學者。他鏗鏘有力的表達，極具說服力的內容，使我這個當時只有十八多的青年，聽得頗為陶醉、至為神往。也使我終於下定決心，放棄至台大報到，而在警官學校安心地就讀下去。他的一席話可說改變我的人生道路。梅老師也教我們警察學，他講課生動又有內容，頗受學生歡迎。他寫了一本警察學原理，屬於經典之作。後來他於警官學校校長任內又開辦警政研究所，他可說是國內警察學術的開路先鋒。

梅老師在我們大三時應邀赴美講學並攻讀博士學位。後來他繼趙龍文先生之後出任中央警官學校的校長。1966 年 12 月我出國赴美深造時，他已

作者離台赴美留學，梅可望校長親至台北松山機場送行（1966 年 12 月）

作者就任台灣省主席，梅可望校長（右）特來祝賀（1998 年 12 月）

是警官學校的校長，曾親赴台北松山機場為我送行。我在美國完成學業之後，就由梅校長邀聘回到警官學校擔任客座副教授。梅校長於 1978 受聘擔任東海大學的校長，任期長達十三年之久，對東海大學極具貢獻。2008 年他 90 歲，我曾發起為他出了一本以《警政、法治與高教》為書名的祝壽論文集。我擔任行政院祕書長期間，他已自東海大學校長退休，並著手開辦「台灣區域發展研究院」，曾多次找我幫忙協調院址土地用地的問題，後來該院正式成立後我受聘為董事，也捐了款。他是我在警官學校的師長中與我始終保持聯繫來往並對我的公職生涯十分關心的一位老師，他於 2016 年以 99 歲高齡過世，令人懷念。

二、警官學校當時的警察專業教官和行政主管

我就讀警官學校時教授我們警察專業科目的教官有：徐維新（交通警

察，指所教科目，餘類推）、王烈民（保安警察）、姚愷如（安全警察）、劉協德（違警罰法）、余昭（外事警察）、熊文洪（警備警察）、程盤銘（警察紀錄）、康樂英（衛生警察）、陳天儒（水上警察）、項義章（國父遺教）、邱怨鑑（國文）、酈爾彥（戶籍警察）、萬筱泉（經濟警察）、王宗羲（消防警察）、趙默雅（指紋鑑定）以及鄢景耀、梁達人和倪秋煌等教官。

上述的這些教官都曾在大陸或者台灣從事過警察的實務工作，絕大多數都是內政部高等警官學校、浙江警官學校或中央警官學校的畢業生，有的還唸過日本的警察大學或到德、奧學過警察，所以教的警察相關業務的課程都很有內容。可能考慮到同學畢業後都要從事警察工作，因而大多數教官在授課時都會講一些為人處世的道理，和警察工作的酸甜苦辣暨擔任警官可能會面對的挑戰和如何去因應。因為那時的警官學校學生不多，全部住校，而教官們也經常要到校上班，同時我成績一直很不錯，這些教官全都認識我，也對我頗有期許。在校期間，我曾擔任過徐維新教官的千金（北一女學生）和倪秋煌教官（他是我鹿港鄉下草港地區的同鄉）的公子倪世標（後來曾任台北市政府環保局局長和副祕書長）的家庭教師。徐、倪兩教官都讀過日本警察大學，倪教官還從日本引進並改造三節警棍，頗風行一時。

警官學校那時的行政主管為：張杞康（教務組長）、姚愷如（訓導組長）、徐維新（辦公室主任）、葛心德（總務組長）、廖學胥（安全組長）、陳永福博士（主任醫官）等先生；另有直接管理學員和學生的補修班班附宋廷均教官和學生大隊長程敷堂先生。我一樣跟他們都很熟。其中姚愷如組長負責訓導的工作，因我常代表學校到校外參加大專學生的有關活動，受他很多的指導。姚老師也教我們安全警察，由於他以前實際從事過情報工作，他講課時常會舉很多情報戰的實例，非常引人入勝。

警官學校實施軍事管理，學生全部住校，起居作息和一切行動全都要遵照頗為嚴格的規範和紀律，棉被每天都要按規定摺疊，穿制服也有一定的要求。學生都編成學生隊，我們這一期編成二個區隊，隊有隊長、指導員和區隊長，這些隊職官朝夕與我們相處，也負責執行對我們的軍事管理。我四年警官學校就學期間，擔任我們隊長的是吳金榮先生，指導員先後為孫家紹和張春鑑兩先生，區隊長前後有陳志光、李永昇、張慶國、王勇和徐文中等先生，他們都是警官學校畢業的學長。這些隊職官或四年或二至三年與我們天天在一起，不只每天和我們有早晚的點名集合和對我們的訓話，並且和我們一起用餐，當然彼此之間會有感情，但因為他們「管」我們，同學對他們有時會心生「不滿」甚或「反抗」。不過，畢業之後，大家還是很懷念他們的。就我而言，警官學校時期的軍事管理，使我養成了規律的生活，也培養我很多至今仍然受用無窮的好的生活習慣。我與這些隊職官在畢業之後大多仍保持聯繫。可惜，吳金榮隊長雖然很注意保養身體而且身兼太極拳老師，但不到 60 歲就往生，陳志光區隊長是正科 22 期畢業狀元，很斯文、用功，後來考取司法官，最後做到台灣高等法院的法

作者（右 3）出國赴美留學，警官學校的師長吳金榮隊長（左起）、程敷堂大隊長、孫家紹指導員、徐維新教官和王烈民教官到松山機場送行（1966 年 12 月）

官，幾年前過世；李永昇區隊長以後做到幾個縣的警察局長，他當南投縣警察局長時，我剛好擔任台灣省政府的社會處處長，就住在南投縣的中興新村，與他見過幾次；徐文中區隊長以後轉到考試院工作，做到簡任官。

三、激發我研究法學的興趣與動力的法律學門老師

警官學校那時的法律及相關專業課程的老師大多係從其他大學或相關政府機關以兼任教授方式所聘用的。我四年期間教過我們法律的教授有：梅仲協（民法總則，台大教授，指所教課程及當時所任或曾任職務，餘類推）、涂懷瑩（法學緒論，法商學院及政工幹校教授）、張宗良（憲法，國大代表及文化學院教授）、俞叔平（行政法，台大教授）、梁恆昌（刑法，司法行政部主祕）、王建今（刑事訴訟法，最高法院檢察官）、王伯琦（台大教授）及李紹言（曾任法官及考試委員）（民法債篇）、蒼寶忠（民法親屬篇及物權篇，專任教授並曾任多所中學校長）、陳顧遠（民法繼承篇、商事法，立法委員）、梁其林（民事訴訟法，律師）及何適（國際法，立法委員）等教授。

上述警官學校的這些法律學門的教授，都是學有專精，不少並有相關法學專著，雖然大多數屬於兼任，但教學都很認真，很多講課頗為引人入勝，是他們給了我研究法學的入門之鑰，也是他們激發了我以後出國留學研讀法律的興趣與動力。在這些教授中，有幾位特別使我難忘。那就是梅仲協教授、張宗良教授、俞叔平教授、王建今教授、梁恆昌教授及何適教授。

梅仲協老師教我們民法總則。那時他的本職是台大法學院的教授及法律系主任。他也曾主持過台大法律研究所；為民法權威，著有一本很厚的《民法要義》，其中多數法律專有名詞我記得均同時列有法文、德文和英文的寫法，這本《民法要義》是我們民法總則這門課所使用的教科書。梅老師上課時從不帶書和看書，時間一到就進入教室坐下接著以宏亮的聲音滔滔不絕地講授，下課鈴響，他就戛然而止，離座而去。他的授課從不講與課程無關的話題，很有內涵、很充實。梅老師早期留學法國，被譽為中國民法三傑之一，其他二人為江平（曾任中國政法政大學校長、民商法專家，為中共民法典主要編纂人）及謝懷栻（為民商法專家，曾參與中共民法總則、合同法、公司法、票據法、和海商法等的研擬及立法工作）。

張宗良教授留學英國，獲倫敦大學政治學博士。他教我們憲法，不過，實際講的是比較憲法，對中華民國憲法著墨不多。他上課的方式很特殊，一進教室就站著講述、闡釋相關的主題，然後留下差不多一刻鐘到二十分鐘的時間，就他上半段所講述的資料，以口述的方式叫我們跟著做筆記；

他的口述很清楚，連什麼地方應該用括弧，什處要用標點符號的逗點、句號或頓號都講出來。每一堂課記下來，就是很有條理的筆記資料。我們曾拿我們的筆記跟其他班期上過他同樣課程的學長的筆記相核對，幾乎百分之百完全相同。足見他有很好的記憶力。張宗良老師教我們的時候，他是中國文化學院（現在中國文化大學的前身，張老師曾擔任中國文化學院的首任院長）的教授及國大代表。民國 55 年我赴美求學前辦理申請學校時，曾請他寫推薦信，他特別鼓勵我應讀到博士，回國後才會有較大的發展空間。張教授在台北政壇很活躍，後來曾相繼擔任國安會副祕書長、國立台灣師大校長（1971-1978）及考試院副院長（1978-1984）。張老師於授課時講了不少英國國會的發展，他喜歡引用一句一位叫金一路易斯·德洛姆（Jean-Louis de Lolmer，1740-1806）的瑞士裔英國學者形容英國國會權力之大的話：「英國國會除了不能使女人變男人，男人變女人之外，什麼都能做！」（Parliament can do everything but make a woman a man and a man a woman），令我留下很深刻的印象；迄今每想到張宗良教授就會想起這一句名言。

俞叔平教授教我們行政法，他是浙江警官學校第一期的畢業生，後來留學奧國獲維也納大學法學博士。他曾擔任過上海市警察局局長及司法行政部政務次長。教我們的時候，他是台大法律系和法律研究所的專任教授。俞老師上課時海闊天空無所不談，除了教我們一些行政法的基本概念外，他談得更多的是時事、他當年的從政經歷以及他到台灣後以律師身分所經辦的幾個重大刑案。由於他出身警察，所以他於課堂上也不時談論批評警政問題，也很鼓勵我們要出國深造。我於在學期間因辦理一個法律研究社的社團，曾到過他的公館邀他演講，他拿出不少他的法律著作送我。1950年代，他曾多次到德國講學並爭取到警官學校畢業生赴德留學的每年四名獎學金（記得共有三期）。我那時剛是大三，因此拼命學德文，希望能爭取此留德獎學金。後來因為我們必須服完預官役後才能出國，所以就來不及參加此一留德的獎學金第一期的考試。因而我服完兵役後就放棄留德，而改為留美。俞叔平教授於 1964 年出任中華民國駐聯合國原子能總署（設於維也納）的常任代表，1969 至 1972 年出任中華民國駐尼加拉瓜大使。

王建今教授教我們刑事訴訟法，那時他擔任最高法院檢察署檢察官。由於他長期從事檢察官實務工作，他上課從不帶講義或課本，一進教室就侃侃而談用實務的例子配合法條的規定，講述我國的刑事訴訟制度，是一位很受歡迎的老師。後來他出任最高法院檢察署檢察長（1969 至 1986）。

梁恆昌老師教我們刑法總則和刑法分則，用的是他寫的教科書《刑法總則》與《刑法各論》。梁教授教我們的時候，記得他是司法行政部的主任祕書。他上課很認真，一板一眼，不過，大多照本宣科，所以不太會引起同學太大的熱情反應。但是，他對條文很熟，又講得很詳細，我對刑法各種基本理念和法定各項犯罪的認識和瞭解及以後有從事深入研究的興趣，可說受益於梁教授的授課不少。我出國留學申請學校時，梁老師也替我寫介紹信。梁教授出身於中國有名的朝陽大學法律系，後來做到司法行政部的常務次長及司法院大法官。

何適教授，留學法國，獲該國南錫大學（University of Nancy）政治經濟學博士，他教我們國際法，那時他的職務是立法委員。由於我一向對國際法及相關問題很有興趣，故他的課我也特別用心去聽，在課堂上也向他提很多問題。他曾寫過一本「國際私法 」，我在美國伊利諾大學撰寫博士論文時，也把它列為參考資料之一。

四、其他大學專業課程的教授們

在警官學校我們除了法律課程外，也依規定進修一些專業課程，我在學四年所修的專業課程和其授課老師有：

李鴻音教授（社會學）、黃堅厚教授（心理學）、陳世鴻教授（政治學）、裘朝永教授（犯罪學）、劉孚坤教授（哲學概論、理則學）、陳厚佶教授（國際組織與國際現勢）、林霖教授（經濟學）、沈明璋教授（中國通史）、黃佑教授（德文、各國警察制度）、張國治教授（德文）、程德受教授（公共關係）、 酆裕坤教授（警察行政）以及鍾榮蒼教授和許君武教授（英文）。其中我印象最深的教授有李鴻音、黃堅厚、裘朝永、黃佑和鍾榮蒼等老師。

李鴻音老師本職是法商學院的教授和社會學系的系主任，他教我們社會學，用的教科書是中國社會學權威孫本文所寫的《社會學原理》。由於我對這門課頗有興趣，對李教授的授課很用心地聽講。他對社會學的一些基本概念解說地頗清楚，特別針對何謂社會問題、社會變遷以及如何發掘、解決社會問題和社會變遷的成因及影響等有相當啟發性的講解，對我以後從事相關社會行政工作，很有幫助。

教心理學的黃堅厚老師，教我們的時候是台灣師範大學專任教授，那時他很年輕，只有四十出頭，講課很有條理，口才不錯。他講佛洛伊德（Sigmund Freud）的心理學理論和精神分析，深入淺出，頗引人入勝，使我對心理學問題深感興趣。我在美國進修時也因而選修一些有關法律與心理問題及精神分析的課程，並閱讀了一些這方面的論文。黃堅厚老師為台灣心理學教育的先驅，他寫了不少這方面的著作與文章。我大學時代曾看過他一篇有關認識自我的勵志性的文章，其中有一段話談到自卑情結使我印象深刻。他這段話大意是說：「我們人看自己往往看得很清楚，對別人則只是看到表面，所以與人相比常常心生自卑。例如我們身穿破內衣、破內褲，補過的襯衫，雖然外套還不錯，但自己非常清楚。看到別人衣冠楚楚，就會自覺不如人，殊不知對方也可能穿破的內衣褲和補過的襯衫，只是虛有其表而已！」這段話影響我很大，使我迄今看人不會只看表面，一定要設法認識其內在和其他相關背景資料。

裘朝永老師教我們犯罪學，他是國大代表，擔任過推事、檢察官，教我們的時候是司法行政部監獄司司長。他油印的犯罪學講義很有內容。他對犯罪學派的介紹講得很清楚，尤其針對犯罪學實證學派的義大利學派的「犯罪學三聖」龍勃羅梭（Cesare Lombroso）、費里（Enrico Ferri）和加羅法洛 Raffaele Gerofalo) 的講解，頗引起我的興趣。到現在為止，我還記得裘老師所講的龍勃羅梭的「生來犯罪說」的理論。

黃佑老師早期曾留學德國，在納粹執政時期唸過德國的警官學校；他做過青島市警察局局長。教我們時時他是內政部警政司司長。他教我們各國警察制度和德文。雖然他身為警政司長，但於講授各國警察制度時，他不時批評那時的警察工作和警察人員的表現。他教德文，很注意發音，並教我們用漱口時發音或口含珠子來發音以體會德文的發音方法。他上德文課時會談以前他留德的經歷，頗引起我們的興趣。他也曾向我們表白他在德國唸書時的一段使我們很感動的戀情。他告訴我們他在德國進修時曾與一位德國女孩熱戀；後來他回國後德國女友因二戰關係而音訊中斷且生死不明。但戰後他獲知，他的德國女友依然健在，且因他而終身未嫁，使他深感歉疚。故此他以他的一個女兒做她的乾女兒。

鍾榮蒼老師是我們的英文教授，從大一教到大二。他原職是淡江文理學院（即現在的淡江大學）外文系的副教授。鍾老師教學非常認真，我因為對英文一直有興趣，成績也很好，鍾老師與我頗有互動，常在課堂上要我解說他的講義。我們大三時因他是廣東人，應聘到南非擔任一所南非華僑中學的校長，他並且為我介紹一位南非華僑青年當我的英文筆友。

五、難忘的三位美籍英文會話老師

我求學時代的警官學校非常重視英文教學，除了有由本國籍老師所教授、主要以英文重要文學著作和相關重要文件、演講的選讀的課程之外，另從大一至大四都開有完全由美國人所教的英語會話課程。我四年期間都選修所有英文和會話的課程。教我們英語會話的老師，前後共有三位，都令我十分難忘。

（一）基督教傳教士漢侔登博士夫婦

教我們英語會話的老師，從大一以至於大三都是由一對叫做漢侔登博士夫婦（Dr.& Mrs. E.H. Hamilton）的傳教士所教的。最初由漢侔登先生授課，這位漢侔登（E.H. Hamilton）曾在中國徐州地區傳教，會講中文，也會寫些中文字，我記得他第一次上課就用有些洋腔的中文（漢語）跟我們大談徐州地區一個「王三老虎」的土匪頭的故事。所以一直到現在，每想到漢侔登先生就會想起「王三老虎」和漢侔登講「王三老虎」的表情、音調及他在黑板上所寫的「王三老虎」四個漢字的模樣。漢侔登這三個漢字是他所用的中文名字。

作者與在警官學校就學時之英文會話老師漢侔登夫人（Mrs. E. H. Hamilton）合影（1963 年 5 月）

作者於警官學校就學時之英文會話老師漢侔登夫婦（Dr. & Mrs. E. H. Hamilton）（1963 年）

漢侔登夫婦係於 1952 年秋由台灣基督教長老會和加拿大基督教長老會共同邀聘前來台灣主持國語傳教及學生團契工作，並在美國教會之支持下，於 1953 年 10 月興建設置一個叫做「學生聯誼所」（Friendship Corner），專門辦理以大學生為主的查經班和相關的傳教活動。這個學生聯誼所，就設在台北市羅斯福路三段 269 巷，即現在的「台灣基督長老教會大專學生中心」的最原始的前身。漢侔登牧師夫婦就於主持這個 Friendship Corner 的時候，在警官學校兼任教職的，因此我們也偶會應邀參加此一 Friendship Corner 的活動。在我大二的時候，漢侔登夫人（Mrs. E.H. Hamilton）接替他的先生來教我們英語會話，她同時也於每個禮拜天的下午在她們那時位在台北市羅斯福路三段 244 巷 9 弄 7 號的家中開辦一個大學生英文查經班，並邀請我們同學參加；我們班上最初有二、三位同學一起去參與，不過最後只有我一人一直到畢業為止幾乎毫不間斷地出席這個查經班。記得每次約有十位左右的大專生參與，國防醫學院的學生佔多數，出席率也最高。每次查經班都以英文本的新約聖經為教本，由學生每人輪流先朗讀一段，然後由漢侔登夫人講解，再由學生發問討論或發表意見。此一英文查經班的長期參與，對於我之瞭解聖經也就是基督教的教義，當然有所幫助，但也大大增進了我英語的聽與講以及英文的閱讀和運用寫作的能力；我個人可說獲益頗多。漢侔登夫人對我的用功，有很好的印象，也很讚許我對英文聖經的瞭解及閱讀與解析的能力，暨我英語會話水準的精進。她曾多次試著說服我接受基督教的信仰，但我都以家庭傳統為由婉謝推辭。所以，我記得我畢業後向她辭行表示無法再參加她的查經班時，她曾頗為感慨地說她以未能使我受洗成為基督徒而感十分遺憾。我答以我雖未正式成為基督徒但基督教的許多教義，尤其聖經中的許多道理，我是非常認同的。我也特別感謝他們夫婦尤其她長期的教導，使我的英文，不論講、寫或實際的應用，有很大的進步。我後來留美，這段由漢侔登夫婦教授英語會話和指導英文查經的經驗，對我在美國的深造研究，是很有幫助的。我對他們這對夫婦，一直心存感激；他們也是我大學時代對我有影響使我難忘的老師。

（二）來自路易斯安那州的史密斯夫人

我們大四時，英語會話是由一位美國軍事顧問團（MAAG）的中校軍官史密斯（Lt. Col. Jefferson Davis Smith, Jr.）的太太史密斯夫人（Mrs. Jefferson Darvis Smith, Jr. or Evelyn Baur Smith）擔任教師。這位史密斯夫人和她的先生來自美國路易斯安納州（Louisiana）的聖弗蘭西斯維爾（St.

Francisville）小鎮。那時他們和他們的小孩就住在台北天母由台灣銀行所蓋的美軍顧問團軍官的宿舍區內。她生性豪爽又有美國南方白人那種好客的作風，所以常會請我們同學到他們的軍官宿舍家中作客，或參加他們美軍顧問團的有關聚會及活動，她還特別教我們西餐的禮儀和如何使用西餐的各種餐具。

史密斯夫人是教師出身，她教我們英語會話，主要以生活英語為主，也就是著重在衣食住行育樂相關的英語會話，所以相當生動活潑也頗實用。雖然她只教我們一年，但與我們建立相當深厚的感情。返美之後，一直和我有聯繫。她也是我警官學校時期一位令我懷念的老師。

我於 1966 年（民國 55 年）12 月赴美進修，她也知道。1968 年夏，我在伊利諾大學法律學院（University of Illinois College of Law）修完碩士並開始進修博士學位。6 月至 7 月我至德州達拉斯（Dallas）參加專為外國法律工作者和研究者所設之「美國法與國際法學院」

作者留美時至路易斯安那州探視其就讀警官學校時之英文會話老師史密斯夫人（Mrs. Jefferson Davis Smith, Jr）並和老師及其夫婿、女兒合影（1968 年 7 月）

（Academy of American & International Law）的研究。德州與路易斯安那州隔鄰，所以，在達拉斯的研究結束之後，我特別前往路州聖弗蘭西斯維爾拜訪史密斯夫人。當年她在警官學校教我們英語會話的時候，她和我都沒想到有一天我們會在美國，尤其是在她的家鄉見面，所以，此次相見，格外欣喜。我在她家作客三天，受到熱情款待。她的先生史密斯中校，當時已從軍中退役並於位在離聖弗蘭西斯維爾西北方約有 35 公里的安哥拉（Angola）的路州州監獄（Louisiana State Penitentiary）工作。此處為美國收容管束最多重刑犯的所在。史密斯中校帶我參觀此監獄的相關設施，並為我簡報此監獄的管理做法，使我實地瞭解了美國的獄政工作。

史密斯夫人也特別驅車送我到路州首府巴頓魯治（Baton Rouge）參觀她的母校路州州立大學 (Louisiana State University，LSU）並拜訪一位在當地教書也是她暑期進修班的老師的華人教授楊逸塵先生。

史密斯家在聖弗蘭西斯維爾算是望族，美國南北戰爭時南方即「美利堅邦聯國」（Confederate States of America）的總統傑佛遜．戴維斯（Jefferson Davis）係史密斯中校高祖輩有血緣關係的親戚，所以史密斯中校的全名有傑佛遜．戴維斯（Jefferson Davis）。史密斯家擁有一個不小的農莊（Plantation），極富傳統南方風味，聖弗蘭西斯維爾並不大，人口不滿二千人，是一個有不少 19 世紀古建築的歷史古鎮。我此次的到史密斯家作客，使我對美國南方白人的政治傾向、價值觀念和生活模式，有了進一步的瞭解。史密斯夫人和她的先生因他們特殊的家族關係，依我與他們相

作者於伊利諾大學就讀時攝於校園之內（1970 年 2 月）

作者在美國伊利諾大學就讀時攝於法律學院（1970 年 10 月）

處的體會和從旁觀察，在政治上應屬於反共的保守派，對於黑白種族問題，則似乎應該是屬於骨子裡主張黑白「平等但分離」（Equal but Separate）的那種白人。

史密斯先生於 1978 年去世，可惜只活了 60 歲。史密斯夫人於 2007 年 11 月往生，享年 87 歲，並且已當了曾祖母。

伊利諾大學時期的老師們

1967 年 2 月我正式進入美國伊利諾大學（University of Illinois）的法律學院（College of Law）就讀，於 1968 年夏獲比較法碩士（Master of Comparative Law），接著進修博士課程，於 1971 年年底通過法學博士

（Doctor of the Science of Law，S.J.D. 或 J.S.D）論文的口試，完成了我的法學博士課程，並於 1972 年夏正式獲頒博士學位並取得博士畢業證書。

我於伊利諾大學（以後亦簡稱伊大）近五年的研究進修，除了得到碩士和博士學位外，也有幾個對我以後工作和生活頗有影響的心得：

（一）**注意邏輯的推理**：美國的法律教育，採用個案教學法（Case Study），常用法院的判決書作為教材，而美國法院的判決書常常相當冗長，裡面正反兩方面也都各有論點，自圓其說，讓人看來言之成理。這就要有很好的邏輯思維了。我在此種個案研究中，必須反覆推敲相對的兩造他們的論述，看他們如何使自己站在「有理」的地位之上。久而久之，使我對於邏輯的推理，相當地有興趣，相當地去注意和重視及運用。

（二）**對於一件事物要注意正反兩方面的看法**：美國法律教育中的個案教學法，要求研究者要注意正反兩方面的看法。我們研究的個案，絕大多數是美國最高法院的判例。美國最高法院的判決，都是由九位大法官（包括 Chief Justice, 首席大法官或譯為院長）投票決定，有不少的判決是以五比四做成決定的。而且有不少同一性質的案件，在經過若干年後，完全被翻案。這就告訴我們，一件事物，正的不可能永遠會是正，反的也不可能會永遠是反。因而，看一件事物，一定要兩方面都仔細去看，認真去觀察。這種態度對於我在公務生涯擔任首長處理相關主管業務時，有很大的幫助。

（三）**法律應遵守，但法律也可以依法被挑戰**：美國法律教育中的很多個案教材，即法院的判例，其中的訴訟標的常常是挑戰某一個法律或某一項法律規定的合憲性或合理性。也就是說，法律在有效期間就心須要遵守，這也是所謂「惡法亦法」的一種推論。不過，法律規定如果違背憲法或違反公平正義的原則，可以透過法定的程序加以挑戰，使之無效或廢棄。換言之，我們不可以死抱法條不放，我們應該適時檢討研究法律的規定，其不合時宜、不合理、不合憲者、就要趕快加以修正，不要讓「惡法」來規範、束縛社會，而妨礙社會的進步。

（四）**法律一定要能反映社會的正義觀念，一定不可以和社會與時代的進步脫節**：我在四、五年埋首鑽研美國的各級法院的重要判例中，深深體會到民主要有法治，法治就要有法律，但法律如與時代和社會的進步潮流脫節，便會受到挑戰，便會得不到尊重，便無法發揮應有的法治功能。美國很多含有種族和性別歧視的法律，最後終於難逃被廢棄被改正的命運，便清楚有力地印證了這個道理。所以，任何法律在立法時一定要非常慎重，要多方考慮社會的需求和脈動。

這些心得，當然很大部分是由於伊大法律學院的老師們教導及我和他們研究互動的結果。那麼，我在伊大法律學院又有什麼樣的老師而我又受他們哪些具體的影響呢？

一、伊大法律學院的老師們

我於伊利諾大學法律學院就讀時，老師的陣容頗為堅強，很多都著有相關法律領域的美國法律學院的教科書（一般稱之為案例與資料 Cases & Materials）和有關的法學專門論著。我記得那時的伊大法律學院的老師有：黑彼得教授（Peter Hay，我有時譯為黑教授，他主要教授 Conflict of Law，法律衝突，即國際私法，Comparative Law，比較法），波曼教授（Charles H. Bowman, Criminal Law，刑法；教授英文姓名後所列者係指其所授課程，餘類推），拉費夫教授（Wayne R. LaFave，Criminal Justice，刑事法學，主要談刑事訴訟與人權保障，警察與執法等），克勞斯教授（Harry D. Kraus，Family Law，家事法），賴森納（Ralph Reisner，Law & Psychiatry，法律與精神病學），馬格士教授（Peter B Maggs，Soviet Law，蘇聯法），奎克教授（Charles W. Quick，Law & Poverty，法律與貧窮），克里貝特（John E. Cribbet，Property，財產法），芬金教授（Mathew W. Finkin，Labor & Employment Law，勞工與就業法），史蔻士（Eugene Scoles，Conflict of Law，法律衝突；後來他出任奧利勒岡大學法學院院長，Dean of University of Oregon School of Law），芬德里教授（Roger W. Findley，Property，Environment Law，財產法，環保法），弗蘭匹頓教授（George T. Frampton，Business & Investment，商業與投資法），班費特教授（Marion W. Benfield，Commercial Law，商事法），卡爾斯頓教授（Kenneth S. Carlston， Jurisprudence & International Law，法理學，國際法），和馬歇爾教授（Prentice H. Marshall, Advocacy 訴訟辯護）。

二、我難忘的伊大法律學院的老師

我在伊大法律學院進修期間，與我互動比較多，對我有影響使我至今依然難忘的老師有以下幾位：

（一）黑彼得教授（Professor Peter Hay）：我在伊大法律學院期間，他負責法律學院的外國學生事務，亦即主管外國留學生之錄取、指導和平時聯繫的工作。我所收到的伊大法律學院入學許可通知函是他署名的，我至伊大法律學院是向他報到的，可以說他是我在伊大法律學院所接觸的第一位教授、老師。記得，我剛到不久，曾有轉到政治系就讀的念頭，並與他討論。他把在美國唸法律和讀政治的利弊得失，從學術研究、就業前途（包括在美國與在台灣）詳細予以分析，並以他自己的經驗做為說明，向我提供意見，認為我還是繼續在法律學院進修為宜；不過，他強調一切還是要我自己做主。我聽了他的意見後，幾經思考，最後決定留在法律學院繼續就讀。

黑彼得教授是美國有名的比較法和法律衝突法權威，對歐洲聯盟的法制（從早期的歐洲共同市場、歐洲共同體到歐盟的法制在內）也是有名的專家，他教授的課程有法律衝突法（即國際私法）、歐盟法、契約法、買賣法（Sales Law）、國際民事訴訟法（International Civil Procedure）和法理學等等。我選修過他所開的有關歐洲共同體（European Community）的法律的課程（那時還沒有歐盟），也旁聽過他的契約法（Contract）。他的課很受學生歡迎。

1968年春，我實際已修完比較法碩士的課程，他鼓勵我繼續進修法學博士（(Doctor of the Science of Law）的學位。他的理由是：（1）從台灣到美國唸書不容易，要好好把握此一機會修到最高學位，（2）我還年輕（那時未滿三十）也未成家，應該可以繼續進修，（3）有了法學博士學位，以後教書、研究或從政或開業當律師，都很適宜。我自己也有繼續進修的打算，在他的鼓勵之下，我決定進修博士課程，他並給予我免學雜費的優惠，且協助安排在校內打工以挹注我的生活費用（那時台灣給的中山獎學金只有二年，已到期）。

我在決定博士論文研究範圍及重點時，我和他也經過多次的討論。最初我想研究國際刑法（International Criminal Law），因我有很大的興趣。他則建議我研究國際私法（Private International Law，或 International Private Law），也就是美國人所稱的法律衝突法（Conflict of Laws），理由為：（1）我在伊大法律學院選修過此類的課程，（2）國際私法的案件一般在律師處理的業務遠多於國際刑法，（3）他自己就是此方面的專家，他可以當我的指導教授。我考慮之後，並想到那時伊大法律學院並沒有在國際刑法方面有特別專長的教授，乃決定接受他的建議，以國際私法做為博士論文的研究重點，著重於親屬法方面的問題。從此展開了我和他近二年的緊密接觸與討論。我的博士論文題目最後訂為《親屬關係法中之法律衝突的比較研究》（Comparative Aspects of Conflict of Laws in Domestic Relations）。

我的博士論文在他的指導之下，於 1971 年年底終於撰寫完成並通過論文口試。口試委員對我的博士論文給予相當高的評價。此一博士論文美國不少法律學院包括哈佛大學法律學院（Harvard University Law School）在內的圖書館，均有蒐藏。我於 2003 年 2 月至哈佛大學法學院訪問時，特與被蒐藏在該院圖書館的我的博士論文合影留念。

1984 年 2 月，我於台灣省政府社會處處長任內，應邀赴美國華盛頓參加美國全國祈禱早餐會（National Prayer Breakfast）。會後受邀至芝加哥地區在一個台灣同鄉會的聚會演講，乃抽空返回伊利諾大學訪問，見到了黑彼得教授，彼此相見甚歡，他知道我在台灣工作的發展情

1984 年 2 月作者重返美國母校伊利諾大學至法律學院探視其當年之博士論文指導教授黑彼得（Peter Hay）並合影

形，頗為高興。

黑彼得教授於 1980 至 1989 獲選出任伊大法律學院院長（Dean），他於 1991 年自伊大法律學院退休並獲聘為該院榮譽教授（Professor Emeritus）；旋轉至美國喬治亞州一向被視為南方的菁英大學的私立埃默里大學（Emory University）法律學院任教。

黑彼得教授於 1935 念 9 月出生於德國，後隨其家人移民美國，在密西根大學（University of Michigan）完成大學及法律學院的教育，也曾在德國進修。他長期活躍於德國法律學界，從 1975 年之後，他就擔任德國弗萊堡大學（Freiburg University）的榮譽教授；並在 1990 年代以後，在德國及中歐和美國一些有名的大學擔任訪問教授。他也曾受聘為美國國務院國際私法顧問委員會（Advisory Committee on Private International Law）的顧問（Consultant）。

我在伊利諾大學法律學院的進修，受黑彼得教授協助和指導最多，也獲得他很大的啟發。他是我在美國留學期間最難忘也最感恩的一位老師。

（二）拉費夫教授（Professor Wayne R. LaFave）：他是我這個在台灣從未接觸過英美法及美國法律的個案研究法的留學生，在伊大法律學院所進修的第一個課程的老師。他是美國刑事司法，特別是關於刑事訴訟中的人權保障機制，以及警察執法問題方面非常權威的專家。他的課，雖有教科書，但主要還是以他所印發的講義作為研討的資料；而他發的講義，也都是有關的案例，而且我們必須於上課前事先閱讀。在課堂中他則隨機點名要求同學報告心得，然後由全部上課同學共同討論，他則隨時做補充或講評。坦白說，剛開始時，我頗不習慣，也覺得蠻困難的。但時間一久，也就漸漸適應，也可參與討論或提問題。拉費夫教授是我的比較法碩士論文的指導教授。我以當時美國非常有名由美國最高法院在 1967 年做了判決的高特案（In re Gault）（378 U.S. 1）為基礎，探討有關少年事件審理程序及對於不良少年及犯罪少年應有的訴訟法律保障為主要探討重點而撰寫碩士論文。高特案在當時頗為轟動，被認為是一指標性的判例（Landmark Case）；其主要論點，即其判決主旨，強調對於少年事件，不論是少年犯罪或對非行少年之審理，都必須嚴格遵守法律的正當程序（Due Process of Law），這些少年都應享有一切成年被告或嫌犯在刑事訴訟程序中的法律保障及權利。我的碩士論文的題目叫《中華民國少年事件處理法之批判研究》（A Critical Study of the Chinese Juvenile Court Act），雖稱中華民國少年事件處理法，實則此係一比較法的研究，即以美國最高法院的判例（主要以前述高特案為基礎）及美國相關州的少年法庭法（Juvenile Court Act）和我國

作者在伊利諾大學法律學院就讀時的碩士論文指導教授拉費夫（Wayne R. LaFave）近影

當時的少年事件處理法做比較性的探討，並於結論對如何修正、充實我國的少年事件審理制度提出建議。

我於撰寫碩士論文時，常與拉費夫教授進行討論，也看了不少他有關刑事司法的著作。記得那時他有一本叫做《逮捕——將嫌犯拘禁的決定過程》（Arrest——The Decision to Take a Suspect into Custody）的鉅著，主要依據他的實務觀察與研究而探討美國警察如何去決定將一個嫌疑罪犯予以逮捕拘禁，是對美國警察執法實況與問題予以分析研究的專著，很有參考價值，也頗受讚譽。我特別買了一本研讀也做紀念。他以後完成不少關於刑事司法的著作，例如一本叫《搜索與扣留》（Search and Seizure）就非常有名，至 2012 年已出版第五版，全書長達 6000 頁。

拉費夫教授係威斯康辛大學（University of Wisconsin）畢業，在那裡他先後獲得理學士（BS），法學士（LLB）以及法學博士（SJD）的學位。我於 1984 年 2 月返伊大法律學院時，很想與他見面，很可惜那時他剛好不在學校而未能如願。最近我查遍維基百科及谷歌（goole）搜尋網站所有關於他的訊息，推論他應該還健在，而且也已高齡 90 了。

拉費夫教授是帶我進入美國法學教育之個案研究及美國刑事司法研究的第一人，對我在美國的進修與研究，幫助很大，我永遠懷念他。

（三）克里貝特（Professor John E. Cribbet）：他是一位財產法的權威，撰有此一領域的美國法律學院的教科書。我在伊大法律學院期間，他是伊大法律學院的院長，也因為這個緣故，雖然我沒有上過他的課，但依然與他有不少的互動。克里貝特院長經常參加我們在法律學院的外國留學生的聚會與活動，在這類的場合裡，他總是設法和每一個外國留學生閒話家常或聊聊學業進修的種種。他對那時台灣的政經發展情勢相當瞭解，也頗有興趣，每次在法律學院見到我，總會停下來和我聊一聊。他是一位相當有活力，也是對伊大校務參與至深的教授。他於 1979 年至 1984 年出任伊利諾大學莪班納 - 香檳校區的校長（Chancellor of University of Illinois at Urbana - Champaign）。莪班納 - 香檳校區，我們喜歡稱之為總校區，伊大總校長（President of University of Illinois）就於此辦公，我們的法律學院也設於此。目前伊利諾大學體系（University of Illinois System）一共有三個校區，除了莪班納 - 香檳校區之外，另有芝加哥校區及設在伊利諾州首府春田城（Springfield）的春田城校區。

（四）賴森納教授（Professor Ralph Reisner）：他是我在伊大法律學院除了碩士和博士論文兩位指導教授之外，接觸最頻繁的一位老師。他的專長不少，除了憲法，銀行法之外，他也致力於法律與心理問題方面的研究，並且也與人合寫過《法律與精神病學》（Law and Psychiatry）的以案例和相關資料為主的案例教科書（Case Book）。我在伊大法律學院就選過他所開的「 法律與精神病學 」的課程。2010 年代，他又和他人合寫一本叫做《法律與心理健康制度——民事與刑事層面》（Law and Mental Health System: Civil and Criminal Aspects）的暢銷書，出到第六版。

賴森納教授似乎與我相當有緣，常常會找我聊天，也因此我有進修上的問題也會找他請教。他也告訴他們家族如何從拉脫維亞（Latvia）移民到美國的故事。他對台灣的政治頗有興趣，也十分關注台灣的政治發展，對那時台灣實施的戒嚴，他頗不以為然，曾和我有過討論

1984 年 2 月作者重返美國母校伊利諾大學法律學院探視，與賴森納（Ralph Reisner）教授合影

與辯論。「美麗島事件」發生時，他曾和一些伊利諾大學的教授們聯名向我有關政府當局請求釋放當時被判刑的呂秀蓮，因呂秀蓮也曾在伊大法律學院修過碩士。

1984 年 2 月我重返伊大法律學院時，又與他見面，也談了很多。我於 1996 年 4 月回伊大法律學院接受傑出校友頒獎時，他已離開伊大法律學院轉往芝加哥地區任教，也與他通上電話，得知那時他也曾於 1980 年代致力於伊大法律學院與中國大陸方面的交流聯繫工作，並曾為中國大陸在伊大法律學院培訓一些法律人才。

（五）奎克教授（Professor Charles W. Quick）：他是我在伊大法律學院期間唯一的黑人教授，他畢業於哈佛大學法律學院，為人風趣隨和。我選過他的一門叫做「法律與貧窮」（Law & Poverty）的課。課程的

內容當然觸及有關在法律訴訟中如何協助窮人的問題，但更多的是，探討美國窮人在整個法律執法過程中所受到的不公平和歧視待遇，而由於美國窮人中黑人佔很高的比例，所以也談了不少黑人在美國的執法體系中所遭到的各種歧視。我在這門課中，曾針對美國警察於黑人地區一般執法的態度和做法做了研究並寫了一篇報告，發現黑人集中居住地區，犯罪率很高，而美國警察，特別是白人警察在黑人地區，執法時常常並未嚴格遵行應有的法律規範，經常有一些被稱之為「警察暴力」（Police Brutality）的強制性行動。奎克教授對於「警察暴力」有很強烈的批判，他也認為消除窮人特別是黑人在法律上所受的歧視現象，根本之道，就是改善他們的經濟和加強他們的教育水平。

奎克教授，也是我在伊大法律學院接觸較多的一位老師。我對他對美國法律體系存在的對窮人不公平待遇現象的嚴詞批判，留下很深刻的印象。

（六）馬格士教授（Professor Peter B. Maggs）：他畢業於哈佛大學法律學院，並曾赴共產黨統治時期的蘇聯在列寧格勒國立大學（Leningrad State University，現改稱為聖彼得堡國立大學（Saint Petersburg State University），以研究生身分進修。他的專長是蘇聯法及蘇聯解體後的俄國法。

我在伊大法律學院就讀時，蘇聯仍未解體，馬格士教授就開了一門叫蘇聯法（Soviet Law）的課程。我由於當時的台灣幾乎毫無有關蘇聯的政經社會的資訊，更可說完全沒有人對蘇聯的法律進行研究，基於想對蘇聯尤其共產黨統治之下的法律制度有所瞭解，乃選修了馬格士教授的課。

馬格士的「蘇聯法」課，採用了好幾本相關蘇聯法律的英文翻譯及註解的書，使我們選課者，能夠較全盤的認識瞭解共產蘇聯的法律體系。由於他的講解，使我深深認識到，在共產黨統治的國家，即所謂社會主義國家之內，儘管有所謂看起來很完備的法律條文包括憲法在內，但所謂法治，乃是法律為政治、為共產黨服務；其刑法內更規定有不少所謂破壞國家、妨害國家及顛覆國家之類的犯罪。法律制度在運作過程中，共產黨常會橫加干預。我們在一般民主法治國家所揭櫫、認識的「法治」，在共產黨國家可說是完全變了質，幾乎是不存在。

我們在「蘇聯法」這門課必須撰寫一篇長的書面研究報告。馬格士教授建議我探討一下中共的法制，於是我選擇中共的土地改革做為主題，因此，我看了不少中共關於 1950 年代進行土改的資料，包括其所頒布的法令以及相關的人民日報的報導與評論，我也閱讀了毛澤東所撰的《湖南農民運動考察報告》，及左翼女作家丁玲所寫的可說在歌頌中共土改的小說《太陽照在桑乾河上》，使我進一步瞭解到中共土改的清算鬥爭和血腥暴力的本

1995 年 4 月作者回美國伊利諾大學法律學院接受該院院長孟格勒（Tom M. Mengler）頒授傑出校友獎

質，也認識到中共刻意在農村把民眾劃分為地主、富農、中農、貧農和僱農等階級的分化和打破原有社會結構的伎倆。這些使我對中共早期的高壓統治、以及在毛澤東統治時期動輒大搞群眾運動、大搞階級鬥爭的現象，留下很深刻的印象。我求學所在的伊利諾大學，有一個蒐藏甚豐的遠東圖書館（Far Eastern Library），很多當時在台灣被查禁、看不到的中共報刊如人民日報、解放日報和紅旗雜誌等，以及中國大陸所出版的書籍，這個圖書館可說應有盡有。所以，我上述有關中共土改的研究，在資料的蒐集上，頗受其惠。我有關中共土改的報告很受馬格士教授的讚許，也頗引起美國同學的興趣，他們提了不少問題。

作者（左 3）於中廣公司董事長任內接待來台訪問之伊利諾大學法律學院院長胡德女士（Heidi Hurd，左 2）等一行（2003 年 12 月）

我在伊利諾大學法律學院就讀時，教授都很年輕，絕大多數都是 30 幾歲或 40 出頭。所以，到現在還有不少人依然健在，不過，都已是 80 幾歲甚或超過 90 的老人了。

前面提到，我這一生對我影響最大的除了我的雙親之外，所有在我整個求學過程中，教過我或與我有相過密切互動的老師，都對我這一生無論在生活上、工作上或思想上產生過或多或少、或大或小的影響。我的這些老師們或啟迪我的知識、或充實我的學問、或形塑我的思想、或教導我的為人處世、或培養我的價值觀念，可以說給予我很大的指引和幫助。我永遠對他們心存感恩，也永遠忘不了他們的教誨。我今年已年滿80，我的這些老師們絕大多數都已經往生了；還健在的很少，而且多已年近90或者已90多歲了，我衷心祝福這些健在的老師們健康快樂。

第十五章

我與郝柏村院長和週二高爾夫球隊

前　言

我從於 1989 年（民國 78 年）2 月出任行政院勞工委員會主委以至 1998 年（民國 87 年）12 月由行政院政務委員轉任台灣省政府主席為止，前後一共直接追隨五位行政院長。郝柏村院長是我追隨的第三位院長，他於 1990 年（民國 79 年）6 月 1 日至 1993 年 2 月 27 日擔任行政院長的期間，我還是行政院勞委會的主委，時間雖然只有二年半多一點，但是他離開行政院之後以迄他去世前的一年長達十六年的時間之內，我和他見面及互動的機會非常之多，因為他是週二高爾夫球隊的隊長，而我則是球隊的隊員，我們這個球隊每週的星期二打一次球，超過十一、二年時間之內球隊每月有一次的慶生和在中秋及聖誕節的聚餐活動，郝院長差不多都會出席，我也幾乎沒有缺席過，是以見面和一起打球及一起聚餐，甚至在球場邊打球邊天南地北聊天以及談論時事的機會就很多。所以，在談我和郝院長的時候，不能不談一談週二高爾夫球隊。不過，我還是要先談一談我在行政院和他的一些互動，以及我對他領導風格的看法。

郝柏村之任行政院長及我與他在行政院的互動

郝柏村先生是於 1990 年 6 月正式接任行政院院長的。在此之前，他都是從事軍旅的工作，他於 1981 年（民國 70 年）至 1998 年（民國 87 年 12 月）擔任蔣經國總統和李登輝總統的參謀總長，於 1989 年 12 月至 1990 年 5 月擔任國防部長。因而，在李登輝總統提名他出任行政院長時，曾引起了民進黨及親民進黨媒體的強烈反彈，民進黨認為郝之出任行政院長乃係軍人干政，並且發起一個「反軍人干政大遊行」。不過，李登輝和國民黨對郝柏村之組閣強力支持，國民黨佔多數的立法院最終通過同意郝柏村的出任行政院長。然而，為平息反對勢力及社會上對「軍人干政」的疑慮。郝柏村於出任行政院長之前先行辦理其原為終身職的陸軍一級上將的退伍手續，以示他已無軍人身分。

對我而言，郝柏村先生因長期擔任軍職，且在社會上頗有名聲，因此我在民國 70 年代就對郝柏村先生久仰其名，但一直到他擔任李煥內閣的國防部長，因同在一個內閣之內，也每週有一次同時參加行政院院會，我才有機會和他直接接觸並偶而有所互動。

1990 年 6 月他接任行政院長的時候，台灣的治安日走下坡，犯罪特別是地方角頭和流氓擾亂社會秩序的犯罪事件時有所聞，因而他之接行政院長，社會上對他有應可大力改善治安的期待。果然他接任院長之後，就大肆整頓治安，並且誓言要掃除環保流氓、工運流氓和破壞社會治安的大流氓。一時之間也雷厲風行，社會治安也確因而有所改善。這是我對他這個院長所留下的第一個深刻印象。

他除了要掃蕩工運流氓之外，對行政院勞委會的工作和業務，並沒有太多的要求與指示，不過，他在院長二年多的期間，對於我倒是相當支持和授權，有幾件事情值得在這裡提一提。

一、他接受我勞委會主委與環保署長應兼任經建會委員的建議

他接任院長之後，依例到各部會聽取工作簡報並做指示，當他到勞委會的時候，我在做工作及業務簡報時，特別向他建議說，經濟建設固然需有企業家、雇主的投資和經營，但現代的經濟建建工作也涉及到人力資源和勞工，以及環保和土地的問題，可是負責規劃國家整體經濟建設的行政院經濟建設委員會（目前已合併行政院研考會而改制成為國家發展委員會），其委員卻沒有勞工行政與環境保護的首長在內，所以，我建議行政院勞委會主委和行政院環保署署長都應和經濟部長、財政部長，交通部長等一樣成為行政院經建會的委員。他聽了之後，深以為然，大概一個月之後，行政院就發布我和當時的環保署署長也兼任經建會的委員。這件事可以說明他很能採納部屬的意見，而其決定也很快就付諸實行，頗有執行力。

關於行政院勞委會主委也應兼任行政院經建會委員一事，以後還發生一個應可稱之為風波的插曲。1993 年 2 月經建會改組，由蕭萬長接替郭婉容擔任經建會主委，同時經建會委員也隨之重聘。不知何故，勞委會主委並未獲續聘，然當年因我向郝院長建議而成為經建會委員的環保署長卻繼

郝柏村院長（立者）與勞工代表座談，右 2 為作者，左 1 為經建會主委郭婉容，左 2 為行政院副院長施啟揚，右 3 為行政院祕書長王昭明，右 1 為衛生署長張博雅（1991 年 9 月 7 日）

續獲聘，連事實上那時與整體經濟建設已經不具關鍵性關係的農委會其主委亦在名單之內。我最初並沒有注意到。但媒體卻發現且多所評論批評，甚至引發勞工團體及一些重視勞工權益的學者的強烈指責。認為這又是政府不在乎勞工問題與勞工福祉的證明和實例。逼得新任蕭萬長主委出來說明說是因為聘了原經建會主委郭婉容為委員，由於名額所限故未再續聘勞委會主委做委員，但以後要請勞委會主委列席經建會的委員會議。然蕭主委的此一解釋無異火上加油，更激怒了勞工團體與勞工，對政府及經建會之批評指責也更加強烈。蕭主委不得不出來公開向勞委會及其主委和勞工朋友及勞工團體道歉。後來因郭婉容堅辭經建會委員而行政院長連戰批准由勞委會主委遞補出任經建會委員，此一風波才算平息。

我當時是勞委會的主委，是當事人，所以在整個風波的過程中，始終未對外發表任何意見，只在連戰院長批示我重又兼任經建會委員之後，才公開表示為了勞工我願意接受。不過，我當時心裡認為經建會只要讓原來

作者（左）於勞委會主委任內陪同郝柏村院長探視桃園地區工廠女作業員（1991 年 5 月）

作者（左）陪同郝柏村院長訪視竹北飛利浦公司勞工（1992 年 7 月 4 日）

的所有代表各相關部會（包括勞委會）的委員繼續兼任，此一風波根本就不會發生，可是卻因安排原來的經建會主委破例地繼續出任委員而將勞委會主委擠掉致引發社會反彈，背後真正的理由為何，我實在想不通。有一些媒體的朋友當時告訴我，經建會的幕僚作業如此做是為了討好原來的經建會主委及其所代表的政治影響力，也就是實際上完全是經建會幕僚人員為其新的負責人個人的政治考量而來。是否真的如此，我不願妄加臆測。不過，此一風波也或多或少反映出當時若干從政者和政府官員昧於社會變化的事實，對勞工問題及勞工權益不怎麼在乎和重視的現象。

二、他與《就業服務法》的出現

我於民國 78 年 2 月接任勞委會主委之後，就面對一個當時必須迫切解決的問題，即如何因應當時產業界嚴重缺工的現象，是否應正式開放引進外籍勞工（現在改稱為移工）的問題。我幾經考慮並實際瞭解缺工狀況之後，就於 78 年正式開放引進外勞。同時也著手研擬相關法案以完成立法，使外勞的引進有明確而具體的法律規範。勞委會最初所研擬的關於外勞引進的法案，於民國 80 年秋天報送行政院，是一個完全以規範外勞引進的法律草案。但是提出於行政院院會討論時，當時的行政院政務委員兼祕書長王昭明先生發言表示，單就外勞引進立法條文僅有二十條左右是否太侷限，可否將與就業有關方面之問題一併研究列入；主持院會的郝柏村院長裁示，本案退回勞委會再研究。後來我們再經過研究之後，決定在原有的關於外勞引進的法律草案之中，再增加關於國民的就業促進與輔導、政府對國民就業的政策原則、民間的就業服務、政府的就業服務、公私立就業服務機構之設立及管理等事項，並將法案名稱改為《就業服務法》，總共有 80 多個條文；並提經行政院院會通過。而於民國 81 年 5 月由立法院正式通過，完成立法程序。這是現行《就業服務法》的由來，也是我國第一部關於國民就業和外勞引進的法律。此法之能問世，郝內閣的討論及通過以及郝院長的裁示，有促成之功。不過，經過 20 多年來的實施以及外勞（移工）問題的重要性和複雜性的日增的事實來看，我認為也許在民國 80 年代外勞問題沒有單獨立法的必要，但現在確已到了應可將所有關於外勞引進的事項，包括外勞應享受的權益保障及應盡的義務等等在內，單獨立法的時候了；如此，我們就可以有一個更能符合國際標準和國內需求，並更加有效管理外勞的完全在規範外勞問題的法律了。

三、有關調升基本工資的爭論

民國 81 年 5、6 月間，我衡量國內勞工生活狀況、物價上升情形以及產業發展走勢，決定應該調升基本工資，於是按規定的標準作業程序，由勞委會先後召集勞資團體代表、相關部會的代表進行多次協商研討並擬定了調整方案，經循例先後提經勞委會的基本工資審議委員會和行政院勞工委員會的委員會議通過。要強調的是，上述每一個階段相關部會，特別是被認為代表資方的經濟部都派有代表參加，尤其是我個人以勞委會主委身分親自主持的基本工資審議委員會和行政院勞工委員會的全體委員會議，代表經濟部的該部次長，也都參加，並在會中表達了意見，最後也接受了所通過的基本工資調升案。因而，我們將此一調升案報請行政院核議，行政院依例先請由一政務委員（當時為高銘輝政務委員）主持審議也經相關部會（包括經濟部）的代表無異議通過。不料，到了 7 月 30 日的行政院院會討論勞委會所提基本工資提升案時，代表經濟部出席院會的江丙坤次長卻發言企圖翻案。我一聽馬上發言表示不能接受，我指出經濟部在每一階段的研商審查包括提出於院會之前的政務委員審查會議都參加了，也表示了意見並都接受了最後的決定，怎能到了院會就突然「說話不算數」而要翻案，非常令人遺憾也不合理；我另一方面也堅定表示調升基本工資的必要性、合理性。然而，行政院院會卻因而引發了一場非常少見的是否應調升基本工資的辯論。發言的首長之多，也是相當罕見，計有中央銀行總裁謝森中、經建會主委郭婉容、政務委員郭南宏、國防部長陳履安，甚至極少發言的副院長施啟揚也表示了意見，行政院祕書長王昭明也提出了看法。他們絕大多數雖然表示基本工資應全面考量相關因素，但基本上是反對基本工資、或不贊成調升基本工資的。我鑒於他們的發言，事實上反映他們很多根本沒有弄清楚此次調整案，事先曾經多次跨部會及透過勞資政三方的協商研究才出爐的。換言之，是業已經過他們發言所強調的「通盤考量」，「多方考量」了。因而我又再度發言，詳細說明本案的協商過程以及經各方絕大多數之研究認為調升基本工資並不會造成物價波動或所謂影響經濟發展或成長，所以，我據理力爭要求依本會原所提議調升基本工資。後來郝柏村院長裁示本案退回重審但原則上支持調升基本工資，惟指示調幅再做研究，另應對於基本工資調整的計算公式重作評估是否有必要加以調整。行政院院會此次極少見地針對調升基本工資進行辯論，而我一再在會中堅持立場據理力爭的經過，不知為何為媒體所全部獲悉；當天電視和晚報以及第二天（31 日）各主要報紙都顯著報導，也都有所評論。所做的標題也相當引人注目，例如聯合報的標題為「爭取調高基本工資，趙守博力戰群雄強烈不滿經部」（見附件一），民生報以「四面楚歌孤軍奮戰」作標題，中國時報的標題為「調整基本工資，行政院會部會首長起激辯」，而自立晚報的標題則以「基本工資爭議的唐吉訶德」來形容我。其中以聯合報的報導較為完整，茲收錄在此做為本文的附件一以供參考。

其實，以我在勞委會服務近六年的經驗和體會，在民國 70 至 80 年代雖然國內工運日漸抬頭，勞工權利意識愈形高漲，但國內不少首長特別是財經首長還是抱著相當親資方的態度，對於勞工、受雇者的應有權益，並不是相當重視。因而，我身為最高勞工行政主管必須不斷地去為勞工權益做說明、去奮鬥、去爭取，但我並不是盲目地不顧一切地去爭取勞工權益，

趙守博力戰群雄 強烈不滿經部

爭取調高基本工資

調張意外遭翻案 不僅勞委會有「煮熟的鴨子竟然飛走」之感 社會大眾也對政策一再變化迷惑

代表勞方

全總：餬口不得 令人遺憾

基本工資 生活尊嚴的起碼保障

經部翻案 審議委會虛設？

趙守博指摘事先曾提供 經部代表並無異見

經部須向勞委會說抱歉

江丙坤坦承有疏失 指與會者經驗不足

審查會未堅決反對 以致須在院會說明

代表產業界

工總：調張案未過 沒有白忙

兩個月來全力杯葛 蒐證反擊

辜振甫：製造成本

許勝發：基本工資

外勞開放 資方精算

提高基本工資 景氣雖然不差

基本工資對雇主影響最大

1992 年 7 月 31 日聯合報關於行政院院會就基本工資調升問題之爭辯的報導

我非常清楚沒有經濟的發展成長斷不可能有好的勞工福祉和權益，所以我也經常強調好的勞工政策是要能促使經濟發展與成長的政策，勞工政策應該是經濟發展和成長的助力而不是阻力。只是我強調經濟發展要同時兼顧社會公平、社會均富與社會正義。

對於前述基本工資調升案不能如勞委會原所提之方案通過，我當然感到失望、遺憾。當時鑒於院會發言首長幾乎一面倒地反對基本工資調升，我非常擔心主持院會的郝院長裁示本案暫不考慮，也就是暫不調整基本工資。我甚至於決定如果郝院長做出這樣的裁示，我就要向他辭職。所幸，郝柏村院長基本上還是支持調升，只是裁示調幅應再考量以及調整公式再做研究。這樣的裁示，還算能對社會特別是那些辛辛苦苦在生產線上努力工作的勞工有所交代。所以，我對郝院長還是心存感激。

這個基本工資調升案，後來經勞委會與相關部會再行協商並經高銘輝政務委員再邀集相關部會審議，最後決定調升幅度為 12%（勞委會原案為調升 15.2%），即基本工資調升為每月 1 萬 2365 元（勞委會原案係擬調升為 1 萬 2720 元），每天調升為 412 元，每小時調升為 51.5 元，並提經 8 月 13 日之行政院院會通過，且溯至 8 月 1 日起實施。其所引發的爭議，至此總算落幕了。

不過，這個基本工資調升案，其實事先是經包括經濟部和相關部會在內的代表在不同階段的協商討論並同意通過後才由勞委會簽報行政院，並由行政院交由政務委員召集前述各有關部會（含經濟部）的代表再加審議

作者（左 1）與郝柏村院長在高雄參加台灣區勞工運動大會（1991 年 5 月）

郝柏村院長蒞臨五一勞動節大會，會前作者向其簡報大會之程序（1991 年 5 月 1 日）

作者陪同郝柏村院長巡視中區職訓中心，左一為經建會主委郭婉容（1991 年 8 月）

且獲大家同意後方始提報院會的，但到了院會卻因先前已有代表參與協商並同意的經濟部等的不肯認帳而翻案，就行政運作而言是非常不對也有問題的，輿論當時對此亦有所批評。所以後來我擔任行政院祕書長及行政院政務委員期間，關於跨部會議案的協商審議，我一定要求相關部會要派出真正能代表其部會發言的人員與會，而且必須對所發表之意見及所作之表決代表該部會負責，不可以後又翻案。很高興，我在行政院祕書長任內，從未發生有關部會報院並經政務委員審查後提報行政院院會的議案被翻案的情形；而我於任政務委員期間所負責審查的議案提報院會之後，也都能順利通過。

四、郝院長與「二趙一王」的爭議

民國 81 年 8、9 月間，國內的企業界中突然出現一種郝內閣「二趙一王」對企業不友善、對經濟發展不利的說法；甚至於有立法委員在對郝柏村院長的總質詢中大談此一流傳的論點，言下之意，好像希望郝院長應約束「二趙一王」，最好是讓「二趙一王」走路，以免阻礙國家的經濟發展。

所謂「二趙一王」指的是當時的環保署長趙少康、財政部長王建煊以及擔任行政院勞委會主委的我；依當時一些企業界人士的看法，趙署長的嚴格執行環保法令，王建煊的強勢查漏稅及遏止股價和土地增值稅的改革，和我在勞委會認真推動勞動基準法等勞工法律以及反對全面開放外籍勞工的做法，對台灣的經濟發展與成長有所阻礙與傷害，郝柏村院長應加注意，有人甚至向郝院長表示應請「二趙一王」離開內閣。

不過，從郝院長在立法院針對所謂「二趙一王」說法的答覆，以及在行政院他與「二趙一王」的互動觀察，可以看出基本上，他是支持「二趙一王」的政策的；外面的批評似乎沒有動搖他對「二趙一王」的信任和肯定。在「二趙一王」喧騰一時及其說法相當盛行的時候，郝院長從未因此找我談論勞工政策，從未要求我改變當時我們所推動的加強勞工福祉與權益的做法，也從未要求我應循企業界有些人之主張全面開放外籍勞工。對此，我自然心存感謝。在政壇上，我見過有些也是院長級的領導人物，常會因頂不住輿論或社會的不同意見或批評，而「棄車保帥」地對處在爭議風波中的相關部屬主管如部會首長等，不肯力挺，甚或加以「放棄」，叫他們走路。

在「二趙一王」風波中，我體會出郝柏村院長並不屬於這種「棄車保帥」只知自保的院長，他是一位很願意也很能為部屬擔當、力挺的長官。

對「二趙一王」的風波，當時媒體的報導不少，用的標題相當聳動，如自由時報在民國 81 年 9 月 14 日就以「二趙一王打噴嚏企業重感冒」為標題，而聯合報在 81 年 9 月 7 日對此的評論，其標題則為「二趙一王的受挫，決策方向盤怎打？」。我個人當時針對此一「二趙一王」的風波，曾應媒體之請表示了看法，我先後強調「不會因企業界的批評而放水」（見本文附件二）、「爭取合理勞工權益無怨無悔」及「勞工福祉是我心中最大的牽掛」的態度。郝柏村院長於 1993 年（民國 82 年）2 月辭職，我的行政院勞委會主委則做到續任的連戰內閣並於 1994 年 12 月因轉任行政院祕書長而辭任。同為「二趙一王」的王建煊部長和趙少康署長則先後於 1992 年的 10 月和 11 月向郝柏村院長辭職而離任。

在此應特別指出，郝院長兩年多的行政院長任內，勞委會簽請他主持或參加的相關會議或活動，他幾乎百分之一百地答應並親自參與；而且每一次下鄉參觀工廠或工地去探視勞工，他一定會帶同有關的部會首長同行使他們也能實地了解勞工的問題與實際的工作狀況及勞資關係。這對我們所有勞工行政的工作同仁而言，是頗有激勵作用的。

週二高爾夫球隊及在週二隊的我與郝院長

週二高爾夫球隊是由曾任財政部長的陸潤康先生於民國 78 年向前行政

院長俞國華先生提議而創立的，成員絕大多數都是曾任部會首長的現職和退休政務官，但以已退休者居多，成立之時是由俞國華先生擔任隊長，陸潤康先生為總幹事，因為固定每週週二上午一起打球，所以稱之為週二高爾夫球隊，英文稱為 Tuesday Golf Team（TGT），並且在長庚高爾夫球場打。這個球隊的宗旨就是聯誼和健身。球隊的球員除了俞國華和陸潤康兩先生之外，還有郝柏村、張祖詒（前行政院及總統府副祕書長）、張繼正（前中央銀行總裁）、邱創煥（前考試院院長）、錢復（前監察院院長）、許水德（前考試院院長）、丁懋時（前國安會及總統府祕書長）、陳金讓（前國大議長）、于建民（前行政院主計長）、蘇振平（前審計長）、張建邦（前交通部長）、徐立德（前行政院副院長）、王昭明（前行政院祕書長）、張豐緒（前內政部長及行政院政務委員）、江丙坤（前經建會主為及海基會董事長）、錢純（前財政部長）、林振國（前財政部部長）、朱增郁（前中央信託局局長及前中國輸出入銀行理事主席）、陳豫（前行政院公共工程委員會主委）、姜必寧（心臟科權威醫師前台北榮總副院長）、蔣孝嚴（前行政院副院長）、邱進益（前銓敘部部長）、蕭天讚（前法務部部長）、高銘輝（前青輔會主委、行政院政務委員）、歐鴻鍊（前外交部長）、李樹久（前中油公司董事長）及馮寄台（前駐日代表）等人。我是於民國 91 年左右在中國廣播公司董事長任內正式加入為隊員的，算起來已有快 20 年的時間了。俞國華先生於 2000 年 10 月去世之後，週二高爾夫球隊隊長職務便由郝柏村先生接任。我參加週二隊的時候，郝柏村先生已是隊長了。

郝柏村先生退休之後，很注意運動養生，他每週除了游泳之外，就是打高爾夫球，每週二的週二隊球敘他幾乎從未缺席過，而且有時除了打週二隊外他還會跟其他人再一起打球，可以說打高爾夫球應是他退休之後很喜歡的一項運動。

我在週二隊有很多次和他一組打球，除了打球之外，當然會聊聊天，偶而會談論時局和相關的問題。有一次我和他談到兩岸和台灣的前途問題時，他說了一段令我印象深刻但頗為務實的話；他說如果把關於台灣問題、台灣前途的最終解決各有關的各造所能享有的權利分成三類，即參與權，發言權和決定權三種，那麼中共、美國和台灣都享有參與權，即都會參與討論與決定台灣未來和前途的談判與各種協商，三者也都享有發言權，即在談判和協商的過程中可以發言表示意見、提出看法，但只有中共、美國實際享有最後的決定權，台灣在此方面幾乎沒有置喙或影響大局的力量和權利。冷靜加以思考，郝院長的此一觀察和看法，是相當切合國際情勢的現實的，也是我們身在台灣的人所不能不務實去面對的情勢。所以，我一直認為，我們固然應和美國保持密切的各種合作關係，但也必須和中國大陸維持一個隨時可以務實與和平溝通的友好關係。也唯有如此，才能向美、中雙方去爭取各種有利於我們的安排與方案。

郝院長有一次也很輕鬆地談起追隨老總統蔣中正的往事。他對兩蔣（蔣中正和蔣經國）是非常忠誠的，當我提及他長期在部隊追隨蔣中正總統有何心得和感想時，他當然推崇蔣中正的軍事造詣和領導八年抗戰的功績，不過，他說了一句頗有深意的話：「老總統自己就是他自己的參謀總長。」

作者（前排右 5）於台灣省主席任內邀請由週二隊隊長前行政院長俞國華（前排右 4）率領之週二高爾夫球隊隊友錢純（前排右 3），陸潤康（前排右 6），張豐緒（後排右 3）等訪問中興新村並打球（1999 年 4 月）

一直到三、四年前，郝院長帶領我們週二高爾夫球隊總是把隊友之間的聯誼看得很重，所以，除了球友打球前會一起在球場用早餐之外，每個月都有辦一個有板有眼的慶生會，大家對壽星隊友唱生日祝福歌，壽星會切蛋糕與大家分享，所有隊友也會在球場快快樂樂地聚餐。而每逢中秋和耶誕節，大家更會在台北的五星級飯店帶家屬一起聚餐並唱歌，在此種場合，我們常常會聽到郝院長唱抗戰時期的愛國歌曲和平劇。

週二高爾夫球隊慶祝聖誕之餐會（2016 年 12 月 25 日）

我們在週二隊，看到了郝院長平易近人非常隨和的一面，也常常會領略到他的真情流露。

週二高爾夫球隊第 1000 次球敘隊友合影留念，右一為作者

作者（右）與週二高爾夫球隊人瑞隊友郝柏村院長（100 歲，中）和張祖詒先生（101 歲，左）打球並合影留念（2018 年 5 月 1 日）

感謝郝院長參加我家的婚喪大事

家母趙黃斟女士於 2007 年（民國 96 年）3 月往生，4 月間辦理家祭和公祭。當時已高齡 88 歲的郝院長特地一大早從台北趕至彰化鹿港我的家鄉參加公祭，增加家母的極大的哀榮。我和我的弟妹們都十分感激。

2016 年 3 月郝柏村院長參加作者女兒之結婚喜宴

2008 年 12 月作者次子世琦（左 1）結婚，郝柏村先生（左 2）與許水德先生（右 1）參加喜宴與新人合影

我的三個子女的婚宴，郝院長也都參加，為我們的子女祝福，他也成了我所追隨過的五位行政院長中唯一我三個兒女婚宴都親臨參加的院長，而且他每次都做到散席。他對我們家和子女的隆情厚意，的確使我們永遠銘記於心。

走訪鹽城郝氏故居　閱盡兩岸關係滄桑

2015 年（民國 104 年）8 月，我率一個由中華兩岸企業發展聯合總會所組成的考察團應邀到江蘇鹽城一帶參觀訪問，並經由大陸方面的安排，於 8 月 13 日到郝柏村院長的出生地即他的老家距離鹽城市區約 20 公里處的郝榮村參觀郝氏故居。那一帶中共顯係為了對台統戰已發展成一個叫做郝氏故里的旅遊景區，這個景區內有郝柏村故居、淨土寺、台灣農民創業園精緻農業展示區、百年銀杏、台胞接待中心和郝墓等景點。我們匆匆看了台灣農民創業園精緻農業展示區之後，隨即至郝氏故居參訪。

郝氏故居本為郝柏村先生的祖輩於 1919 年所建穿堂三進外加廂房的建築。1949 年中共政權成立之後，郝家被中共劃分為地主，於中共進行土地改革時，郝家的田地及房屋全被沒收充公，郝家祖墳也被挖，郝氏故居並分給三戶貧民居住，多年來各戶自行修繕，文革期間又受到破壞；所以，到了 1990 年代初，原來的郝氏故居也變得非常破落。郝院長有一弟三妹，只有他來台。留在大陸的弟弟郝柏森（原名郝仲春）因家庭成分及郝柏村的關係，雖上過大學卻被發配到貴州遵義在火車站當售票員，三個妹妹分居大陸各地，都非常低調。

到了 1991 年年底，因郝柏村在台灣的政治軍事地位，為了統戰的需要，大陸中共當局主動決定重新修建郝氏故居，並把原來居住於該處的農民搬走，在中共鹽城市委統戰部的主持之下，進行郝氏故居的重建修復工程，於 1992 年秋完工。重修後的郝氏故居除廂房改成磚木結構外，其餘基本保持原貌。我們在鹽城郝榮村所見到的由中共修建的郝氏故居，位在郝榮村中間地帶，是個由前後兩進，東、南兩廂房和天井所組成的磚瓦民居。郝氏故居修繕之後，郝柏村曾率家人返鄉並掃墓。他在他的故居題了一個上書「不忘根本中華之光」的匾額。

至於郝先生的大弟郝柏森，也因中共對台政策的改變，由中共統戰部安排在 1980 年代後期當上了遵義市的政協委員、貴州省政協委員和遵義市政協副主席等職。他曾到台灣治病，於 1993 年去世。郝柏村的大妹也擔任

作者（左 5）與兩岸企業發展會考察團訪問鹽城市鹽都區葛武鎮郝氏故居（2015 年 8 月）

郝柏村院長於台北市信義路所設置的行政院部會首長職務宿舍

過四川資陽市的政協委員。

我在參觀完郝氏故居及聽完當地人講述郝柏村弟妹在大陸的遭遇之後，非常有感慨，如果不是郝柏村在台灣曾擔任過非常重要的軍政職務以及兩岸關係的變化和大陸對台政策的調整，郝氏故居是不可能由大陸方面花錢（據說用了約 30 萬人民幣）把它修繕並當作文物保護對象供人參觀，同樣郝先生留在大陸的弟妹也不可能當上政協委員。參觀郝氏故居，一方面固能瞭解在台灣曾「出將入相」的郝柏村的家庭出身和其青年時代以前的家庭狀況，另一方面更能體認出兩岸關係這些年來的滄桑變化。

我回到台灣後，曾在一次週二隊的球敘中告訴郝先生我到過他的老家參觀過郝氏故居。他當然很高興，他並告訴我以前在他青少年時期，他們由老家到鹽城縣城大多是要坐船的。如今，走的是高速路道路，大陸是在改變的。

堅持中華民國立場的人

郝先生是一個很願意做事和解決問題的院長。除了前述的改善治安和完成六年國建的規劃外，他於院長任內解決大大小小很多的陳年問題。他在看到教育部長毛高文的住家太過簡陋狹小實在不適合以部長身分在家招待外賓之後，立刻要求行政院人事行政局在台北市信義路與建國南路交叉處原國有地改建時保留了二十多套住屋做為部會首長的職務宿舍供部會首長居住。雖然每一家大概只有四十坪左右，但到底是能讓部會首長有必要時可以有個比較像樣子比較不寒酸的宿舍接待客人，這就是信義路行政院部會首長宿舍的由來。我曾於行政院勞委會主委、行政院祕書長和行政院政務委員任內住過此一宿舍。此一宿舍之成為事實，可以說是郝先生能看到問題也願意解決問題的一個例子。

郝先生是個很堅持中華民國立場而且忠於兩蔣的軍人，他到中國大陸公開指正中共關於中國的對日抗戰史的敘述和解讀背離八年抗戰實際上是由蔣中正委員長所領導的史實。當他應中共方面之邀題字時一定在落款書寫陸軍一級上將的頭銜，意在表明他來自中華民國，是中華民國的將領。他的此一做法與堅持，應會使有些領中華民國退休俸、一生享受當中華民國高級官員的風光、但一到大陸不是對中共歌功頌德就是批評國軍的退休高級將領十分汗顏，無地自容；更顯現出郝先生做為中華民國一級上將的令人敬佩的格調與節操。也因此，有些人雖不一定完全認同他的政治立場和主張，但很佩服他的為人。我有一位香港童軍界的朋友也是一位香港大律師名叫王建明者，就對郝先生非常敬佩景仰；有一次到台灣，我特別安排他到郝先生位在台北市敦化南路 171 巷的辦公室去見郝先生。這位香港王大律師十分興奮，和郝先生合拍了好幾張照片，郝先生也送了他一套他所寫的書。

老人應如何安排晚年生活的好典範

郝先生於離開行政院院長職務退休後，就開始到大陸旅行，特別是去訪視抗日戰爭中的幾個著名戰役的戰場；並從 1999 年，他已達 80 歲高齡之時起開始寫作著書，一共出了《八年參謀總長日記》（1999 年，指出版時間，餘類推）、《郝柏村解讀蔣公日記一九四五～一九四九》（2011）、《郝柏村解讀蔣公抗戰日記》（2013）、《郝柏村重返抗日戰場》（2016）及《郝柏村回憶錄》（2019）等頗有歷史價值的書，可以看出他以他的親身體驗要為歷史作見證、留紀錄的意志力和使命感，實在可佩，尤其他完成出版回憶錄時已年滿 100 歲，顯見他有很好的健康及很大的決心及毅力，非常值得後輩效法學習。他晚年的歲月，除了運動、旅遊、不斷參加各種活動之外，還如前所述不停地寫作，可說依然充滿活力，依然忙個不停，依然有所創作，過得非常精彩，為老人應如何安排及度過晚年的生活樹立了一個非常好的典範。

我能夠在行政院追隨郝柏村先生二年多，我的為勞工謀福祉爭權益的立場與努力，能獲他的肯定與支持；而在他退休之後能夠於週二高爾夫球隊和他一起打球並閒聊各種話題，並聽到他唱歌及見到他非常平易近人的一面，同時又能到他的鹽城故鄉參觀他們郝家的故居，可說是很難得的機緣。我很珍惜這個機緣，也永遠會記得和他互動的一切。

作者（左）陪同郝柏村院長的香港大粉絲王建明大律師（右）拜訪郝院長（2017 年 9 月）

作者與郝柏村院長之最後一次的合影，攝於其台北市敦化南路 171 巷私人辦公室（2017 年 9 月）

作者參加 2020 年 8 月 23 日的郝柏村院長追思會的出席證

附件一

爭取調高基本工資 趙守博力戰群雄 強烈不滿經部

行政院會昨（卅）日出現勞委會主委趙守博為爭取新基本工資案獲得通過力戰群雄的場面，和日前此案在行政院審查會時，經濟部代表孤掌難鳴的情形大異其趣。趙守博昨天還和經濟部次長江丙坤在言語上一度出現針鋒相對，郝柏村院長適時裁示休息十分鐘，緩和了會場緊張的氣氛。

昨天行政院會一開始討論基本工資調整案，趙守博立即起身發言，他直接點名經濟部首長表達對該部向媒體發表反對的強烈不滿，趙守博在談話時神情雖未顯太激動，但數次使用「我很遺憾」的強烈字眼，令在場人士感到驚訝。

趙守博之後，江丙坤發言表示反對基本工資調幅過高的立場，他不但力陳基本工資對整體薪資結構的影響，同時他進一步指出，政府不應參與本應由市場價格機能運作的工資調整。來自南投的江丙坤並以自己家鄉辦一桌酒席只需一千五百元，在台北卻要一萬元為例，認為工資調整也應注意區域性差異。

江丙坤話一出，兩部的立場呈明顯對立，此時時間恰巧已超過十點三十分休息時間十分鐘，郝院長乃裁示休息，眾人才暫時鬆了一口氣。休息過後，院會又開始繼續討論，共有七位首長相繼發言，一時氣氛顯得十分熱烈。央行總裁謝森中先表示，他辛辛苦苦在金融政策上下功夫，目的就是要穩定物價，避免造成通貨膨脹，如果此時基本工資調那麼高，並不適合，他的語氣帶有勞委會此舉會使央行穩定貨幣作法前功盡棄的意味。謝森中並建議今年底或明年初調整最適合。

經建會主委郭婉容則搬出失業理論並闡述基本工資的真正意義，實質上她也是主張調整工資一定要慎重。政務委員郭南宏則對著趙守博提出懷疑表示，他對基本工資的計算公式不瞭解。曾擔任經濟部長的國防部長陳履安也開口表示此案一定要作全面考量，不能從單一立場來考慮。副院長施啟揚、祕書長王昭明也相繼表達類似看法。

在多位首長的圍攻之下，趙守博又再度表明此案過程並無不妥的立場，並據理力爭，但是終究敵不過眾人的意見，郝院長最後作出再研究的裁示，不過郝院長也強調政府保護勞工權益的立場，趙守博的沉重面色才稍有舒緩。

多位首長不認同　煮熟的鴨子竟然飛走

已經行政院審查初步通過的基本工資調整案，昨天到了行政院會意外遭到翻案的命運，不但主其事的勞委會有「煮熟的鴨子竟然飛走」的感覺，由於消息事先經由媒體傳播開來，社會大眾也對政府的政策一再變化感到迷惑，究竟政府在此案的決策過程出了什麼問題？

每年基本工資的調整，循例都是先經由勞委會的基本工資審議委員會邀請相關單位討論，而後提交行政院審查後，再交付行院會討論。此次調整案已經審議委員會通過，案子到了行政院，由於經濟部表示反對意見，主持協調的政務委員高銘輝最近做成案子暫時通過，但經濟部保留在院會發言權，且受到批評的計算公式下次調整基本工資時應研究調整；對於這項折衷方案，與會的各部會代表未明顯反對。但是昨天行政院會中，該案在多位首長的不表認同聲中，終於胎死腹中。

決策議案在行政院會中被推翻雖然不乏先例，但是案情從未如此曲折複雜，且廣受社會矚目，甚至幾乎引發勞委會和經濟部在行政院會上的公然衝突，情況並不多見。如果冷靜分析，此案從開始被接納到受到質疑，以致最後被否決，問題似乎出在經濟部前後態度出現微妙變化。

有趣的是，隨著案子層層往上送到三個層級不同的會議，代表該部出席的人員階層節節升高，是經濟部在內部整合對外立場時上下溝通出現了很大的縫隙？還是因為外在壓力程度升高，主管官員態度由開始的漫不經心轉為立場鮮明強硬？經濟部甚至最後運用媒體放話造勢企圖阻止此案通過，似乎凸顯該部對政策立場態度善變的作風，難怪引來勞委會強烈的不滿。

除了經濟部內部行政程式的疏失外，此案在行政院會中幾乎受到所有財經首長的反對，但是在前兩次會議中，其他部會出席代表並未表示意見，何以一個部會前後出現立場不一的情況？看來縱向溝通不良不僅是經濟部一個單位獨有的問題。再深一層思考，政府的每一個施政專業性程度不同，可能有不同的決策層級，如果政府的公共政策可能因決策層級有別而出現不同的結果，那麼我們的改革可能蘊藏隨時生變的危機。

政府部門之間對問題看法立場不同本是常態，但基本工資案調整決策過程的一再變化，已使外界對政府各部門橫向和縱向的溝通發生懷疑，而此案也對行政院審查程序權威性形成挑戰，政務委員高銘輝的立場尤為尷尬。不僅如此，值此選舉將屆的敏感時期，此案的轉變是否又引發外界泛政治性的聯想，恐怕也是政府當初所始料未及的。（原載聯合報民國81年7月31日二版，鍾雲蘭報導）

附件二

不會因企業界的批評而放水

被企業界視為頭號「頭痛對象」——「二趙一王」之一的勞委會主委趙守博，最近因為王建煊的辭職風波，也面臨外界不少「關切」的眼光；趙守博表示，部分企業人士對他們三人的批評其實並不公平，因為任何一個肯守法、有社會責任感的企業，都應該肯定其施政理念。

趙守博說，對於王部長的辭職舉動，他個人不便表示任何意見，但王部長任事之負責、為人之剛直以及對施政理念之堅持，絕對值得肯定；他也希望社會上對肯負責做事的人，能多一點鼓勵，少一點指責。

趙守博說，身為勞工行政機關的首長，他的施政理念是在健全的基礎上發展經濟，而健全的基礎上應包括勞工權益的合理保障。雖然部分企業界人士視「二趙一王」為頭痛對象，甚至多所批評，但他相信，只要能執行公權力維護國家法令威信，照顧社會大眾的利益，少部分人的這些指責，他都可以坦然處之。

趙守博表示其實保障勞工權益並不是打壓雇主，勞委會在推動勞工政策時也一樣考慮雇主的經營環境，絕對不會刻意打壓工商界，而只是希望企業守法，有社會良心與責任，為社會整體的長遠利益著想。

趙守博也表示，他絕對不會因為企業界的一些批評而輕易「放水」。他說，「要討好工商界其實也很容易，反正我也不會當一輩子的勞委會主委，要放水當然可以放」，但問題是「我不願意做一個不負責的政務官，犧牲社會長期與整體利益」。

不過，趙守博認為自己對企業的要求絕對合理、合法而不過火，而擔任勞委會主委三年多以來，「也從未有長官指責我過火，認為我的勞工政策有所偏頗。」（原載聯合報民國 81 年 10 月 11 日三版，邵冰如撰）

第十六章

苦學成功．作風嚴謹的邱創煥先生

曾先後擔任過台灣省政府社會處長、國民黨中央社工會主任、行政院政務委員、內政部長、行政院副院長、台灣省政府主席、考試院院長和總統府資政的邱創煥先生，於 2020 年 7 月 2 日過世，享年 96 歲，可謂福壽全歸。邱先生是我的彰化縣同鄉前輩，他做過的社會處長、國民黨社工會主任、行政院政務委員、台灣省政府主席和總統府資政，很巧我也都擔任過。我也有幸在他於台灣省主席任內，直接追隨過他兩年多的時間，擔任他的省府小內閣的社會處長。邱先生對國家社會極有貢獻，他一向很關心我、照顧我；他的往生，我感到非常之不捨與哀悼。特就我多年來追隨他和與他互動相處的一些體會，談談邱先生特別值得世人懷念的精神與風範，以表達我對他深切的追思。

出身農家苦學有成留下典範

邱先生出生於彰化縣田尾鄉一個很普通的農家，從小必須幫助農事，他曾告訴我在他青少年時期，他常一大早就要跟他的父親或自己到北斗街

邱創煥先生（左 2）到鹿港鎮草港參加作者（右 3）父母（坐者）80 雙壽及鑽石婚之慶 並致賀詞（2000 年 3 月）

作者（右 1）於週二高爾夫球隊慶生會與邱創煥（左 1）和郝柏村（左 2）兩先生與前電視主持人白嘉莉女士（右 2）及前行政院工程會主委陳豫先生（右 3）等合影（2008 年 3 月）

邱創煥先生夫婦（左 6 及 7）與總統府前副祕書長張祖貽先生夫婦（右 4 及 5），總統府前祕書長丁懋時先生（右 3），蘇振平前監察院審計長（右 2）及考試院許水德前院長夫婦（左 4 及 5）等應邀到作者（右 1）鹿港鄉下老家訪問時攝，左 1 為作者次子世琦，左 3 為作者女兒婉寧（2010 年 7 月）

邱創煥先生應邀於作者滿 70 歲回憶錄《任憑風浪急》新書發表會上講話（2011 年 4 月）

上幫人家清理廁所（那時台灣還沒有抽水馬桶，廁所都有一個大糞坑），並把糞便挑回做為家中農作物的肥料。他也曾在鄉下拜拜演野台戲時，在戲棚邊擺攤子賣過甘蔗。那個時代擺攤賣甘蔗的人，常會表演一套將長甘蔗擺直然後用刀從上垂直而下將其砍成兩半的功夫，邱先生說他也精於此道也曾表演過。邱先生只讀過日治時期的師範，台灣光復後，為求上進他不斷參加國家考試，在他擔任小學教員時期為準備考試，並為避免受人干擾他常常把自己反鎖在宿舍之內苦讀。就這樣他一路由檢定而考上普考、高考，使他得以到考試院任基層公務員，也是憑著高考及格的條件他考進政大的政治研究所，使他成為一個沒有大學文憑而能拿到碩士學位和史上唯一用高考及格證書而考上大學研究所的人。他的此種苦學成功經過，是所有青少年朋友都應學習的最佳典範。

創新施政並首倡「精緻農業」

如前所述，邱先生一生擔任過許多重要職務，每一職務他都有很多建樹。但有幾項，特別應該一提，即他於內政部長任內訂定老人福利法、殘障福利法等，完善我國的社會福利法制。擔任台灣省政府主席六年，應該是邱先生從政生涯中最能施展抱負、所握資源最多的一段，他於民政、財政、建設、教育、農業和社會與衛生等方面都積極推行很多的利民福國措施，其中最值得稱道的就是首倡並大力推動「精緻農業」以促使農業升級，為當前的農業發展新方向奠下基礎；他於考試院長任上，創立了「公務人員保障暨培訓委員會」和改革公教退撫制度，推動共同提撥制，並設置「公務人員退休撫卹基金管理委員會」及「公務人員退休撫卹基金監理委員會」，一方面健全及強化國家文官制度，另一方面增強對國家公務人員的保障。上面的這些創新性的施政作為，都對國家社會之發展進步有很深遠的正面影響，也是邱先生對國家的極大貢獻。

遍讀史書文采斐然卻曾有未下決心學好英文的感嘆

邱先生曾告訴我，他在考試院擔任中階公務員期間，曾把中國的二十四史的所有史書都精讀過一遍。其恆心與毅力，令人敬佩。在他那一輩的本省人中下過此種功夫讀過這麼多史書的人，可說寥寥無幾。也因此，邱先生的國學造詣甚好，文筆極佳，出口成章，也常會引經據典地說明道理。記得他在台灣省主席任內，面對「黨外」（那時還無民進黨，很多當時以「黨外」自居的民意代表後來都加入民進黨）省議員的有些不太友善甚或涉及到他家庭生活及為政風格的質詢時，常常引用他讀史的心得作答而使對方啞口無言。有一次在省議會總質詢時，一位喜歡隨便罵人以讓首長難堪為樂並藉此博取新聞版面的「黨外」女議員，好像為女權的議題質詢邱主席，並問及邱先生與夫人之間的相處關係及邱主席是否如有些外傳所說喜歡打太太。邱先生沒有正面答覆，只巧妙地引用了漢宣帝時京兆尹張敞為其妻畫眉被告到皇帝那裡的故事。當皇帝問有無這回事時，張敞答道：「閨房之內，夫婦之私，有過於畫眉者。」邱主席就用這句話來答覆，那位女議員也就沒法再追問下去了。邱夫人後來告訴我邱主席於這段質詢當天就向她告知其經過，足見他們伉儷情深，那位女議員說邱主席打太太根本是信口開河。我也常聽到他引用「丙吉問牛」的故事，來說明分層負責之必要及碰到問題時要懂得抓住要害要點的道理。「丙吉問牛」這個典故出自於《漢書》，丙吉為西漢宣帝時期的丞相。根據記載：暮春的某一天，丙吉外出，遇到行人鬥毆，其中有人頭破血流，丙吉卻不聞不問，驅車而過。過了一會，當看到路上老農趕的牛步履蹣跚，氣喘吁吁時，丙吉卻馬上讓車夫停車而詢問其緣由。下屬不解，問丙吉何以如此重畜而輕人？丙吉回答說：「丞相是國家的高級官員，所關心的應當是國家大事。行人鬥毆，有京兆尹等地方官處理即可，無需一國之丞相親自過問處理，我只要適時考察地方官員的政績，有功則賞、有過則罰就可以了。而問牛的事則不同，現在是春天，天氣還不應該太熱才對，如果那牛是因為天太熱而喘息，那表示天氣不太正常，農事勢必會受到影響。農事如果不好，勢必影響到老百姓的生活，乃屬於國家大事。」所以他要過問。說明丙吉問牛而不問人，表示他知道分層負責，也懂得抓住問題的要害之所在。

關於他讀過二十四史的經歷，他和我還有一段很有趣的對話，有一次我們從中興新村同車北上，途中他告訴我他曾遍讀二十四史，隨後他突然聽起來像很有感慨地說：「如果當年我把讀二十四史的時間用來學習英文，那我今天英文的程度應該會不錯吧！」他有此感慨，我猜可能是他看到那時政壇上很多留洋者特別是留美者非常吃香的緣故吧。我那時回答他說：「英文可以靠人翻譯，但您自己讀的書和所獲得的學問卻是無人能代勞。」他聽了也就釋然。據說以後他常常把我對他的這段應答講給人家聽。

戮力從公要求甚嚴但也樂於提拔部屬

邱先生律己甚嚴，工作認真，每次主持會議他一定會事先把所有議案和議程都弄清楚。對部屬的工作要求他也非常嚴格。凡是要參加邱先生主持的會議的人，都知道必須先把資料準備充足，因為他常常會就某些問題對與會人員追根究底地詢問。我在省府社會處長任內參加那時邱主席主持的省府首長和省府委員會議，就常常親歷和目睹他對廳處首長的「拷問」。不過，邱先生在公餘之暇則常會很輕鬆很親切地和省府廳處首長打成一片或一起打高爾夫球或一起唱歌作樂。邱先生很會彈鋼琴，有兩首高難度的歌「王昭君」和「岷江夜曲」他常唱也唱得特別好特別有韻味。

據於內政部追隨過他的朋友的描述，當年在內政部流傳一個說法，凡是被邱部長「罵」得最兇的人升遷也最快；意思是說邱先生對部屬常常是「愛之深責之切」。事實上，邱先生很會提拔人，他一生從政，在不同職

作者（右 2）於省社會處長任內陪同謝前副總統東閔（前排左 1）及邱創煥省主席（右 4）至鹿港參加社區媽媽教室觀摩活動，右 1 為鹿港鎮長王福入（1986 年 3 月）

作者（右 2）於省社會處長任內陪同邱創煥省主席（左 2）會見華盛頓郵報發行人葛拉翰夫人（Katharine M. Graham，左 1）（1986 年 10 月）

作者（左 3）於台灣省社會處長任內陪同邱創煥省主席（右 3）至台南縣巡視啟智教養院（1984 年 8 月）

作者於省社會處長任內陪同邱創煥省主席夫婦接待楊麗花歌仔戲團並合唱（1985 年 10 月）

務上所栽培提拔過的人，可說不計其數。我個人就有受惠於邱先生美言推薦的經驗。據邱先生事後告訴我，民國七十六年初國民黨中央要改組，當年農曆春節假期有一天邱先生正在南部與友人打高爾夫球，突然接到蔣經國總統的副官打電話來說經國先生要找他，邱先生馬上趕回台北。原來經國先生找他是要談國民黨中央黨部人事改組的事；經國先生告訴邱先生，中央社會工作會主任要換人，他正考慮兩個人選，這兩人經國先生都認識，邱先生也很熟，他要邱先生表示意見看哪一位較適合；我就是這兩人當中的一位，另一位是曾當過南投縣縣長也任過省府民政廳處長的劉裕猷先生。邱先生回答說趙守博比較適當，沒多久，國民黨中央改組，我被發表為社會工作會主任。我對邱先生的推薦自然很感激，但也看出經國先生用人的謹慎與藝術，那時我是省社會處長，是邱先生的直接部屬，經國先生找邱先生來問，一方面是基於邱先生應對我有所瞭解，一方面應也是對邱先生

作者於社會處長任內陪同邱創煥省主席訪問福利機構（1986 年 2 月）

作者（左 2）於省社會處長任內陪同邱創煥省主席（左 1）會見美國阿肯色柯林頓州長（Bill Clinton，右 1，後為美國總統）及維吉尼亞州州長羅伯（Chuck Robb，右 2）（1985 年 8 月）

的尊重。經國先生以後的一些握有權力的主政者用人之所以失敗，應該是只憑個人好惡和印象去進用人員，而沒有像蔣經國這種用人之前必先多方諮詢、多方考查的結果。

決定擴大慶祝光復四十年及慶祝活動中之小插曲

民國 74 年（1985）10 月 25 日，為台灣光復四十週年。邱主席於 73 年就決定要擴大慶祝。這是一件大事，也是一見盛事。他責成社會處負責所有籌劃的工作。為此，我與同仁於 74 年元月就擬定發布了一個「台灣省各界慶祝台灣光復四十週年實施計畫」。整個慶祝活動並決定以「中興祥和，團結建設」為主題。

既然要擴大慶祝，我決定活動要項涵蓋面要廣。最後經與各廳處代表研商後，決定慶祝活動的項目要包括舉行慶祝大會，辦理建設成果展覽，舉行藝文競賽、表演、觀摩及展覽，編印出版發行紀念書刊、郵票暨製作紀念品，舉辦中興文化巡迴講座，舉辦光復四十年省政建設座談，擴大辦理體育活動，拍攝紀念電影及錄影帶，邀請國外台灣省的姐妹州（省）的州（省）或其代表參加慶祝活動，以及舉辦公教人員集團結婚等要項。幾乎省府各廳處都有主辦項目，也都要動員起來。

從民國 74 年 7 月 1 日起，慶祝活動就展開序幕，到 10 月 24 日光復節前夕及 25 日光復節當天，慶祝活動進入高潮。一切都能按預定計畫和行程順利進行。但卻發生兩個使邱先生有些不滿意的小插曲。

這兩個小插曲都發生於 10 月 25 日在台中體育場舉行的慶祝大會上。第一個插曲是主席台講桌上所放置的盆花過高，擺的位置沒有注意，以致遮住了前來致辭的行政院俞國華院長的部分臉部。事後俞院長向邱主席半開玩笑的提了一下。做事一向要求完美的邱主席馬上有些不太高興地轉告我。這使我想起了當年發生在美國的「會講話的帽子」（talking hat）的故事。有一次英國伊莉莎白女王應邀到美國華府訪問，在迎接典禮上講話，結果也是花太高，遮住了女王的臉部，坐在下面聽講的貴賓雖聽得到女王的聲音，但卻只看到女王的帽子，看起來就像帽子在講話，於是而有「會講話的帽子」一語的出現。主其事的美國國務院禮賓司官員因此受到處分。我以後常把光復四十週年慶祝大會發生的盆花太高，以及「會講話的帽子」兩例，拿來告誡有關同仁，辦事一定要細心到底。

另一個插曲是大會上代表台灣省姐妹州講話的貴賓美國印地安那州州長歐爾（Gov. Robert D. Orr，此人後來曾任美國駐新加坡大使）的翻譯問題。為了此次大會的英語司儀和貴賓的翻譯，我們特別透過救國團代為找了一男一女兩位英文程度不錯、發音也很標準的大學同學來充當。負責為歐爾州長於大會講話翻譯的是一位女同學。我們事前吩咐她務必於前一天先向歐爾州長拿到英文講稿做好準備。那知道，24 日晚上歐爾州長參加慶祝晚宴時酒喝多了，回到旅館立即就寢而沒有準備講稿。大會當天又沒有事先與當他翻譯的女同學溝通。上台時自己帶著臨時準備的幾張小便條就講話了。而且可能受到酒精影響，講得不是很有條理。這位女同學因此可能有些緊張，翻譯起來就不怎麼流暢。邱主席一邊聽一邊皺著眉頭。事後雖然他沒有講什麼，但可以想像他是有些不滿意，事實上他也從表情中流露了出來。此一插曲我們經檢討，覺得不能怪這位女同學，因此特別安慰她一番。但我也提醒相關同仁，什麼事都要做好萬全的準備，所有可能發生的情況以及如何去因應，都要事先想好。像這位州長不勝酒力回到房間倒頭就睡無法依約備妥講稿交給翻譯，是事先沒有想到的；但是，如果大會舉行前，有關同仁能設法讓這位州長與翻譯的女同學無論如何先見個面做一番溝通，結果就不一樣了。

這兩個小插曲，再次說明邱先生是個很細心，任何環節都不放過的人。而我之所以不厭其詳地把它寫出來，就是想給年輕人做個參考，希望他們做事能小處著手，謹小慎微。

好在，邱先生宅心仁厚，雖然他對工作要求極嚴，也發生了上述兩個小插曲，但對於擴大慶祝台灣光復四十週年的所有籌備工作和慶祝活動，他都表示十分滿意，也交代應從優給予有功同仁應有的獎勵。

台灣光復四十年的慶祝，非常之盛大，非常之熱烈。然而，從民國 80 年代後期開始，台灣的光復，似乎再也沒有什麼值得注意的慶祝活動了；大家對於台灣光復節好像已沒有什麼興趣，慢慢淡忘了。這是台灣政治生態的變化所使然，也是歷史演變的無可如何的結果。以後有一次我曾和邱先生談及當年省政府擴大舉辦台灣光復四十年的盛事及如今幾乎沒有任何政府單位在慶祝台灣光復的事實，我們兩人都有不堪回首不勝唏嘘之感。

2020 年 10 月 22 日國民黨智庫「國家政策研究基金會」舉辦「台灣光復 75 週年研討會——中華民國在台灣的足跡」，我也應邀以專家學者身分參加，我在發言時特別先誦讀了我於民國 36 至 40 年代讀小學時每年慶祝台灣光復節時必唱的「台光復紀念歌」的歌詞。現在就把其抄錄於下，以做為我曾在邱先生領導之下辦過慶祝台灣光復的盛大活動的紀念，並為台灣二次世界大戰之後的歷史留下一點紀錄，也供年輕的一輩參考：

張燈結彩喜洋洋，勝利歌兒大家唱，

唱遍城市和村莊，台灣光復不能忘。

不能忘，常思量，不能忘，常思量。

國家恩惠情分深長，不能忘。

有錢難買真情意，有錢難買真爹娘，

今朝重見天和地，八年血戰不能忘。

不能忘，常思量，不能忘，常思量。

加緊建設為國增光，不能忘。

張燈結彩喜洋洋，光復歌兒大家唱，

唱遍城市和村莊，民族精神不能忘。

不能忘，常思量，不能忘，常思量。

中華民國天長地久，不能忘。

政治風骨令人敬佩

最後有一點應該強調的是邱先生的政治風骨。邱先生一生直到他走到生命終點對他家人的遺言，都始終堅持一個立場：忠於台灣、忠於中華民國、忠於中國國民黨。相較於一些人為了自己的個人利益、權位而動輒改變黨籍、改變政治立場的做法，邱先生的一貫不變的政治立場與原則，和他的堅貞與風骨，更是令人十分敬佩。

（撰於 2020 年 7 月 13 日並發表於 7 月 15 日風傳媒電子報，2021 年 1 月稍作增修）

作者（右 2）參加邱創煥先生（右 3）回憶錄新書發表會與邱先生及其家人合影（2012 年 7 月）

作者（左）拜訪邱府與邱創煥先生夫婦合影，此為作者與邱先生（中）的最後一張合照（2016 年 1 月）

第十七章

感謝蔣彥士先生的提攜

我從政的生涯中，另有一位貴人，我一直心存感激，那就是蔣彥士先生。他是在蔣經國先生主政的時期，非常具有關鍵性影響力，可說頗具實權的政治人物；也是曾在經國先生面前力薦我、替我美言的長官之一。在談我與他的互動關係之前，先提一提我所知道的蔣彥士先生。

唯一當過三大祕書長的人

在兩蔣時代，政壇有「三大祕書長」的說法，意指那時有三個祕書長頗具權勢，屬於政壇的關鍵人物，也是黨政體系中握有最大權力的總統、國民黨總裁（從蔣經國起改稱主席）以及行政院院長三者的幕僚長，亦即總統府祕書長、國民黨中央黨部祕書長和行政院祕書長。蔣彥士先生曾先後擔任過這三個祕書長，其中曾兩任總統府祕書長：並且是迄今唯一有此經歷的人。

蔣彥士先生學的是農業，畢業於以農業研究著稱的金陵大學。後留學美國，獲明尼蘇達大學（University of Minnesota）的博士學位，是研究玉米的專家。他曾長期在由美國援助成立的「中國農村復興聯合委員會」（簡稱農復會，英文全名為 Sino-American Joint Commission on Rural Reconstruction）服務。這個農復會，對於 1940 至 1970 年代台灣農業的發展、農民的教育、農村生活的改善，扮演著非常重要的角色。於 1979 年 3 月，因中華民國與美國斷交而改組為「行政院農業發展委員會」，為目前之「行政院農業委員會」的前身。蔣彥士先生於 1967 年出任嚴家淦副總統兼行政院長的內閣祕書長，開始走入政治權力中心。1972 年 6 月，行政院改組，蔣經國出任行政院長，開啟蔣經國實際主政的時代，蔣彥士先生由行政院祕書長轉任教育部長。在教育部他任用了好幾位年紀在 30 幾歲擁有國外博士學位的學者擔任次長或相關司處長，令人耳目一新，也在當時造成一陣的轟動，使教育部成為了第一個大量起用「青年才俊」而受當時輿論所肯定的部會。1977 年 4 月 18 日，北區大專學生 32 人因在蘇澳港乘船參觀蘇澳港建設工程不幸因翻船而溺死。此一參觀活動係由國民黨北區知青黨部所主辦，而建港工程及大專學生之在蘇澳乘船均係交通部主管業務，實際上教育部與此慘劇並無直接的關係，但蔣彥士先生表示不幸死亡的都是大專學生，他身為教育部長應負起道義之責，乃立刻向蔣經國院長請辭，代表政府負起責任並獲准。蔣彥士當時的辭職，廣受社會及輿論之讚許，認為他表現了政務官勇於擔當與負責的風骨。1978 年 5 月，蔣經國當選就任總統，他被任為蔣經國總統的首任總統府祕書長，足見蔣經國對他的信任和器重。1978 年 12 月美國宣布將與中共建交，台灣與美國關係生變，蔣彥士臨危受命接任外交部長。1979 年 12 月他轉任國民黨中央委員會祕書長，此一職務他做到 1985 年 2 月。1988 年 1 月蔣經國去世，李登輝以副總統身分繼任總統。1990 年 5 月李登輝經國民大會選舉正式首次當選總統，蔣彥士被任命為李登輝的總統府祕書長，重作馮婦二度擔任此一職務。也顯現他在當年國民黨政壇舉足輕重的重要性和影響力。

蔣彥士先生性情平和，擅於與人為善，有很好的人緣，頗會提拔年輕人。1990 年 2 月，國民黨發生反李登輝的「二月政爭」，他是當年居中協調使雙方最終言和的八大老之一，而事實上他是那時來往奔走最勤最力的人士之一。蔣彥士先生，在政壇中被人稱為 Y.S.（為其英文姓名拼音 Jiang Yan-shi 中之名字 Yan-shi 之縮寫），他的晚輩則習稱他「彥公」。他可說是當年台灣政壇中的一位極具影響力的甘草型人物。

青訪團和我與彥公的最初接觸
暨奉他指派再率綜藝團及童軍團出訪

1974 年春，教育部為強化我國與美國的文化及教育的交流，加強與在美留學生和學人的聯繫，特挑選具有表演才藝之大專青年學生組成一個「中華青年友好訪問團（Chinese Youth Goodwill Misson，簡稱青訪團）」分成東、西兩團赴美訪問。那時我擔任中央警官學校（現改制為中央警察大學）客座副教授，經由當時青訪團業務主管司（處）的教育部社會教育司司長謝又華先生和國際文教處處長李鍾桂女士之推薦，受邀擔任此一青訪團東團的領隊。青訪團的東團和西團，以美國密西西比河為界分別訪問美國東部和西部的主要大學校園及相關僑社。訪問的方式，以團員的才藝表演，與校園內之留學生和學人及美國師生座談；拜會大學相關負責人士並交談，以及在僑社為僑胞表演和與他們座談為主。我因為擔任領隊，在團員集訓期間及出國前表演，受蔣彥士部長召見鼓勵，也和他有多次的交談。這是我與蔣彥士先生的初次接觸，也是他對我認識的開始。

我們這個青年友好訪問團，在美國東岸、新英格蘭地區、中西部及南部的若干州共進行為期前後五十三天的訪問和表演活動；訪問過 18 個州、33 個大小城市和 39 個大學，會見了美國州級和地方層級的官員多人包括當時的紐約市市長賓恩（Abraham Beame）和麻塞諸塞州副州長德懷特（Donald Dwight）；也拜訪過包括賓州大學校長梅爾生（Dr. Martin Meyerson, President of University of Pennsylvania）及北卡羅萊納州立大學校長卡德威（Dr. John Tyler Caldwell, Chancellor of

作者（左 3）率青訪團拜會美國麻州副州長德懷特（Donald Dwight）（1974 年 3 月）

作者（右 2）率青訪團團員拜會美國紐約市長賓恩（Abraham Beame）（1974 年 3 月）

中華青年友好訪問團（青訪團）在美國表演前作者致詞（1974 年春）

中華青年友好訪問團（青訪團）在美國表演（1974 年春）之一

中華青年友好訪問團（青訪團）在美國表演（1974 年春）之二

作者（中）率青訪團訪美接受美國電視之訪問（1974 年 4 月）

教育部蔣彥士部長（左 6）與青訪團東團全體團員合影，右 3 為作者（1974 年 5 月）

North Carolina State University）在內的好幾位的大學校長、副校長、相關主管以及所有各大學的外籍學生顧問。為留學生、旅美學人和美國籍師生表演，並曾在紐約、芝加哥和波士頓、費城等大城市訪問當地的僑社並做才藝表演，一路上均很受歡迎。蔣彥士部長於我們訪問途中特來電致意、勉勵和恭喜。5 月底訪問團返國 ，蔣部長非常高興，一方面在教育部宴請所有團員，也頒給每位團員一張獎狀。同時更安排我們到行政院會見當時的蔣經國院長並和蔣院長合影留念。

教育部蔣彥士部長（左 1）陪同青訪團東西兩團全體團員會見行政院蔣經國院長（前排右 5），前排左 4 為作者（1974 年 5 月）

1974 年 10 月，在美國華盛頓州的斯波坎（Spokane）舉行一個國際環境博覽會（International Exposition on Environment, Spokane 1974， 簡稱 Expo1974），我們中華民國也應邀參加，並於 10 月 10 日擴大辦理中華民國日活動。為加強我國對外的宣傳，政府決定派兩個文化藝術團隊，於中華民國日當天及前後在博覽會會會場和斯波坎市進行表演。此兩個文化藝術團隊，一為中華民國綜合藝術團（簡稱綜藝團），一為中華民國國劇團。國劇團團長由當時的東吳大學外文系教授楊其銑先生（後來出任東吳大學校長）。至於綜藝團團長，蔣部長以我率領青訪團表現不錯，決定由我擔任。於是，我在 1974 年 10 月又

作者率中華民國綜合藝術團至美國華盛頓州史波肯（Spokane）表演（1974 年 10 月）

中華民國綜合藝術團在美國華盛頓州史波肯（Spokane）的表演之一（1974 年 10 月）

中華民國綜合藝術團在美國華盛頓州史波肯（Spokane）的團體照（1974 年 10 月）

帶團訪美。此次所帶的團成員相當複雜，有主要以國立藝專師生所組成的舞蹈團，有分別由「海家班」與「張家班」成員所組成的民俗特技和雜耍團，有表演武術和嗩吶的師傅及一個由十人組成的國樂團。還好，大家雖然背景不同，但為台灣、為中華民國贏得國際友誼和爭取榮譽的心理與立場，則完全一致。所以，在美國的演出相當成功，頗受歡迎肯定，斯波坎當地媒體都曾大幅報導。當時 美國三大電視網之一的「美國廣播公司」（ABC），特地分別從紐約及好萊塢派來了一個龐大的攝影團，現場拍攝綜藝團的表演，並在 1975 年元月中旬於 ABC 一個極為叫座的節目「體育世界」（ABC Sports）做長達 45 分鐘的播出。我們綜藝團回國後，蔣彥士部長又再度對我勉勵一番，也使

作者（左）率我國童軍代表團赴挪威參加第 14 次世界童軍大露營，行前由教育部蔣彥士部長授旗（1975 年 7 月）

作者率我國童軍代表團於挪威參加第 14 次世界童軍大露營（1975 年 8 月）

作者率我國童軍代表團於挪威參加第 14 次世界童軍大露營，圖為代表團進入開幕典禮會場（1975 年 8 月）

他對我有了更深的印象與瞭解。

1975 年 7 月，在挪威舉行第十四屆世界童軍大露營，中華民國童軍總會組有一個 40 多位成員的代表團前往參加，並請我擔任團長。行前教育部蔣彥士部長以兼我國童軍總會理事長的身分，為代表團授旗，我代表接受。蔣先生特別強調我有率團出國訪問的豐富經驗，應該是老馬識途駕輕就熟，一定會馬到成功一切順利。就這樣我率領 49 位包括童軍、行義、羅浮和服務員的伙伴，在挪威利麗哈瑪（Lillehammer）參加世界大露營，前後九天（1975 年 7 月 29 日至 8 月 6 日）。記得這一次的大露營英文簡稱叫 Nordjamb-75，主題為「五指一手」（Five Fingers-One Hand），強調人類分工合作及互助團結之重要性。我們於參加露營後還花了二十多天的時間在歐洲十國暢遊、參觀和訪問。過程相當順利成功。

推薦並指派我赴華府參加台、美新關係調整之談判

1978 年（民國 67 年）12 月底，美國卡特政府宣布將與中共建交並與中華民國斷絕一切正式外交關係。我們台灣即中華民國，隨即與美國展開有關如何調整新關係的談判。此一談判於 1978 年 12 月底在台北經由雙方各自表述其基本立場而啟動，正式具體而深入的談判則在美國首都華盛頓（即一般俗稱華府）進行，並於 1979 年元月展開，我方由外交部政務次長楊西崑先生擔任首席代表。

對美關係是中華民國、是台灣最為重要，甚至關乎台灣前途的對外關

係。當美國要與中共建交並將和我們中華民國斷絕一切正式外交關係之際，我們全國上下都極為關心憂慮以後美國和我們台灣將維持什麼樣的關係。那時我們政府向美方表示與美國斷交之後的台美新關係，必須以「政府關係」（Governmentality）、「持續不變」（Continuity）、「事實基礎」（Reality）、「妥訂法律」、（Legality）與「安全保障」（Security）為基礎和指導原則。我們與美國於 1979 年元月開始在華府和美國政府所從事的談判，就是以這些為準據而進行的。

1979 年元月中旬，有一天我突然接到外交部蔣彥士部長祕書李聖謀先生一通非常緊急的電話，告訴我要我趕快整理行李於一、二天內馬上飛往華府向楊西崑次長報到，參加和美國的調整我們與美國新關係的談判。那時已經快要農曆過年，而當時我的職務是台灣省政府的新聞處處長，實在不能說走就走。不過，我還是接到電話後的次日即搭上第一班赴美的班機前往美國。由於時間匆促，我並未能於行前向蔣彥士部長當面請示辭行，只是透過電話報告並有所請示。他只是多所鼓勵並說關於談判具體內容到美國後與楊西崑次長討論就可以。

我到華府後立即成為當時和美國國務院官員進行談判的三人組成員（三人即楊次長、程建人一等祕書和我；程建人當時負責作談判紀錄，那時他是駐美大使館一等祕書；他以後當過外交部長和駐美代表），美方談判由國務院主管亞東和太平洋事務的助理國務卿郝爾布魯克（Richard Holbrook, Assistant Secretary of State for East Asian and Pacific Affairs）負責，而美方實際代表進行談判者，大多由主管台灣、中國大陸及蒙古事務的副助理國務卿蘇利文 (Roger Sullivan, Deputy Assistant Secretary of State for Far East Asia Bureau）出面。

我在華府停留至 1972 年 2 月底，其間除了至國務院參與談判外，並參與當時對美國國會議員的聯繫和爭取及遊說的工作。雙方談判的結果，以後都訂於過去 41 年來美國據以規範其對台關係的《台灣關係法》之內。

那麼為什麼會找我去參與談判呢？原來當美國宣布與台灣斷絕外交關係時，社會大眾對於與美國關係的未來，甚至於台灣的未來，都十分關切和憂慮。而所有在那時出面與美國交涉者幾乎清一色都是於 1949 年方始來台的原籍大陸的官員，並沒有一位在台灣土生土長的人員，因而有不少人，特別是出生於台灣的黨政人員以及一般有影響力的社會人士和基層民眾在公開或私下都表示：「台美關係的發展，關係台灣和台灣人民的未來，而在台灣人口中佔絕大多數差不多至少百分之八十以上的土生土長的台灣人，竟沒有人去參與談判，實在非常不恰當。」這樣的意見，讓蔣經國總統聽到了覺得很有道理。因此，在外交部長蔣彥士和國民黨中央組工會陳履安主任的建議推薦下，決定派我前往參與在華府的談判工作。我之所以被推薦主要應係基於下列的因素：（1）我為土生土長的台灣人，（2）我在台灣省政府服務，具地方色彩（當時我擔任台灣省政府新聞處處長），（3）我曾留美也獲美國法學博士學位，算是知道美國、瞭解美國，（4）我年輕，還未滿四十，可以顯現政府重視年輕人的參與。最重要的是，蔣

1979 年 2 月作者攝於華府雙橡園（原為中華民國駐美大使之官邸），作者參與台美新關係調整之談判期間即宿於此

彥士部長和陳履安主任都認識我、瞭解我。

其實，那時要我參與和美國的談判，也有很大的象徵意義，亦即要國人瞭解原來也有一位土生土長的台籍青年，奉派到美國和美國政府的代表談判必然影響到台灣和台灣人民福祉的台灣與美國的新關係。很可惜，那時相關部門沒有好好向國人宣傳說明。倒是，我還在美國期間，國民黨中央海工會跟我聯繫要我離美前向在美國的留學生、學人和僑胞現身說法說明台美談判結果，以安定人心。所以，在 1979 年 2 月底，我離美返台前，我曾先後到紐約、舊金山（也到加州大學柏克萊校區）、西雅圖等地和當地的學人、留學生及僑胞座談，向他們報告台美新關係談判的經過、內容和雙方所達成的重要結論；非常受參加者的重視與歡迎，每一場都爆滿，而且提問相當踴躍熱烈，可見那時大家對台美未來關係之可能改變，非常關心在意。這幾場座談傳到國內，也獲得很好的迴響。

我們與美方在國務院的會談，前後有十多次，我因談判快一半才到，所以，並沒有每次都參與；到了 2 月中旬，我因覺得雙方已談得差不多，乃向蔣彥士部長表示希望能返台，但蔣部長回電說蔣經國總統希望我多留一段期間，因而我在 1979 年 2 月底始回國。

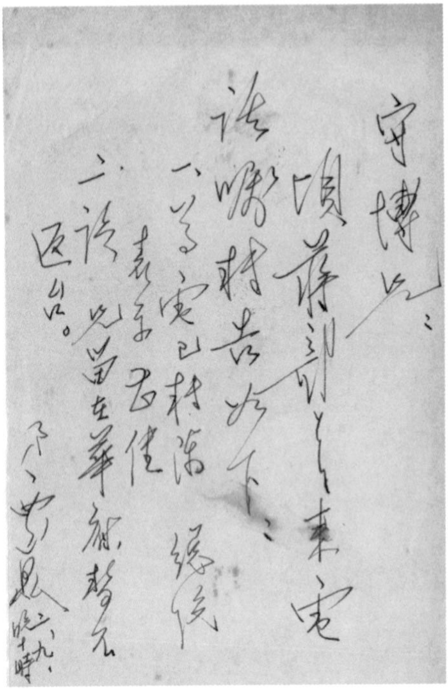

楊西崑次長於深夜在華府雙橡園留給作者轉達蔣經國總統指示要作者續留美國參與台美談判之便條（1979 年 2 月）

我之奉派參與和美國有關台、美新關係的華府談判，非常偶然，也來得突然。當然，最主要是由於當時國內的政治情勢和外交部蔣彥士部長的推薦使然。此次的參與，讓我有機會進入美國國務院以中華民國談判代表的身分和美國政府的代表，進行關係台灣人民前途與未來至為重要的外交談判與交涉，是我這一生中一個很難得也非常難忘的經歷。我衷心感謝蔣彥士先生給了我這樣的機會。

國民黨中央黨部期間和蔣祕書長的互動

1979 年 12 月蔣彥士先生轉任國民黨中央黨部祕書長，從另一個崗位繼續輔佐蔣經國。我於 1979 年 10 月被發表為國民黨中央文化工作委員會

（文工會）副主任，那時我還有一個政府職務，即台灣省政府委員（省府委員）並在省府支薪；所以，我這個副主任算是兼任性質。不過，省府委員不必天天上班，也沒有固定的辦公室，而黨部方面則希望我多所投入，因而我除了於省府方面參加應有的會議及審查和縣市督導工作之外，差不多大部分的時間都在文工會辦公。所以，實際上，黨部也把我當成專職人員看待。

蔣彥士部祕書長到任之後，第一個重要工作，就是爭取國民黨在 1980 年（民國 69 年）12 月 6 日所要舉辦的增額中央民意代表（含國民大會代表、立法委員和監察委員）選舉的勝利。這次的選舉原應在民國 67 年 12 月舉行，嗣因美國承認中共而與我們斷交乃被迫暫停辦理，並延到民國 69 年年底舉辦。中央黨部各單位都為這次選舉的輔選而緊鑼密鼓地展開各項工作，文工會也不例外。

由於我職務（仍任台灣省政府委員，省府在南投縣中央新村、省議會在台中縣霧峰鄉）和地緣（我籍貫為彰化縣，曾在台中市讀中學）的關係，中央黨部在台灣省黨部的建議下，由蔣祕書長批准由我擔任第三選區（包含台中市、彰化縣、台中縣及南投縣）立委及國大代表選舉輔選的督導工作；主要的任務，就是協調這些相關的縣市黨部充份合作，爭取勝選，也同時聯繫地方上各方面的領袖人物，和有力人士，全力支持國民黨的候選人。投票結果，國民黨在第三選區表現不錯，應選出立委 9 席，當選 8 席。而就全台灣而言，國民黨在這一次的選舉有很好的成績，計有 120 人當選，佔應選出名額的 82.19%。

作者與蔣彥士祕書長（左）一起聆聽蔣經國的講話（1980 年 12 月）

1980 年 12 月的這一次中央增額民意代表的選舉，是我國在美國和中共建交並與我們斷交之後所辦理的第一次選舉，意義非常重大；選舉活動相當平和，投票率高，社會也很安定，顯現台、美斷交對我們國家社會並未帶來嚴重的衝擊。蔣經國主席頗為高興，於選後在國民黨中常會表示：「此次增額國大代表及立法委員選舉，中國國民黨推薦的候選人接近全部當選，這是中國國民黨永遠和民眾一起，民眾予以中國國民黨信任和支持的明證。」他並期勉全體黨員，「要以大中至正的精神，竭盡智慧與能力，繼續努力，更接近民眾，為國效命，為民服務，絕不辜負民眾的厚望，來答謝民眾對國民黨愛護的熱忱。」當此國民黨連續兩次於總統大選和立院改選遭逢重大挫敗、氣勢陷於低迷之際，蔣主席當年的這一席話，格外值得國民黨人深思反省。

關於 1980 年這一次的選舉，另有一段我與蔣彥士祕書長的互動，值得提一提。蔣經國主席對於此次增額選舉黨部的輔選情形，至為重視。會不定期地由組工會和文工會的主任向他報告輔選工作的進展狀況。記得差不多在 1980 年 11 月左右，蔣經國主席又來聽取有關輔選的簡報，指定的報告人是組工會主任梁孝煌先生和文工會主任楚崧秋先生。事前楚主任要我也參加，並要我代表他作報告（這是楚先生的好意，他意在加深經國先生對我這個年輕人的認識和好感，我真的很感謝楚先生的提攜）。在梁先生報告和其他人發言的時候，我觀察到經國先生一直埋著頭在寫東西，好像沒有很注意在聽。輪到我報告的時候，他最初還是埋著頭，差不多一兩分鐘後，他突然抬起頭來看，很專注地聽，當時我就越講越有勁，因為他很注意我報告的內容；我當時就脫稿報告說：「文宣工作不能只講政府的好，黨的好，只歌功頌德；而要承認政府和黨也有不對的地方，也有還應該再加強改進的地方，才能使民眾相信我們。所以，我們要考慮民眾要的是什麼？對政府和黨有什麼地方還有不滿意之處。」那時候經國先生經常把「中國國民黨要永遠與民眾在一起」這句話掛在嘴邊。我接著就用他的

蔣彥士祕書長（前排左 2）及革命實踐研究班第一期學員與蔣經國主席合影，左 3 為作者（1980 年 12 月）

蔣彥士祕書長（右 6）與全體革命實踐研究班第一期學員合影，前排右 5 為作者（1980 年 12 月）

話發揮：「主席常常講，要苦民所苦，所以我們要思考今天民眾最需要什麼？除了國際局勢不好應設法突破之外，今天台灣民眾到底還需要什麼？大家在生活上還缺少什麼？農民、漁民、工人在想什麼？我們在施政及文宣上都應特別加以注意。」那時候蔣主席當然已經認識我，我想他大概覺得我這個年輕人很敢講話，既然你敢講，我就敢聽。我報告完之後私下問當時也在場的蔣彥士祕書長，問他我會不會講得太「超過」、太直率、太直接？蔣彥士先生說：「不會！主席就是喜歡聽真話。」他並且鼓勵我以後要多多為國民黨探求民隱，多注意反映民眾的需求。所以，那時候每次我單獨見到他，就會把我所看到及聽到的基層民眾對黨政方面的批評和建議，一五一十地向他報告，他也很注意地傾聽，有時候他還會拿記事本記下來。

奉命勸我競選台北市長

1994 年 12 月台北市進行改制為院轄市後的首次市長直接民選。當時最後一任官派市長為黃大洲先生，而民進黨的市長候選人陳水扁則來勢洶洶。國民黨高層內部於當年年初就開始考慮市長競選人選。那時黃大洲市長有代表國民黨出馬競選的積極表現與作為，但是國民黨高層包括黨主席李登輝、中央黨部祕書長許水德在內，考慮到當時的台北市政治情勢，有另覓他人代表國民黨競選的打算。據許水德祕書長告訴我，他和李登輝最初考慮由當時的行政院經濟建設委員會主任委員蕭萬長先生，做為國民黨的候選人。但是經過一、二個月後，情況有變。此時，不知為何，似乎有人向李登輝和許水德提議應由我代表國民黨出馬較適合。於是在 1994 年 6 月至 7 月間，李登輝總統辦公室主任蘇志誠先生不只一次打電話給我，告訴我黨部有意要我代表國民黨競選台北市長。然而，情勢有些令人撲朔迷離，除了黃大洲市長表示有意競選市長外，國民黨中央組工會主任涂德錡和台北市國民黨黨部主委曹友萍都對外否認有勸進我競選台北市市長之事。曹主委並指出，黃大洲勢將出馬代表國民黨參選。面對此種發展，我實在感到十分困惑。但是，蘇志誠主任依然非常積極勸我應儘快主動表態要參選台北市長。至少外界詢問是否參選一事不要說絕不參選而說死了。就在有關此國民黨到底由誰代表台北市長一事，各界還在猜測可說眾說紛紜之際，記得 7 月 13 日晚上我正在謝又華先生家拜訪聊天時，突然接到李登輝總統的電話，李總統在電話中很懇切地勸我代表國民黨參選台北市長，我甚為感動；乃答以會認真考慮，而且還說了類似總統既然來了電話，很難拒絕，但還必須很慎重考慮並跟我太太討論的話。當天晚上，我回到家裡，心情非常複雜。有三件事始終盤旋在我的腦海：（1）那時趙少康要代表新黨參選，已勢在必行，以趙少康當時的知名度和聲勢，一定會得到很多國民黨人特別是外省族群的大力支持，國民黨及其支持者一定嚴重分裂，我參選也無法挽回，只是做犧牲打而已；（2）陳水扁、趙少康兩人都曾在台北市擔任市議員及在台北市當選立法委員，與台北市均十分有關連，而且也都在基層甚有經營。而我從政以來，一直在台灣省政府和中央服務，與台北市幾乎沒有任何淵源，相較之下，實在很難抗衡；（3）我一直沒有參選的打算與準備，距投票日只有短二、三個月，時間實在極為匆促，臨時上陣是否妥適，值得深思。加上黃大洲先生看來執意要選。所以，經過一晚的深思考慮之後，第二天也就是 7 月 14 日一大早七點未到我就打電話給蔣彥士祕書長，請他轉陳李總統說我很抱歉，決定不參選，只能違背總統的好意了。

那一天剛好是星期四，九點鐘我到行政院參加院會（那時我是行政院勞委會主委），沒多久，議事人員告訴我總統府蔣祕書長找我，我馬上和蔣祕書長通電話。他約我向院會請假立刻到位在民權東路的亞都大飯店見面。我們在亞都一邊喝咖啡，一邊談事情，他說他受李總統之命要勸我應依李總統之構想，代表國民黨參選台北市市長。我就將上述所擔心考慮的事項，很誠懇地向他說明，還是堅決表示我實在無意參選。他當然很失望。我也感到很難過。在我與他談話的過程中，蔣祕書長突然問我說：「是不是林洋港叫你不要選？」我聽了之後頗感驚訝。林洋港先生任台灣省主席期間，我擔任省新聞處長及省府委員，常常陪他接待外賓也曾隨他赴美訪問，喜歡將從政者歸類的一些媒體人士就在有意無意之間將我說成是「林洋港的人」；但他們忘了我在台灣省政府也追隨過李登輝先生，而且李登輝還是任命我當省社會處處長和行政院勞委會主委的人；再者，其實真正引我走入從政之路的是謝東閔及李煥兩位先生，而我也從不認為自己是誰的人，我始終認為自己是國家的人，在為國家做事。蔣祕書長的這一問，應是受到一些外界不實傳言以及李登輝總統和時任司法院長的林洋港先生關係不是很好的影響。我沒有問他是否李總統要他這樣問。不過，在媒體一直喧騰我可能代表國民黨參選台北市長的期間內，我曾徵詢過幾位包括林洋港在內的老長官的意見。林洋港回答我，如果真是李登輝要我出來選，那麼我就應該接受，因為（1）不接受就有違李主席（李總統）的好意，（2）以他對李登輝個性的了解，我如不接受，李登輝可能會不悅而可能會對我以後的仕途有不良影響。最後他說一切還是由我自行決定。我就把這段經過報告蔣祕書長，他聽了之後點點頭沒再說什麼。

後來，由於外界還是不斷對我是否代表國民黨參選台北市長一事有所報導與推測，為了避免對國民黨台北市長的輔選工作造成不必要的困擾，也使自己能擺脫有關競選所引起的風波，於是我在 7 月 18 日正式對新聞界表明我無意競選台北市長因此不會參加國民黨黨內台北市市長候選人的提名登記。新聞界曾有人問我對於這段期間被有關方面勸說競選台北市長因而受到很大的關注有何感想。我當時答以這有點像應邀參加一個有 KTV 的晚宴，吃到一半突然有人認為我歌唱得不錯而一再推我唱歌一樣。雖然我最後並沒有唱，但我對那些欣賞我「歌藝」要我表演的人，非常感激。當時，我沒有點出那些欣賞我要我表演（即競選台北市長）的人，其實那時我心中想要感謝的人就是李登輝總統、許水德祕書長、蔣彥士祕書長及蘇志誠主任。到現在回想起來，我對李總統的好意和對我的看重，一直覺得非常感激，也對於未能如他所願參選，頗感抱歉。而對於未能接受蔣彥士先生的勸說使他無法完成使命一節，我更對彥公祕書長，始終抱有很深的歉意。

永遠感激的長官和長者

蔣彥士先生於 1994 年 12 月離開總統府祕書長的職位而轉任總統府資政，算是漸漸淡出政壇遠離權力核心。但他還是很關心時事，也對農業和科技問題十分關注，並積極參與相關的活動。四年後，即 1998 年，他因病去世，離開我們迄今已有二十多年，他的為人及風範，依然令人十分懷念。他對國家社會的貢獻，有目共睹，不在此贅述。謹在這裡回憶幾件有關他的往事，來說明他的為人處事的風格及他對部屬的關心。

我於 1994 年 12 月接任行政院祕書長，在我祕書長任內，有時會接到他關於若干政務表達他的意見或有哪些人才值得重用要我轉報院長的電話。顯見他非常關心我們的國家社會的發展。彥公是個十分願意幫助他人的長者，人家拜託他的事，他總是十分熱心地去促成。這也是他十分令人懷念的一面。民國 70 年年底省政府改組，新任省主席李登輝先生在擔任省主席之前，與我平常並無任何的交往，我也從未單獨和他見過面或打過交道。但他事前未約見我，就逕自發表我由省府委員轉任省社會處處長。據瞭解，就是出自於蔣彥士和宋時選兩先生的推薦，我當然十分感激。然蔣祕書長從未向我提起此事。

他擔任外交部長時間不長，但他是令外交人員十分想念感激的一位部長，因為他大幅改善駐外人員的居住和子女教育問題。據瞭解，有一次他

作者（前排左四）於勞委會主委任內陪同第二屆十大敬業楷模晉見李登輝總統，前排左五為蔣彥士祕書長（1993 年 2 月）

蔣彥士祕書長（前排左 4）應邀參加歡迎作者（立者右 9）美國母校伊利諾大學校長艾肯貝里（Stanley O. Ikenberry）夫婦之餐會，前排右 2 為中研院錢思亮院長（他係伊大校友），前排右 3 為台北市議會林挺生議長，前排左 2 為伊大校友會長張建邦（他同時為淡江大學校長及北市副議長）（1980）

到沙烏地阿拉伯訪問並巡視業務，曾對某外交官表示要到他家看一看，但那位外交官就是一再婉謝，後來他堅持去看，才知道那位外交官因待遇有限，租住在一個不很好的地區，所住房舍也非常簡陋。蔣部長看了之後十分難過、不捨，回到外交部就大幅提高駐外人員的房租津貼和子女教育津貼，使外交人員從此在外都能住得起像樣而可符合其外交官身分的房舍，也能過一個有一定水準的生活。這是他關懷照顧部屬的一個很具體的表現。

蔣部長十分尊重部屬的職權。關於此，有一個流傳甚廣的軼聞。據說蔣彥士先生擔任教育部長期間，有一天一位常常動不動就來找蔣部長使人不勝其煩的客人又來求見蔣部長，而實在也沒有什麼大事。因他實在十分煩人，而蔣部長又很忙，蔣部長的李聖謀祕書就告訴這位客人說部長不在。但他還是在那兒糾纏不肯離開。大概十幾二十分鐘後，蔣部長突然從部長室走出來，那個人就指責李祕書說部長明明在為何你說不在。這時蔣部長不慌不忙地告訴那位客人說：「他說我不在，我就不在。」說完轉身又進入部長室。使那位客人啞口無言不知所措。這個小故事，充分說明他對部屬的尊重。

我年輕的時候，身體十分清瘦，蔣彥士先生常常跟我說：「守博啊，要好好保重身體啊，總統（指蔣經國）十分關心你的健康啊！」每次我都告訴他，我身體很好，我瘦是家族遺傳。但我還是十分感謝他對我的關心。

想起蔣彥士先生，實在深感懷念。我的從政生涯中，得到蔣彥士先生很多的關懷與提攜，他也是我永遠心存感激的一位長官和長者。

第十八章

談將「救國團作風」帶入民間的宋時選先生

也是我的一位生命貴人

曾先後擔任中國青年反共救國團（現已改稱為中國青年救國團，一般簡稱為救國團）主任祕書、執行長、主任，國民黨台灣省黨部主委、國民黨中央組織工作會主任，裕台公司和中國廣播公司董事長的宋時選先生，也是我公職生涯中的一位生命貴人；不但我有機會曾直接追隨過他，受他指導、影響，而且在我從政的生涯中，他曾不時地為我美言、鼓勵和提攜，同時直至他過世為止，我一直和他有相當密切的來往，也是我應感謝感恩的一位尊長。

我是於民國 60 年代初自美學成返台之後，經由時任教育部社教司司長的謝又華先生的介紹，而與宋時選先生認識的，宋先生當時擔任救國團總團部的執行長。救國團是標榜為青年服務的，而那個時候擔任行政院長的蔣經國先生（也是救國團的創辦人）正在推行進用「青年才俊」的工作，宋先生對我這個剛剛回國的青年，自然是鼓勵有加。民國 63 年冬，國民黨中央組織工作會主任，同時也是救國團主任的李煥先生，在國民黨中央黨部接見我並告訴我要我參加救國團總團部的工作，通知我他已要救國團總團部發表我出任總團部海外青年服務組兼任副組長的職務，從此我與宋先生開始有了較多的接觸。民國 64 年（1975）元月，救國團總團部人事有所調整，李煥主任發表我被稱為救國團總團部最重要的部門「學校青年服務組」的組長。我也除了繼續擔任中央警官學校副教授並在該校支薪也從不缺課而認真於教職的情形下，幾乎全心全意地投入救國團青年服務的工作。當時救國團總團部學校青年服務組的業務包括大專文武青年的聯繫服務、大專學生社團的服務與輔導、學校軍訓教官的聯繫與服務、中學學生的服務，以及各種青年文藝史學社團的聯繫和服務，並且肩負著協助維護大學校園安定和聯繫原住民大專青年的任務。每年寒暑假，救國團總團部學校青年服務組要負責籌畫辦理幾個非常重要的大營隊即：（一）歲寒三友研習會（大專青年重要社團負責幹部的研習活動），（二）大專社團負責人研習會，（三）台灣史蹟研究會，（四）大專青年演辯社團負責人研習會，（五）大專文武青年金門澎湖參觀活動，（六）研究生研習會，（七）三民主義研究會，和（八）軍訓教官研習會。對於這些營隊和活動，宋時選先生極為重視，差不多每一次開訓或結訓的典禮或座談，他都會親自參加，也會於研習和活動辦理中，抽空訪視青年學生或和他們非正式地閒聊學校功課以及他們關心的問題。我也因此和宋先生有了相當密切的接觸，這也是他對我有進一步瞭解和認識的開始。

推廣「救國團作風」的「宋公」

蔣經國先生於 1952 年 10 月創辦救國團之後，一直到 1973 年 5 月有超過二十多年的時間，都是負責領導救國團，在他的領導之下，培養出一種「救國團作風」或稱「救國團精神」，所謂「救國團作風」、「救國團精神」就是救國團的幹部要踏實做事，不爭功不諉過，做人要謙虛，對人要和氣，要力行平凡、平實、平淡，要任勞、任怨、任謗，不計一切地為青年服務，為國家奉獻，並特別強調不可出風頭、搞特權。蔣經國先生離開救國團之後，救國團的負責人，也都會一再叮嚀救國團的幹部不要忘掉「老主任」（當時救國團對蔣經國最喜歡用的尊稱）的教誨，要勿忘「老主任」創始的「救國團作風」。記得我到救國團之後，好幾次就聽到當時的李煥主任和宋時選執行長叮嚀救國團的幹部要發揚光大「老主任」的「救國團作風」。那個時候有些黨政人員，常常會不顧自己的身分地位，忘了應有的分寸，而擺出「照相坐中間，吃飯爭上席，走路走在前」的架子和官僚作風，在救國團就很受批評。

李煥主任因忙於黨務，所以救國團日常的工作大多由宋時選執行長實際負責。我也因而在救國團服務期間，有非常之多的機會陪同宋先生參與各種有關的救國團活動，也跟他幾乎北、中、南、東跑遍了所有救國團山莊和縣市團部。因此，有幸近距離觀察和體會宋先生如何去身體力行和推廣「救國團作風」。

宋時選先生與蔣中正和蔣經國有很親密的親戚關係，宋先生的祖母毛英梅女士是蔣中正的元配、蔣經國先生之母毛福梅女士的親姊姊，蔣中正是宋先生的姨公（姨祖父）；宋時選的母親毛意鳳又是曾為蔣中正之師的毛思誠的女兒；蔣經國高宋時選一輩，是宋先生的親表叔。到台灣之後，宋先生曾長時間在蔣經國身邊工作，對蔣經國先生的想法和做法，當然頗有領會。

也因為這個緣故，宋先生在力行和推動經國先生所倡導的「救國團作風」就顯得非常自然而認真。宋先生在救國團不喜歡人家稱他長官，他對所有幹部和工作同仁，總是和和氣氣的，他每次到營地或各地救國團的單位所在或其附近，如看到菸蒂或一些小垃圾，他總會自己彎下腰去撿拾清理，在救國團山莊如碰到用餐時間同仁忙不過來的時候，他也會放下身段幫忙端菜送飯。對於以義工身分投入救國團工作的各界人士，他都用十分謙恭的態度以禮相待。我曾陪他到地方拜訪過幾位受聘擔任縣市救國團團委會主委的地方仕紳或學術界、產業界的傑出人士。記得我和宋先生先後在澎湖見過兼任澎湖縣團委會主委在澎湖地方頗受敬重的國大代表謝公仁醫師、在花蓮拜訪過在花蓮行醫多年對地方公衛頗有貢獻也極受尊敬的花蓮縣救國團委會主委林千種醫師，在宜蘭見過當時的宜蘭縣兼任救國團團委會主委的行政院輔導會榮民森林保育事業管理處的彭令豐處長，以及在南投看到了當時身兼南投縣救國團委會主委的台大森林系教授也是南投台大實驗林管理處處長的姜家華先生。宋先生對這些義務為救國團服務並且熱心投入救國團工作，協助推動救國團為青年服務的工作的先生們，見面

作者於救國團總團部學校青年服務組組長任內與參加大專社團負責人歲寒三友會研習之大專文武青年合影（1976 年 1 月）

時都一再表達謝意，並且請他們多對團務工作指導、指教。

我還記得當我於民國 64 年至 65 年間辦理歲寒三友會和大專社團負責人研習會時，為擴大影響，特別商請那時剛回國不久的留學國外並在大專任教的青年學人擔任營隊的輔導老師。當我最初提出此一想法時，宋先生頗表保留，理由是我們辦理研習活動的營隊所在都是借用學校的學生宿舍或部隊的營舍，住宿和飲食條件並不很好，恐怕會委屈這些青年學人，對他們不夠禮貌。經我一再說明，這些學人都有很高的服務熱忱並不計較住宿和飲食條件後，他才同意我的做法。那時應邀擔任輔導老師的有黃俊英（當時為政大副教授，後曾任中山大學教務長、高雄市副市長和考試委員）、陳倬民（時為清華大學副教授，後曾任省教育廳廳長、省府委員、國立彰師大校長等職）、張一蕃（時任交通大學副教授，後曾任教育部技職司司長、輔英科大校長）、郝俠遂（當時為淡江大學化學系副教授），以及郁慕明教授（那時為國防醫學院副教授，後曾任立委及新黨黨主席）等人。對他們當年的受邀協助推動大專青年的研習活動，我十分感謝。

宋先生行事非常低調，生活簡樸，每次到縣市或救國團山莊訪問，他都要求不能有太講究的接待。他喜歡在不起眼的小館子用餐。我也因此追隨他在不少頗具地方（包括大陸及台灣）特色的小餐館吃了不少牛肉麵和菜餚。宋先生到地方很少去拜訪縣市或鄉鎮首長，但他卻喜歡結交地方上救國團的

1976 年冬，救國團宋時選執行長（二排左 3）到南投溪頭青年活動中心與救國團中部四縣市總幹事聚會，作者（三排右 4，時任台灣省新聞處長）亦應邀參加並合影，三排右 3 為台大溪頭林管處長兼救國團南投縣主委姜家華教授，一排右 1 為台中市詹天性總幹事，二排左 1 為南投縣楊宣勤總幹事，二排左 2 為彰化縣蔡志恆總幹事

作者（後排右 1）於救國團總團部學校青年服務組組長任內與宋時選執行長（前排右）與辦理暑期青年活動之部分幹部王伯音副組長（後排右 2），黃輝雄專門委員（後排左 2）及胡亞飛（後排左 1，光武工專課外活動組組長）等合影（1975 年夏）

1977 年 2 月，台灣省政府與救國團等單位合辦大專教授國家建設參觀活動，宋時選執行長於澄清湖青年活動中心設宴招待，作者（左）以省新聞處長身分代表省府參加

義工，如時間允許，他總會到這些熱心而屬於基層的地方各界人士（很多是中小學教員或相關社團的熱心人士）的家裡去拜訪，以表示關懷並表達謝意。

他的這種「救國團作風」，以後他也帶到黨務工作上。

不問在救國團或在國民黨省黨部和中央組工會，他的那種風格以及平易近人、不擺架子、不好排場的作風，都很受歡迎，因而終其一生，絕大多數的人，都喜歡稱他「宋公」。也就是因他與蔣經國的特殊關係，他的此種「救國團作風」、「救國團精神」的實踐和推廣，為兩蔣時代的國民黨和政府，贏得很多基層民眾的向心和肯定，對於鞏固那個時候的國民黨政權，是有所幫助的。這是我認為談宋時選先生時，所不能忽視的一個重點。

蔣經國在救國團所培養出來的「救國團精神」、「救國團作風」，使民國 60 年代至 70 年代很多在救國團服務和工作的青年幹部，都因而養成了踏實工作、奉公守法、不爭功諉過而負責盡職的工作精神和態度。也就是為了這個緣故，雖然我在救國團服務期間不是很長，前後不到二年，但以後我在政府和國民黨中央黨部工作期間，我就先後引進了楊宣勤、鄭心安、詹天性、賴錦豐、陳長助、古梓龍和黃宏謨等幾位曾在救國團工作的幹部到政府和國民黨中央黨部服務，這些同仁後來在各自的工作崗位上都有很不錯的表現，對社會國家都有很好的貢獻。

另外，我在行政院勞工委員會服務期間，還特別委託救國團辦理工廠青年的輔導與服務工作，績效還不錯。

我在救國團服務期間，還有一件與宋先生有關的往事，也必須在此提一提。當時我鑒於救國團不少財產（包括土地和山莊、房舍等）都是救國團經多年經營自力所購置，但由於為求手續簡便，出於便宜行事，於是或者借用其他相關政府機關之名義去辦理登記，或者並沒有正式去辦理應有的不動產登記手續。為使救國團的財產回歸事實及法制化、制度化，我向宋時選先生建議凡事實上救國團自行購置的所有財產都應依法去釐清並辦理應有之登記，以免日後發生爭議。宋先生深以為然。然而不久，他告訴我，他就此事向經國先生報告，經國先生聽了之後訓他一頓說：「登記什麼登記，救國團是為國家而成立的，一切為國家，一切都是國家的，沒有什麼好登記的！」這件事的經過，反映出宋先生對蔣經國忠心耿耿，救國團是蔣經國創立的，救國團財產的事他認為應該報告蔣經國；另一方面也反映出蔣經國一切只想到國家。然而，就法言法，救國團並非政府單位，只是民間團體，其持有的財產就要依事實和依法辦理登記，才不會有所爭議與困擾。現在「不當黨產處理委員會」一口咬定救國團是國民黨的附隨組織，很多原本為救國團靠多年經營管理所累積的金錢所購置的財產，由於當年未依法辦理應有的所有權登記，很可能因此被認定為「國民黨附隨組織」的「不當黨產」，而有些當年借相關政府單位之名義去登記的財產，也可能因此成為公產。這當然不合理和有違事實。但如今可能也只能徒呼負負，莫可奈何了！

宋先生曾要我當他省黨部的副主委 並曾要我競選彰化縣長

民國 68 年（1979）年 2 月，宋時選先生離開他工作超過十年的救國團，出任國民黨省黨部主委，這是當年頗具關鍵影響力的職位，也是兩蔣時代的黨政要職之一。他擔任此一職務，也代表著他正式投入了國民黨的權力核心，更表示蔣經國對他的高度信任和在政治上對他的倚重。那時，我擔任省政府新聞處處長，對於這位救國團的老長官之到台灣省領導國民黨，當然很感慶幸，也期待他能為台灣省的國民黨黨務帶來一番新的氣象。

但沒想到的是，1979 年春天，我剛從奉派到美國參與因美、台斷交之後雙方調整新關係的談判的任務返台不久，有一天宋先生突然找我，懇切地表示希望我出任他的省黨部副主委，協助他推動台灣省的黨務工作。對這突如其來的工作邀約，我非常感到意外，但為表感謝和尊重他的好意，我表示是否可以讓我好好考慮幾天再說，他也同意。幾天之後，我認真衡量之後，自認為自己還是比較喜歡在政府部門服務，而且也從未涉及黨務工作，因此，我很誠懇地向他婉謝。不過，他還是不死心，又再度勸我接受，且動員了一些對我也很愛護的政壇長輩和先進對我遊說。不過，我還是堅持留在政府。他也就不再勉強我了。

現在回想這一段往事，一方面對於宋先生對我的抬愛和提攜，心存感激，另一面對於未能接受他的好意到台灣省黨部去追隨他，內心實在很感抱歉。

然而，正由於我之婉謝到省黨部服務，卻引發了當年省（台灣省）市（台北市）教育主管的一番調動；也因而改變了不少人的政治命運。原來，在我向宋先生表示無意到台灣省黨部服務之後，宋先生就堅邀他的一位老朋友、老同事也是老鄰居當時擔任台灣省教育廳廳長的謝又華先生出任他的省黨部副主委的職務。謝先生與宋先生年齡相近而又都是蔣經國先生的老部下，也都出身於救國團，有很好的公誼和私情，在宋先生的懇邀之下，謝先生也爽快地答應了。他們倆人後來在國民黨黨部和中央組工會（宋任主任，謝則擔任副主任）合作無間，對國民黨黨務工作，做了很多很大的貢獻。

謝先生要接任省黨部副主委的消息一出，時任台灣省主席的林洋港先生馬上推薦當時任省政府委員出身台灣師大教授的黃昆輝先生接任，並利用陪同蔣經國巡視宜蘭縣的機會向蔣經國報告，蔣經國未置可否但要他向教育部朱匯森部長報告。然而事實上當時的教育部長朱匯森先生早就知道謝又華廳長要離職他調之事，並且也早已安排省教育廳長由那時的台北市教育局局長施金池先生接任，而施金池留下的台北市教育局長的職務，也經由當時的台北市長李登輝先生商請在台灣師大擔任訓導長的林清江先生接任。此一安排也早經行政院長孫運璿及蔣經國總統同意。這樣一來，林洋港先生的推薦黃昆輝一事便落空。後來幾經協調結果，施金池還是接任省教育廳廳長，而黃昆輝則改任台北市教育局局長，林清江則仍暫在台師大服務。這樣的安排，使黃昆輝先生有機會追隨李登輝並為李所認識和賞識，到了李登輝擔任總統之後更得到了李的重用。而林清江因本就受李登輝欣賞，此次雖未能依李之所願請其擔任教育局局長，但李的心中也因而始終有他，所以，以後也受到李登輝之倚重，先後出任省教育廳廳長、中正大學校長和教育部長。有時我想，如果那時我去接省黨部的副主委，則就不會有謝又華教育廳長的異動，而由於此一異動所引發的施金池、黃昆輝、林清江等人的職務調動就非常不可能發生，那麼李登輝是否有機會認識並進一步賞識黃昆輝和對林清江因一時無法進用從而日後予以補償並加重用，就有很大的疑問了。人的際遇和命運，有時真的很難逆料！

我雖然沒有出任宋時選先生的省黨部副主委，但宋先生還是給了我很多為省黨部服務的機會。原定於 1978 年（民國 67 年）12 月舉行的增額中央民意代表選舉，由於台美斷交而停辦。宋先生到了省黨部之後，就和謝又華先生商定由省黨部出面召集此次選舉原省黨部所提名以及曾登記角逐黨提名的所有黨員同志定期聚會研商討論有關議題，一方面以示黨部對他們的關懷並保持適當的聯繫，另一方面則希望透過此種聚會研商，使這些同志能對相關的黨政和民眾關心的議題維持應有的關注並可有較深入的瞭解。宋先生就請我擔任此一研商的召集人。這使我有機會進一步認識這些原被提名及原本有意參選增額中央民意代表選舉的同志，另一方面也使我與時俱進地瞭解黨政重要議題及民眾所關心的事項，對我的從政生涯頗有幫助。

國民黨台灣省黨部在宋先生主持黨務期間，曾先後招考了好幾批年輕的新進幹部，宋先生也特別請我擔任這些新進幹部每一期講習的講師，向他們分析台灣社會的變遷狀況，政府在社會行政及社會福利的重要施政要點，以及如何做到黨政的相互配合，以爭取民眾對政府和對國民黨的向心及支持。擔任此種講習的講師使這些新進黨工對我有所認識，對於我在政府服務期間相關政務的推動，無形之中給了我很大的助力，也使我在基層的人脈更為堅強。

1981 年（民國 70 年）12 月舉行第九屆縣市長選舉。當年年初省黨部就積極布署各縣市長候選人的物色工作。我的家鄉彰化縣一向在地方分成紅白兩派，第九屆的彰化縣長因原任縣長兩任任期已屆滿，不能再連任，紅白兩派因而各有強棒要出馬競選並且暗中互別苗頭新互較勁，也因而漸漸形成相互對峙而可能使黨外漁翁得利的態勢。宋時選先生和謝又華先生開始遊說我代表國民黨回鄉競選。我意願並不高，但宋、謝兩先生非常熱心好意不斷勸說，而且還吩咐當時的國民黨彰化縣黨部主委黃正雄兄做必要的安排與部署。宋先生並告訴我，省黨部擬徵召我回彰化競選縣長一事，他已報告蔣經國主席並獲同意，而且我是第一位蔣主席所同意提名的此屆縣市長國民黨的候選人。我聽了之後實在非常感動，也真的一度起了參選的動念。但最後由於我本來就無投入選舉的意願和準備，再者我也不願意去涉入地方派系的恩怨與糾葛；而可說一個相當關鍵的原因是，我的一位家族長輩在族親之中和人發生一件跟我完全無關可是在惡劣選風之下很可能會被人拿去做文章的糾紛，我母親因而很不贊成我參選。幾經考慮之後，我就婉謝了宋先生要我參選彰化縣長的好意。現在回想起來，對宋先生、謝又華先生及黃正雄兄之好意並積極勸說我出馬競選且認真地做了相關的安排，我實在十分感激，但對於最終未能依他們的好意去參選，也感到十分地有歉意。

宋先生一直給我指導與協助

我雖然曾婉謝宋先生邀我擔任省黨部副主委及競選彰化競選縣長的好意，但宋先生並未因而對我懷有任何的意見，相反地他一直很關心我的工作與發展。也不時地給予我必要的協助和鼓勵。

民國 68 年（1979）春天，我自美國參與美、台新關係談判回來，那時中央認為我表現不錯有所貢獻，當時的蔣經國主席交代應給予我適當的工作調整。那時的國民黨中央黨部祕書長張寶樹先生就因此而召見我，轉達了蔣經國的意思。不過，張祕書長告訴我說因一時沒有適當的職務可資安排，叫我暫時繼續做我的省府新聞處長，我聽了就說安不安排不重要，因我從未想到參與美、台新關係談判而工作就會有變動調整；我表示會繼

作者（中）於省社會處長任內在台中主持年度推行殘障福利有功人員表揚大會，國民黨台灣省黨部宋時選主委（左）與台中市長林柏榕（右）蒞臨參加（1984 年 4 月）

續把我新聞處長的工作做好。不久之後，在 1979 年 5 月間的一個晚上，宋先生打電話告訴我說，經他和張寶樹祕書長研究並向蔣主席報告後，決定把我調為政務官職務的台灣省政府委員，但仍續任省新聞處長，他並說要我委屈一點。我說一點也不覺得委屈，上面怎麼安排我都接受。這是我的工作經歷中有省政府委員一職的由來。不過，宋先生前面所說的我當省府委員後繼續擔任省新聞處長一節，經三、四個月後就生變，我的新聞處長職務發表改由他人接任，而我則改任沒有主管任何廳處業務的「陽春」省府委員，但另加一個國民黨中央文工會副主任的職務。

民國 70 年年底，台灣省政府改組，由李登輝接替林洋港擔任台灣省政府主席。在此之前，我從未和李登輝有過任何交往，也從未單獨和他見過面，但他卻把我從省政府委員調為台灣省政府的社會處處長。事後我推測這應是宋時選先生和蔣彥士兩位先生主動向李先生推薦的結果。（不過，我從未就此向他們三位先生求證過）。

我在台灣省社會處處長任內，奉李登輝主席之命要我籌劃設置一完全由民間捐助的台灣省民眾急難救助基金，我除了運用我的社會關係募集到一些捐款外，更由於宋時選先生和蔣彥士兩先生的牽針引線和大力推介，使我很快地向幾位國內的工商界領袖和新秀如王永慶、徐有庠、吳修齊、蔡萬霖、賴樹旺、吳俊億等先生在很短的期間就募得了超過五千萬元的款項而很快使急難救助基金成立。真感謝蔣彥士先生和宋時選兩先生的協助。到民國 76 年年初，我離開社會處時，此一基金已累積近一億元。

難忘宋公的風範

1984 年 6 月宋先生調離省黨部轉任國民黨中央組工會主任，1987 年 2 月，他由組工會主任改調為黨營的裕台企業董事長，以後他轉任中國廣播公司董事長，逐漸淡出政治。1988 年元月蔣經國先生逝世之後，宋先生也從此遠離政治權力中心。在他離開中央組工會之後以迄他於 2010 年 4 月逝世為止的這段期間，我還是經常去探望他，和他保持連繫，也常常會和他及謝又華先生小聚和閒聊。他始終關心我的一切，

1979 年 9 月作者當選為十大傑出青年，宋時選先生（左）為頒獎人

包括工作、健康和家庭。2002 年以後，我自己也逐漸淡出政壇，不再擔任有關的黨政職務，並且專心主持一些民間社團，其中之一就是負責推動財團法人祥和社會發展文教基金會的工作。這個基金會是於 2000 年我按連戰先生的交代而成立的，目的主要在推廣有關促使社會更為祥和進步的相關業務及活動，基金會成立時，我特別邀請宋時選先生擔任董事，他慨然同意。一直到他過世為止，每次基金會董事會開會他都親自出席，而且從未遲到早退。每次開完會，他都會留下來和我話話家常。

作者（左）與宋時選（中）和謝又華兩先生合影（1980 年代末）

宋先生在民間有很好的人緣與聲望。記得民國 82 年 8 月國民黨舉行第十四屆全國代表大會及第十四屆第一次中央委員全體會議並改選中央常務委員，那時宋時選剛剛離開組工會，但黨內不少人認為他在黨內外還有一定的影響力，雖然不一定會被黨主席指定為中常委，但至少應被提名競選中常委並由黨中央規劃輔選，惟事實上他未獲提名，於是一些較有草根性主要來自地方的中央委員主動連署推薦他做為中常委的候選人，並且支持他高票當選而擠下了黨中央規劃的人選，可見他有相當大的民間支持力量和很受地方民眾的愛戴。

前面提到，宋先生與兩蔣有深厚的淵源與親戚關係，他早期曾擔任過蔣經國的機要祕書，為時相當之長。之後在蔣經國主政時期，他長期負責救國團並擔任國民黨的黨務要職。但他行事低調，不出風頭，不張揚他的兩蔣關係與背景，待人和氣，平易近人，不搞特權。他的此種風範，實在令人敬佩。我從政多年，一生之中，看過不少盡職很懂分寸的機要人員。

2001年2月作者（左3）為宋時選（右3）和謝又華（右2）兩先生舉辦80華誕慶祝宴會，應邀參加者有許水德（右1，考試院長），楊朝祥（左1，童軍總會理事長，前教育部長）及許文富（左2，前省農林廳長）等人

但也看到不少在首長旁邊工作的幕僚長、祕書、隨從和相關機要人員，很會「狐假虎威」、「仗勢唬人」、「張牙舞爪」，甚至利用其職務而玩法斂財，實在令人感嘆！這些人如事前能向宋先生學習、看齊，就知道應如何做好首長的機要人員了。宋先生可以說是為機要人員樹立了一個很好的典範。

宋先生負責救國團期間，創辦了「張老師」諮商與服務專線，為青少年和一般民眾在各種心理上、功課上、生活上和事業上所遭遇到的疑惑、困境，挫折與問題等，提供必要的諮商和輔導的服務。數十年來，很有績效，廣受肯定。可說是宋先生為台灣社會所留下的一個深厚的遺澤。

宋先生已於 2010 年，以 90 高齡去世。他的風範和遺澤，必將長受懷念。而我個人，對他對我的關懷與提攜，則有無限的思念與感激。

第十九章

向台灣童軍運動的主要開拓者和我的政治導師謝又華先生致敬

那位年輕的帥哥總幹事如今百齡高壽

曾任華視公司總經理和台灣省教育廳廳長的謝又華先生於民國 11 年出生，今年（2021，民國 110 年）照中國人的算法他應該是 100 歲，做為一個長期深受謝先生指導、愛護的晚輩，首先為又華先生能享有如此的高壽且又身體硬朗，而深感慶幸，也對他滿懷祝福。並特別在此談一談我所認識的又華先生，以祝賀他邁入人生百歲福壽康寧、松柏長青。

我第一次真正認識謝先生，是在民國 54 年我服預備軍官役擔任國軍三民主義巡迴教官結束以後的一次綜合座談會上。國防部總政治作戰部從民國 50 年代開始，每一年都挑選三、四十位預備軍官在軍中及民間從事有關國策、國家建設績效和反共教育的宣講工作。我是在民國 54 年被選參加此一工作的。在宣講工作結束後，執政黨國民黨中央黨部特別召集有關黨政單位的代表與我們這些參與宣講的年輕預官，舉行一個綜合座談會，主要一是慰勉我們的辛苦和努力，另一則是聽聽我們這些預備軍官（都是大專畢業生）對於宣講工作以及於宣講期間在軍中及民間所見所聞的感想和意見。

座談會是由國民黨中央黨部的祕書長主持，相關的一級主管（那時稱為組主任，與此宣講工作有關者為主管組訓的第一組，和主管文宣的第四組）暨各組的主管總幹事都參加。記得開會前，有兩位非常年輕的總幹事，其中一位長得特別清秀，走入會場，立刻引起我們這些年輕預官的注意。開會時由於主席的介紹，我們才知道這兩位年輕的總幹事分別是中央一組的謝又華先生和中央四組的沈岳先生，而謝又華先生就是那位帥哥總幹事。會中又華先生很有條理而且又很能拉近我們年輕人的發言，加上他的外型，給我留下很深刻的印象。這也是我認識又華先生之始。

亦師亦友的關係和我的政治導師

民國 54 年年底，我報考國民黨提供的中山獎學金留學考試，並且很幸運地被錄取留美。謝又華先生剛好是承辦此一留學考試業務的主管總幹事，從報名一直到辦理出國手續，我都有機會接觸又華先生，也常承他給予很多的指點。留美期間，也常就留學進修情形與謝又華先生聯繫。

我學成回國後，謝先生對我的婚事和事業也很關心，曾一度要為我作媒。而我與內人結婚時，他更全家動員從旁協助，他除了陪我去迎親外，他的少爺文林君還擔任我們結婚時的花童。

在我剛回國服務的那一段期間，他很熱心地介紹我認識一些黨團負責人和相關的政府首長，並且還邀我參加他於教育部社教司長任內所主辦的

謝又華先生（左 1）到作者（左 2）當時任教之中央警官學校（現中央警大）探視，與作者及作者之學生合影（1972 年 12 月）

「文化講座」的專家學者演講團到各地發表專題演講。使我這個甫從國外返台服務的年輕人，漸漸能為各方所認識。後來我之能夠進入救國團總團部服務以及為教育部帶領青年訪問團和綜藝團等團隊出國訪問，又華先生的從旁推介、提攜和鋪路，應該也是一個非常重要的原因。

就因為又華先生與我意氣相投，而他又很能耐心地傾聽我的意見和牢騷，而我則非常折服於他對台灣政情和有關事理的分析和判斷，使謝先生把我當成一位忘年之交，而我則把他當成一位可以為我指點迷津的老師和長輩（他僅比先父小一歲，但他的小孩一開始就稱我趙叔叔），所以，對我而言，謝先生既是老師也是好友。我之能於從美國學成歸國之初被不少當年的黨政要員如蔣彥士先生、潘振球先生、宋時選先生等所認識，完全是謝先生的推介，而我之所以可以對當年台灣的政治生態有所認識，也是由於謝先生的指導，我多年從政生涯每每遭遇困惑時他往往是我請教的對象，謝先生實可稱之為我的政治導師。

從民國 65 年代開始一直到現在，近五十年的時間，我家與謝家時有來往，而我也會常常與謝先生就國事、天下事有所討論，有時我也會不客氣地和他抬槓；而在我長期從政期間，有時碰到一些工作或職務的去就取捨問題時，我第一位請教的人，往往是又華先生，他也會很坦誠而深入地為我指點、解析，常能給我很大的啟發。

謝先生是位能品酒而又有酒量的人，這四十多年來，我也有幸常有機會陪他小酌。事實上，今天我對喝酒能有一點認識，而且偶而也可以喝一些，真正為我啟蒙的，還是又華先生。認識又華先生的人都知道，謝先生非常重視儀容服裝，尤其對於西服和領帶以及服裝、皮鞋、襪子款式和顏色等應如何搭配方屬合適、方符美觀、方可流露高雅氣質，很講究，也有獨到的研究與見解。但是他並不奢華，他追求的是氣質和高雅。又華先生在此一方面的講究和細緻，多多少少影響了他周遭的人在衣著方面的選擇和品味，我也是其中受影響的一個。

謝又華先生（左 3）於華視總經理任內利用華視到鹿港直播端午節龍舟競賽之便與夫人（左 2）和藝人張小燕（右 3）及記者楊楚光（左 1）至鹿港鎮草港鄉下探視作者祖父母並合影，右 1 為作者之五叔維黨，右 2 為作者（1977 年 6 月 20 日）

作者於台灣省新聞處長任內與省教育廳長謝又華先生（右 2）共同在台南主持第五屆台灣區運動會記者會，左三為台南市長蘇南成（1978 年 10 月）

引我進入童軍運動

我之參與童軍運動，謝先生是引路人。

民國 55 年 10 月，我國主辦遠東區第五屆童軍領袖會議，我當時正準備赴美留學。又華先生請我參加此一會議的籌備、服務和接待的工作，於是我在 55 年 9 月和 10 月差不多有兩個月的時間就在台北市松江路的童軍總會以志工身分參與大會的外文文件的處理、相關活動的策劃以及外國童軍的接待，使我對於國際童軍運動有相當深入的體驗，也是我對世界童軍運動真正有認識、瞭解的開始。

民國 62 年春，亞太地區童軍委員會在印尼日惹（Jogja）舉行亞太地區第一屆社區發展研討會，當時實際負責童軍總會工作的謝又華先生，推請我與那時的台灣省政府社會處處長陳時英先生一起代表我國參加。從此，在又華先生的推介、導引之下，我投入了我國童軍運動的行列，積極參與各種相關的活動。在民國 60 年代和 70 年代，我先後一次率團代表我國參加世界童軍大露營、二次代表我國參加世界童軍領袖會議，一次主持亞太地區童軍公共關係研討會，多次率團代表我國參加亞太地區童軍有關國際活動。同時，也被選擔任總會的理監事。這些參與，都是在謝又華先生於擔任總會國際委員和總幹事期間，由他出面推介和促成。也使我與童運動結下了深厚的情緣，更奠定了我以後參與童軍運動的堅實基礎。

可以說，沒有又華先生當年的引導和推介，就不可能有我的參與童軍運動，更不會在我的人生之路上增添了一段使我永遠難忘的童軍生活。

童軍運動在台灣的主要開拓者

談台灣的童軍運動，一定都會提到、想到謝又華先生；今天年在40歲以上所有參加過童軍活動的人，也一定都知道謝又華先生；而所有認識謝又華先生的人，也一定會想到童軍運動。

因為，台灣童軍運動之所以有今天，應歸功於謝又華先生當年長期的投入和領導。他可說是台灣童軍運動的主要開拓者。

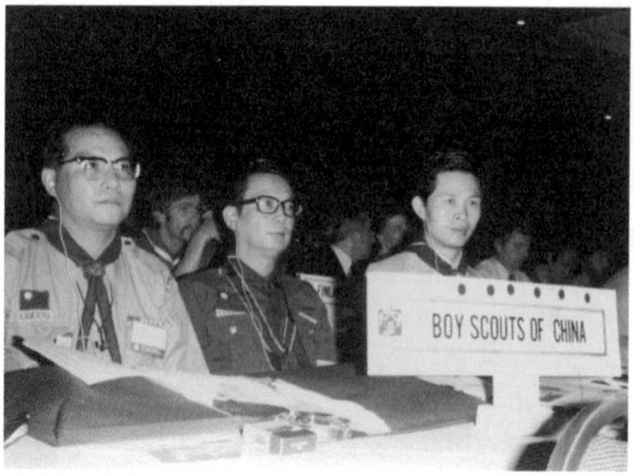

作者（右）與謝又華（中）和吳挽瀾（左）於加拿大代表我國參加第26屆世界童軍領袖會議（1977年7月）

作者（右二）獲頒世界童軍銅狼獎後與觀禮之謝又華（右三）高銘輝（左一）等銅狼獎得獎人合影（2004年7月）

民國42年8月，我國恢復在世界童軍運動組織（WOSM）的會籍之後，童軍運動之推動，可說百廢待舉。不久，中國青年反共救國團成立，那時擔任救國團總團部組長之職的謝又華先生，奉蔣經國先生之命參與童軍運動並加入總會的工作，從此展開了他在台灣多彩多姿的童軍生涯。

又華先生在我國童軍總會

陽明山中華民國童軍 100 年紀念碑揭幕，作者（右）與謝又華先生（中）及高銘輝先生於參與揭幕儀式後合影（2013 年 8 月）

先後擔任過國際委員、總幹事和駐會常務理事等實際主持總會業務和負責我國童軍運動推展工作的職務。時間跨越民國 40 年代到 60 年代。在民國 40 年代和 50 年代那個童軍運動在台灣重新起步、摸索、篳路藍縷的時期，又華先生以十足的幹勁、充分的活力和無比的熱誠將他的心力貫注於如何拓展童軍運動，終於使我們的童軍運動在國際上完全參與、十分活躍，在國內則順利推展家喻戶曉。而在民國 60 年代，他更致力於童軍後起之秀的培養，使童軍運動可以繼續生生不息地傳承。即使在民國 70 年代以後，他雖因本身工作的繁忙，不再實際負責童軍總會的工作，他依然非常關心和積極參與童軍活動，充分做到「一日童軍、一世童軍」。

總括而言，又華先生對我們中華民國在台灣的童軍運動有以下幾個非常重要的貢獻：

（一）使中華民國的童軍運動在台灣重新出發、落地生根、蓬勃發展。

（二）善用他在青年救國團和教育界的人脈，積極推展童軍運動，使中等學校成為台灣推動童軍運動的主力。

（三）於民國 50 年代即編撰童軍教材，使童軍運動早期在台灣之推動有理論之依據及可用之相關參考材料。

（四）於限制青少年出國時期和政府開放國人出國觀光之前，善用童軍常常可以組團出國訪問或參加露營等國際青少年活動的誘因，吸引不少中上家庭的子弟和政界、學界人士投入童軍運動並代表我國參加有關國際活動，培養不少我國童軍運動的後起之秀和核心幹部，壯大童軍運動推廣的力量。

（五）積極敦請、號召工商界和政界人士參與、投入和協助童軍運動，擴大童軍運動發展的社會層面和提升童軍運動的社會能見度。就是在他的推動下，台灣一些著名的工商界人士如林挺生（大同公司創辦人）、林燈（國產實業集團創辦人）、李建川（早期煤礦鉅子），和統一企業集團的高清愿、林蒼生等先生，以及政界人士如謝東閔、李煥、宋時選、吳伯雄、高育仁、游錫堃等先生，都投入童軍運動，並成為童軍運動的強大支持者。

（六）長期代表我國參加國際童軍活動，凡重要之國際童軍領袖會議，均親自參加、無役不與；並安排各種童軍團隊出國代表參加重要國際童軍大露營，使中華民國童軍在國際童軍之重要會議和露營從不缺席，均能露臉，同時爭取在台灣由我國主辦相關國際童軍活動，為我國增強了國際活動的參與空間和在國際社會的能見度。

敢想敢突破的開明智者

謝又華先生對國家社會貢獻很多，除了童軍方面的工作之外，他先後擔任過救國團創團時的總團部組長、國民黨中央一組總幹事、教育部總務司長和社會教育司司長、中華電視公司總經理、台灣省政府教育廳長、國民黨台灣省黨部副主委，和救國團總團部副主任等職務。他於每一職務上，都展現他敢想、敢突破的行事風格，而平常在為人處世方面，他更是一位很會出主意而思想又非常開明的智者。

在蔣經國先生推動所謂「本土化」政策之前，他就非常注意到這一方面的問題。他很會欣賞人家的長處，尤其非常樂意發掘和培植年輕人並和年輕人做朋友。他現在不少朋友，就是他於偶然場合邂逅經深談之後而結交的年輕人。

又華先生於擔任華視總經理期間，有兩件事我留下很深刻的印象。

當時有人跟他反映，電視節目只注意到淡水河以北的觀眾，而忽視了淡水河以南觀眾的好惡，也就是喜歡以台北看天下。他聽了以後，認為有道理，於是他要華視製作以中南部觀眾口味為主要訴求的節目。再者，當年華視的新聞報導有一個約五分鐘的電視評論，在那個限制閩南語播報時間而新聞報導不可用閩南語播報的時代，他居然敢請我用閩南語評論，而且還因此受到新聞局的處分，但是他無所謂，認為對的事情就要做；因為，他以為電視評論要能深入民間，為廣大的觀眾所接受，用閩南語評論，效果會更好。

又華先生是一位很會出主意、敢打破傳統思維、敢突破意識型態框架的人。

早在戒嚴令解除之前，他就主張應該趕快解嚴；在我們退出聯合國之前，他就想到今後我們一旦保不住聯合國的席位，那麼我們在國際上應該用什麼樣的稱呼，方能行得通。而在反對勢力還沒坐大之前，他就在國民黨黨內提出應該重視和尊重在野者的聲音，因此，跟他在一起討論過問題的人，不少都以為又華先生的思想常常走在潮流和時代之前。又華先生為人解決疑難的建議和就有關問題所提出的對策，很多都深思遠慮、籌謀周全，很有智慧。所以，以智者來稱呼他，的確名實相符。

衷心祝福百齡壽星壽比南山福如東海

又華先生一百年來的人生，多彩多姿，而他的家庭又充滿和樂，子女個個成材，在事業上都有很好的表現，實在可喜可賀。幾年前，又華先生雖曾一度輕微中風，不過，復原情況相當良好。現在又華先生已經恢復往常的健康生活，雖已高齡一百，行動有些不太方便，但他依然可以與友人偶作小酌品酒，腦筋也還是非常清楚仍然可以暢談天下事。實在令人高興欽羨。我謹在這裡衷心祝福他康健吉祥，如松柏之長青；更希望今後每年當他生日時，我們一些他的老友後輩們能為他慶生和他小酌，一方面一起祝他生日快樂、天天快樂，一方面為他精彩的人生歡慶也祝福他永遠喜樂康寧。

作者與謝又華先生同遊美國黃石公園時攝（1977 年 7 月）

謝又華先生（右）到鹿港鎮草港參加作者（中）父母 80 雙壽及鑽石婚之慶，與亦蒞臨祝賀之中台禪寺惟覺老和尚交談（2000 年 3 月）

2001 年 2 月作者（左）為宋時選（中）和謝又華兩先生舉辦 80 華誕慶祝宴會，宋謝兩先生切生日蛋糕

謝又華先生（右）參加作者（左 1）次子世琦的婚宴，向前來祝賀之馬英九總統（左 4）及行政院劉兆玄院長（左 3）致意（2008 年 12 月）

2016 年 4 月作者（左 6）獲馬英九總統頒授景星二等勳章，作者特邀請謝又華先生（左 5）參加觀禮並合影留念

作者與與謝又華先生合影於謝府（2020 年 8 月）

人與土地 29
典範與激勵——趙守博八十感恩親師尊長錄

作　　者—趙守博
責任編輯—陳萱宇
副 主 編—謝翠鈺
圖片提供—趙守博
封面設計—陳文德
美術編輯—菩薩蠻數位文化有限公司

董 事 長—趙政岷
出 版 者—時報文化出版企業股份有限公司
108019台北市和平西路三段二四〇號七樓
發行專線—（〇二）二三〇六六八四二
讀者服務專線—〇八〇〇二三一七〇五
（〇二）二三〇四七一〇三
讀者服務傳真—（〇二）二三〇四六八五八
郵撥—一九三四四七二四時報文化出版公司
信箱—一〇八九九　台北華江橋郵局第九九信箱
時報悅讀網—http://www.readingtimes.com.tw
法律顧問—理律法律事務所 陳長文律師、李念祖律師
印　　刷—勁達印刷有限公司
初版一刷—二〇二一年三月十二日
定　　價—新台幣四八〇元
缺頁或破損的書，請寄回更換

時報文化出版公司成立於一九七五年，
並於一九九九年股票上櫃公開發行，於二〇〇八年脫離中時集團非屬旺中，
以「尊重智慧與創意的文化事業」為信念。

典範與激勵——趙守博八十感恩親師尊長錄/趙守博著
. -- 初版. -- 臺北市：時報文化出版企業股份有限公司,
2021.03
面；　公分. -- (人與土地；29)
ISBN 978-957-13-8649-2(平裝)

1.趙守博 2.臺灣傳記

783.3886　　110001730

ISBN 978-957-13-8649-2
Printed in Taiwan